한국천주교회사 1

한국천주교회사 1

펴 낸 날 • 2009년 9월 29일 1판 1쇄 발행
         2009년 11월 30일 1판 2쇄 발행
         2013년 9월 27일 1판 3쇄 발행
         2015년 11월 9일 1판 4쇄 발행
         2022년 8월 10일 2판 1쇄 발행

펴 낸 이 • 손희송
펴 낸 곳 • 한국교회사연구소
         서울시 중구 삼일대로 330 평화빌딩
         대표전화 02-756-1691
         팩시밀리 02-2269-2692
         http://www.history.re.kr

인 쇄 • 분도인쇄소

ⓒ 한국교회사연구소, 2009
등록 번호 • 1981. 11. 16. 제10-132호
정가 • 20,000원
ISBN • 978-89-85215-78-7 (04230)
       978-89-85215-77-0(세트)
교회인가 • 2009년 8월 4일

한국천주교회사 1

간행사

이 땅에 천주교회가 탄생한 지도 벌써 225년이 되었습니다. 극심한 탄압으로 점철되었던 박해 속에서도 신자들은 순교자들이 걸었던 거룩한 발자취를 남김으로써 그분들과 자신들의 신앙을 증거하려고 노력하였습니다. 이러한 기록들은 달레(Claude Charles Dallet, 1829~1878) 신부에 의해 1874년 *Histoire de L'Église de Corée*라는 제목으로 간행되었으며, 이를 지금은 하느님 나라에 계신 최석우(안드레아) 몬시뇰과 안응렬 선생 두 분이 1979·1980년에 《한국천주교회사》로 번역하여 저희 한국교회사연구소에서 출간했습니다.

이후 이 책은 많은 사람들이 한국 천주교회의 역사를 공부하는 데 입문서 역할을 하였습니다. 물론 이 책이 번역·간행되기 전에도 유홍렬 선생께서 집필한 《한국천주교회사》가 있었지만, 관련 사실들을 연대기적 입장에서 나열한데다 내용상의 오류가 적지 않았습니다. 그뿐만 아니라 1960년대 이후의 많은 연구 성과가 반영되어 있지 않았습니다. 그런 탓에 한국 천주교회의 역사를 자세히 알고자 하는 사람들은 달레 신부의 《한국천주교회사》와 각종 연구서·연구 논문들을 일일이 찾아 읽어야 했습니다. 그 밖에도 간단한 입문서가 몇 종류 나왔지만, 독자들의 기대에 미치지 못하기는 마찬가지였습니다.

통사로서의 《한국천주교회사》 편찬에 대한 필요성은 오랫동안 교회 안팎에서 제기되어 왔습니다. 특히 한국 천주교회 설립 200주년을 맞이하면서 신앙 선조들의 발자취가 담긴 한국 천주교회의 역사를 깊이 알고자 하는 요구가 더욱 높아졌습니다. 이에 연구소에서는 1987년 '한국가톨릭문화사대계'의 편찬 계획을 수립하고, 그 첫 번째 작업으로 1989년에《한국가톨릭교회사》의 편찬·간행을 추진했습니다. 그러나 이 작업은 안타깝게도 집필자들의 사정 때문에 추진 과정에서 중단되고 말았습니다.

이후 연구소에서는《한국가톨릭대사전》(전 12권)의 편찬에 모든 역량을 집중하였습니다. 이 과정에서 한국 천주교회의 통사는 편찬하지 않으면서 대사전만 만들고 있다는 질책도 많이 받았습니다. 하지만 저희들의 생각은 달랐습니다. 통사가 세부적인 내용까지 모두 담을 수는 없습니다. 오히려 통사를 충실히 서술하기 위해서라도 개별적인 사실들을 확인하고 정리하는 일이 선행되어야 했습니다. 그래서 연구소에는 통사 편찬을 위한 사전 준비 작업으로《한국가톨릭대사전》을 편찬했던 것입니다.

한편, 한국 천주교회의 외형적인 발전에 발맞추어 교구사·단체사·본당사의 편찬은 계속되었습니다. 이러한 추세에 부응하여 편찬의 기본적인 방향을 제시할 수 있는 통사의 필요성이 더욱 절실해졌습니다. 더욱이 21세기를 맞이하여 세계교회사와 한국사와의 관련 속에서 한국 천주교회가 지니는 역사적 보편성과 특수성을 더욱 분명하게 인식할 필요성도 대두되었습니다. 이에 연구소는 2001년부터 교회사 연구자 14명으로 집필진을 구성하여 다시 한 번 통사 편찬을 추진하였으나, 공동 작업의 어려움 때문에 소기의 목적을 달성하기 어려웠습니다.

그래서 그동안 쌓아온 연구 실적과 역량을 바탕으로 연구소의 연구원들만으로 집필진을 구성하여 2008년 초부터 통사 편찬 작업을 다시 착수하였습니다. 연구소 밖의 연구자들까지 포함하는 집필진을 구성할 수 없다는 아쉬움이 있었지만, 신속한 의견 교환과 작업의 일관성을 유지할 수 있다는 장점을 위안으로 삼으면서 통사 집필에 전념하였습니다. 하지만 이제까지 어느 누구도 실행에 옮기지 못한 통사 작업을 연구소의 연구원들로만 추진하다 보니 말 그대로 악전고투의 연속이었습니다. 일일이 관련 저서나 논문들을 읽고 소화해 내는 일만 해도 벅찬데, 이것들을 정리하고 재구성하는 집필은 연구서나 논문을 작성하는 것과는 비교가 되지 않을 정도로 힘겨운 작업이었습니다.

이러한 어려움을 극복하고 마침내 《한국천주교회사》 1권을 간행하게 되었습니다. 비록 이 책이 지금까지의 연구 성과들을 모두 담아내지는 못했을지라도 한국 교회사의 커다란 흐름을 이해하는 데에는 부족함이 없으리라고 믿습니다. 그렇다고 하더라도 독자들이 보기에는 모자란 점들이 있을 것입니다. 앞으로 꾸준한 보완 작업을 통하여 부족한 부분들을 메워 나갈 것을 약속드립니다.

그리고 이 책의 편찬 작업이 온전히 연구소 연구원들의 몫만은 아니었음을 말씀드리고 싶습니다. 서울대교구장이신 정진석(니콜라오) 추기경님, 연구소 이사장이신 염수정(안드레아) 주교님을 비롯한 많은 분들의 도움과 절두산 순교성지의 지원이 없었더라면 감히 시작할 엄두도 내지 못했을 것입니다. 이 책을 간행하면서 애정 어린 관심을 보여 주시고 후원해 주신 모든 분들께 고개 숙여 감사드립니다.

그러나 무엇보다도 지난 7월 20일 선종하신 최석우 몬시뇰의 격려와 질책이 없었더라면 이 책의 출간은 상상조차 할 수 없었을 것입니다. 최 몬시뇰은 연로하신 몸으로 매일 연구소에 출근하셔서 후학들에게 직접 본보기를 보이시며 손을 잡아 이끌어 주셨습니다. 그렇지만 필자들이 이 책에서 저질렀을 내용상의 오류가 그분에게 티끌만큼이라도 누가 되어서는 아니 될 것입니다. 그것은 그분의 가르침을 미처 다 소화해 내지 못한 필자들의 몫이기 때문입니다. 이제 이 책을 세상에 선보이면서 다시금 최석우 몬시뇰의 영원한 안식을 기도합니다.

2009년 11월
한국교회사연구소 소장
김성태 요셉 신부

차례

간행사　4

제1부 가톨릭교회와 아시아 선교

제1장 가톨릭교회의 세계 복음화 ················· 김성태
　제1절 세계 탐험과 보호권
　　1. 탐험 시대　17
　　2. 이베리아 반도 가톨릭 국가의 세력 팽창　37
　제2절 선교 방법의 변화
　　1. 보호권　42
　　2. 교황청의 새로운 선교 정책　53
　　3. 새 선교 단체　57

제2장 선교회의 아시아 선교 ················· 양인성
　제1절 인도
　　1. 그리스도교의 전래　67
　　2. 선교회의 인도 진출　70
　　3. 가톨릭과 말라바르 교회의 대립　73

4. 로베르토 데 노빌리 신부의 선교 적응화 노력　75

제2절 일본

    1. 예수회의 입국과 선교　77

    2. 신앙의 확산　81

    3. 선교 체제의 변화　83

    4. 파테렌 추방령과 교회 재건　85

제3절 중국

    1. 복음의 전래　89

    2. 예수회의 입국　94

    3. 적응화 선교 정책　97

    4. 한역서학서의 전파　99

제3장 조선과 천주교의 만남 ································· 이장우

제1절 일본을 통한 만남

    1. 일본의 조선 침략과 예수회 선교사의 조선 입국　107

    2. 조선인 포로들의 세례와 예수회의 조선 선교 시도　109

    3. 한국 천주교회의 '임진왜란 기원설' 문제　115

제2절 중국을 통한 만남

    1. 조선 사신과 서양 선교사의 만남　117

    2. 서양 선교사들의 조선 선교 시도　120

제3절 천주교와의 만남에 대한 다른 주장

    1. 허균과 천주교　125

    2. 홍유한과 천주교　128

제2부 조선후기 서학의 수용과 천주교회의 설립

제1장 한역서학서의 도입과 유학자들의 반응　　이장우

제1절 한역서학서의 종류와 내용

    1. 천문·역산서와 과학기술서　141

    2. 지도와 지리서　154

    3. 천주교 교리서　166

제2절 서학과 천주교에 대한 유학자들의 반응

    1. 정두원　195

    2. 김육　198

    3. 김만중　202

4. 이이명 204

　　5. 이익 206

　　6. 홍대용 213

　　7. 박제가 216

　　8. 정조 219

제2장 조선 천주교회의 설립 ·· 이장우

　제1절 주어사·천진암 강학회와 천주교

　　1. 주어사·천진암 강학회에 관한 사료 227

　　2. 강학회의 개최 시기와 장소, 그리고 참석자 231

　　3. 강학의 내용과 의미 234

　제2절 이승훈의 세례와 신앙 공동체의 탄생

　　1. 최초의 세례자 탄생 239

　　2. 이승훈·이벽의 선교와 천주교 신앙 공동체의 설립 244

　　3. 신앙 공동체 설립의 의의 247

제3장 초기 교회의 활동과 교세의 확산 ············· 조현범

　제1절 을사추조 적발사건과 정미반회사건

　　1. 을사추조 적발사건　255

　　2. 정미반회사건　266

　제2절 가성직제도와 성직자 영입운동

　　1. 신자층의 확대　269

　　2. 가성직제도의 실시　270

　　3. 가성직제도에 대한 문제 제기　277

　　4. 윤유일의 북경 파견과 성직자 영입운동　284

　제3절 진산사건

　　1. 조상 제사 금령과 조선 천주교회의 반응　290

　　2. 윤지충의 제사 폐지와 조선 정부의 대응　292

　　3. 윤지충과 권상연의 순교　297

　　4. 진산사건의 교회사적 의의　306

제4장 주문모 신부의 입국과 조선교회 ······················· 방상근

    제1절 주문모 신부의 입국   311

    제2절 을묘사건—윤유일·최인길·지황의 순교   314

    제3절 교회 조직의 정비

        1. 최초의 사목 보고서   316

        2. 회장제의 설정과 지도층   317

        3. 명도회의 창설   321

    제4절 지역 교회와 정사박해   323

    제5절 여성 신자들의 활동   326

    제6절 신자들의 신앙생활

        1. 입교 과정   329

        2. 교리 공부   330

        3. 성사   332

        4. 첨례   334

        5. 신심 생활   339

        6. 순교자 공경   341

색인   346

제1부 가톨릭교회와 아시아 선교

제1장 가톨릭교회의 세계 복음화

제1절 세계 탐험과 보호권

1. 탐험 시대

15세기 중엽부터 이베리아 반도의 가톨릭 국가인 포르투갈과 스페인은 탐험 여행을 통해 국제 무역 항로를 개척하기 시작하였다. 이를 통해 아프리카, 아시아, 아메리카를 발견하였고 식민지를 건설하여 그곳에 정착하며 해외 팽창에 나섰다. 이것이 가능했던 것은, 이 두 나라 모두 탐험에 나서는 데에 유리한 중앙 집권 체제의 절대 왕정 국가인 동시에 전 국가적으로는 하나의 가톨릭 신앙을 유지하며 정치적 안정을 누리고 있었기 때문이다. 왕이 하느님으로부터 권력을 받았다는 정치적 이론인 왕권신수설(王權神授說)과 함께 상업과 산업을 육성하기 위한 국가적 보호 정책인 중상주의(重商主義)가 절대 왕정을 강력하게 뒷받침으로 하고 있었기에, 두 나라는 국력을 증강하고 국부(國富)를 증진하기 위해 해외 팽창에 보다 적극적으로 앞서 나갈 수 있었다.

1) 정치적 환경

711년에 이슬람 세력은 서(西)고트(Visigoth) 왕국을 점령하고 이베리아 반도에서 패권을 확립하였다. 이에 따라 반도 서북부 산악 지역에 남아 있던 그리스도교 왕국인 아스투리아(Asturia)는 코르도바 토후국(Cordova Emirate)에서 아랍의 지역 국가인 코르도바 칼리프국(Caliphate)까지 이어진 이슬람 세력을 남쪽으로 몰아내면서 이베리아 반도의 국토 재정복(Reconquista) 운동을 펼쳤다. 이 남진(南進) 과정에서 1139년 부르고뉴(Bourgogne) 왕가에 의해 포르투갈 왕국이 세워졌다.

그러나 부르고뉴의 마지막 왕인 페르난도 1세(Fernando I, 1368~1383)의 사망 이후 공위(空位) 시대(1383~1385)를 거치다가, 아비스 왕가(1385~1580)의 주앙 1세(João I, 1385~1433)가 1385년 왕위에 오르면서 왕권의 중앙 집권 체제를 확립하기 위해 다시 힘을 쏟았다. 이후 지방에 파견된 국왕 대리인의 권한은 증대되었고 자치도시인 '콘셀류'(Concelho)의 시민들과 귀족의 특권은 축소되었다. 그리고 대의 기관인 '코르테스'(Cortes)도 소집되지 않았다. 이어 에두아르도 1세(Eduardo I, 1433~1438)는 귀족 계급의 특권을 억제하고 왕권을 법적으로 강화하기 위해 〈멘탈법〉(Lei Mental)을 공포하였다. 또 아퐁수 5세(Affonso V, 1438~1481)는 〈아퐁수 규정〉(Ordenações Affonsinas)을 공포하였다. 주앙 2세(João II, 1481~1495)는 중앙 집권화 과정에서 걸림돌인 귀족 세력들을 제거하기 위해 영주의 면책 특권 무효화, 귀족들의 왕실 예속화, 기사단의 국유화, 자치도시의 권한 축소화 등과 같은 몇 가지 정책을 실행하였다. 그리고 마누엘 1세(Manuel I,

> **코르테스**
> 궁정 회의. 귀족·고위 성직자·도시 대표들로 구성된 신분제 의회.

1495~1521)는 〈마누엘 규정〉(Ordenações Manuelinas)을 공포하였다. 이를 통해 국왕의 순회 판사(Juizes de fora) 제도를 도입하였는데, 이 제도로 귀족의 영주로서의 권한을 약화시키고, 자치도시의 특권을 축소하면서 국왕의 절대적 권력 아래 모든 사회 계층을 예속시켰다. 그 결과 중앙 집권적인 절대 왕정이 완성되었다.

한편 1037년에 합병되었던 레온(Leon, 아스투리아 왕국의 후신) 왕국과 카스티야(Castilla) 왕국은 1157년 다시 분리되었다. 하지만 이 두 왕국은 그들의 힘을 모아 이슬람 세력의 계승 국가인 알모라비드(Almoravid) 제국과 알모하드(Almohad) 제국에 대항하여 국토 재정복을 목표로 한 국토 회복 운동을 계속하였다. 이 과정에서 아라곤(Aragón) 왕국은 1137년 카탈루냐(Cataluña) 지역을 병합하였고, 1230년 카스티야와 레온이 재합병하였다. 이로써 1200년경 이베리아 반도에

카스티야의 공주 이사벨 1세와 페르난도 2세는 결혼 이후 스페인 왕국 설립에 기초를 놓았고 중앙 집권 체제를 확립해 나가면서 그리스도교 지역을 공동으로 통치하였다. 한편 교황 알렉산데르 6세는 이사벨 1세와 페르난도 2세에게 '가톨릭 국왕'이라는 칭호를 부여하였다.

는 1031년에 분열된 이슬람 세력의 8개 소왕국들과 세 가톨릭 국가인 포르투갈, 카스티야, 아라곤이 병존하게 되었다. 카스티야는 라스나바스데톨로사(Las Navas de Tolosa) 전투(1212년 7월 16일)에서 이슬람 세력을 물리침으로써 국토 회복 운동의 첫발을 내딛었다.

1469년에 카스티야의 공주 이사벨 1세(Isabel I, 1451~1504)와 아라곤의 왕자 페르난도(Fernando, 1452~1516)가 결혼한 다음 1474년에 이사벨이 카스티야의 여왕(1474~1504)이 되고 페르난도가 아라곤의 왕위(페르난도 2세, 1479~1516 : 카스티야의 왕, 페르난도 5세, 1474~1504)에 오르자, 두 국왕은 그리스도교 지역을 공동 통치함으로써 스페인 왕국의 기초를 놓았고 중앙 집권 체제를 확립해 나갔다. 그들은 도시 세력을 장악하고 '코르테스'를 약화시켰다. 또한 1480년 이교도를 개종시키기 위해 설치된 이단 심문인 종교재판을 통해, 종교적으로는 무어인을 강제 개종시키고 유다인들을 추방하였으며, 정치적으로는 봉건 귀족 세력을 억압하여 왕권 강화를 이루었다. 1492년 1월에 스페인은 이슬람 세력의 마지막 왕국인 나스르(Nasr) 왕가의 그라나다(Granada) 왕국(1232~1492)을 점령함으로써 세력 회복에 따른 국토 확장과 함께 가톨릭 국가를 세웠다.

그런데 절대 왕정의 이러한 중앙 집권 체제와 해외 팽창은 르네상스의 과학 정신에 따른 기술 발전에서 기인하였다. 과학기술에서 무엇보다 주목되는 것은 전쟁 무기와 인쇄술의 발명이다. 첫째로, 국왕들은 창과 활로 무장된 기병을 대포와 소총으로 무장한 보병을 갖춘 직속 상비군으로 바꾸었다. 왕실 군대의 대포는 저항하는 귀족들을 성 안에 은신하기 어렵게 함으로써, 국내 봉건 세력을 무력화하여 중앙 집권 체제를 수립하고 강력한 왕권을 유지할 수 있게 하였다. 아울러 무기는 절대 왕정이 국력을 해외로 팽창하는 데에 결정적인 역할을 하였다. 해양 국가들은 놀라운 포격 능력을 지닌 대포를 배의 앞뒤에 설치한 채 탐험에 나섰다. 인디오 추장은 원정대가 불길을 토해내는 '천둥 벼락'의 무기로 무장되었다는 정탐자의 보고를 받고 저항을 포기하기도 하였다. 둘째로, 1450년경에 발명된 활판 인쇄술 덕분에 정보를 빠르고 정확하게 널리 전파할 수 있게 되었다. 그 결과 방언(方言)이 심해 의사소통이 어려웠던 유럽 국가들에서 국왕의 칙령이 국민에게 수월하게 전해짐으로써 중앙 집권 체제를 강화하는 데에 이바지하였다. 그리고 많은 책이 간행되어 지식이 대중화되었다. 지식은 더 이상 성직자의 점유물이 아니었고 일반인들도 이를 공유할 수 있게 된 것이다. 특히 지구 구형설(地球球形說)과 같은 지리 지식의 보급과 지도 제작은 탐험 여행에 절대적인 도움을 주었다. 예를 들어, 콜럼버스(Christopher Columbus, 1415~1506)는 1475년 이후 거듭 인쇄된 프톨레마이오스(Kladios Ptolemaios, 83?~168?)의 라틴어 번역본으로《지도 제작에 관한 지시》(Geograpike hyphegesis)라고도 불린《지리학》(Geographia)과 1483년에 인쇄된 아이(Pierre d'Ally, 1530~1420) 추기경의《세계의 형상》(Imago Mundi)을 통해서 서방 항로에 관한 지식을 얻을 수 있었다.

> **콜럼버스**
> 콜럼버스의 아들 페르디난도는 '크리스토퍼'(Christopher)라는 세례명을 가진 아버지에 대해서 "위험천만한 망망대해 너머로 예수님을 전파했기 때문에 '그리스도를 나르는 사람'이라는 뜻을 지닌 '크리스토퍼'라는 이름을 얻게 되었다"고 설명하였다.

2) 탐험의 동기

(1) 경제적 동기

　탐험의 경제적 동기는 금은(金銀)과 같은 귀금속과 향신료(香辛料)를 동양에서 구하려는 물질적 욕구에서 비롯되었다. 당시 유럽인들은 아프리카와 아시아에 보석과 귀금속, 그리고 향신료가 풍부하다고 생각하고 있었다. 그런데 이미 13세기부터 금은은 상업 활동에 필요한 화폐 주조(鑄造)에 사용되었고, 부(富)를 축적하거나 부를 얻기 위한 수단이기도 했다. 또 금은은 성당과 왕궁과 같은 건물을 장식하거나 귀족의 몸과 의복을 꾸미는 장신구에도 사용되었다. 15세기에 이르러 화폐 경제의 팽창으로 금속화(金屬貨), 특히 은화가 더욱 필요해졌지만 이미 유럽의 광산들은 기술적인 문제와 광맥 자체의 고갈(枯渴)로 폐광(廢鑛)에 이르고 있었다. 물론 독일의 경우 은의 매장량이 풍부하였고 동부 유럽에서 새로운 광산이 발견되기도 하였으나, 그 생산량이 유럽 전체의 수요를 충족시키기에는 역부족이었다. 또한 화폐가 원활하게 공급되지 않는 한 상업 활동과 금융 거래가 발전할 수 없기에 유럽은 화폐를 주조할 귀금속, 특히 은을 구해야 하는 상황이었다. 그래서 포르투갈 국왕 주앙 1세의 아들이자 '항해왕'이라고 불린 엔리케(Henrique O Navegador, 1394~1460) 왕자는 금을 충분히 얻게 해줄 아프리카 해안에 관심을 두었다. 그로 인해, 포르투갈의 아프리카 탐사가 계속 이루어졌다. 스페인 왕실의 후원으로 탐험에 나선 콜럼버스도 탐험의 최종 목적지를 마르코 폴로(Marco Polo, 1254?~1324)의 《동방견문록》(Il milione)에 기록된 "헤아릴 수 없을 만큼의 금과 아름다운 진주가 많은 치핑구(Cipingu, 또는 지팡구[Zipangu], 일본)"(제159장)로 삼았다. 《동방견문록》은 인도 서해안 도시들에 향신료

《동방견문록》 초판 표지(오른쪽)와 《허풍쟁이의 책》에 등장하는 삽화. 이 책은 이탈리아 출신인 마르코 폴로가 1271년부터 1295년까지 동방을 여행한 체험담을 루스티첼로가 기록한 여행기이다.

원제목은 《세계의 서술》(Divisament dou Monde)인데, 루스티첼로가 필기한 프랑스어 원본은 사라졌다. 하지만 원본을 윤색·가필·삭제한 많은 사본들이 만들어져 전해졌다. 책에서 언급한 숫자가 항상 어마어마했기 때문에 생긴 폴로의 별칭(Ser milione)에 따라 번역자 자의로 이름 지은 《백만의 책》 또는 사람들에게 불신을 받아 생긴 별명에 따른 《허풍쟁이의 책》 그리고 폴로가 베네치아에서 지냈던 '백만장자의 성'이라는 뜻의 코르테 델 밀리오네(Corte del Milione)에 따라 지어진 《백만장자의 책》이라고도 불렸다. 이 책은 13~14세기 이란·중앙아시아·몽골의 역사와 지지 및 민속 등에 관한 귀중한 문헌이며, 가장 잘 알려진 이탈리아어 사본은 1309년 이전에 필사된 것으로 알려져 있다.

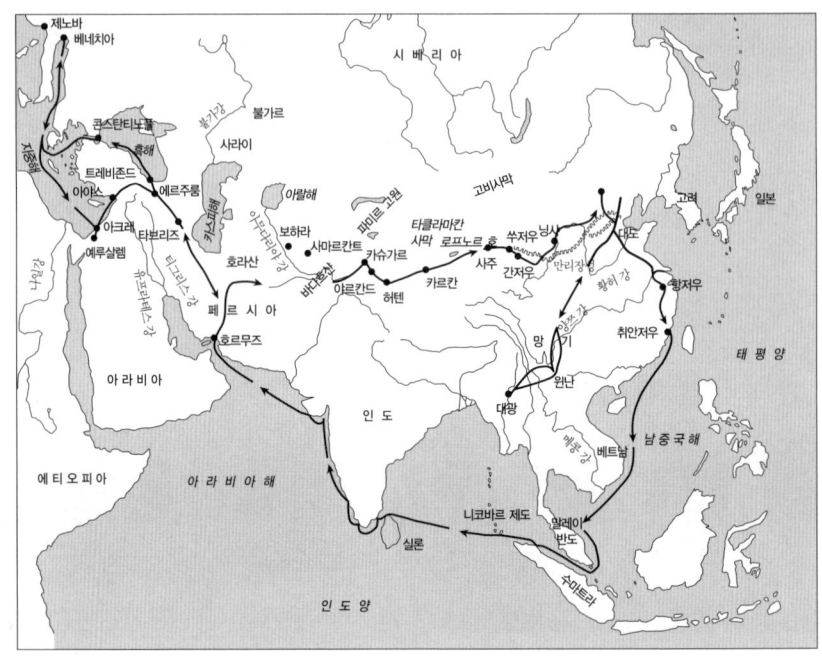

마르코 폴로의 여행 경로(1271~1295). 폴로는 아버지, 삼촌과 함께 아크레, 바다흐샨, 실크로드를 지나 중국에 도착했으며, 17년간 머문 후 뱃길로 베트남, 수마트라, 실론, 호르무즈를 지나 베네치아로 돌아왔다.

인 후추와 육계나무 껍질, 정향(丁香)이 풍부하며, 상인들은 이 향신료를 상호 교환하고 있다고 전하였다(제183, 184장). 향신료들은 음식이나 음료에 첨가되어 단조로운 짠맛에서 벗어나 맛과 향에 변화를 주었으며 음식 맛을 돋우는 조미료 역할 외에도 여러 가지 용도로 사용되었다. 우선 후추는 소화, 살충, 살균과 같은 작용을 하였고 음식을 보존, 유지하는 데에 사용되었다. 성경(아가 4, 14 ; 잠언 7, 17)에서 방향제(芳香劑)로 언급되는 육계나무 껍질의 정유(精油)는 신경계를 안정시키는 효과도 있어 치료 요법에 이용되었다. 빙엔의 힐데가르트(Hildegard von Bingen, 1098~1179) 성녀는 머리가 무겁게 느껴

지고 허약해서 숨을 쉴 수 없는 사람에게 빵 한 조각과 함께 육계나무 껍질을 먹으라고 권고하였다. 또 정향나무의 꽃봉오리로 만드는 정향은 육류의 부패 방지 외에 골저(骨疽)와 복통 치료에 사용되었다. 생강은 위장과 신장 및 폐의 냉기 치료에 사용되었고, 갈증을 해소하고 원기를 북돋우며 두뇌를 자극하여 노인에게 젊음을 느끼게 하는 효과가 있다고 보았다. 육두구(肉荳蔲)는 위 등 소화기관 내의 가스를 제거하고 두뇌와 정신을 건강하게 하는 데에 효력이 있다고 여겼다. 이러한 약효 때문에 유럽의 약제장(藥劑場)에서 향신료는 엄청나게 높은 가격으로 판매되었다. 따라서 열대 기후에서 독점적으로 생산되는 향신료들을 획득하기 위해 항해에 나선 바스코 다 가마(Vasco da Gama, 1460~1514)의 함대는 인도 남서부의 말라바르(Malabar) 해안에 위치한 캘리컷(Calicut, 지금의 Kozhikode)에 상륙하여, 방문 목적을 묻는 토후(土侯)에게 향신료를 찾아 왔다고 대답하였다. 이후 말라바르 해안은 '향료 해안'이라고 불렸다.

  십자군 운동 이후 이탈리아의 아말피(Amalfi), 제노바(Genova), 베네치아(Venezia)의 상인들은 동방 무역을 독점해 왔다. 그들은 상선대(商船隊)를 조직하여 이집트의 알렉산드리아와 흑해 남동부 해안의 트레비존드(Trebizond, 터키의 Trabzon)를 방문하여 아랍 상인들이 열대 지방에서 갖고 온 물품들을 남부 독일의 상인들에게 넘겼다. 또 독일 상인들은 이를 프랑스의 샹파뉴(Champagne), 네덜란드의 브뤼헤(Brugge)와 안트웨르펜(Antwerpen)과 같은 큰 시장에 내놓았다. 이처럼 중개 상인의 거듭되는 개입과 제한된 양으로 상품 가격은 원산지 가격보다 엄청나게 비쌌다. 따라서 유럽 상인들은 물품들을 대량으로 값싸게 구입하여 이윤을 확대할 수 있는 원산지와의 직접 교역을 열망하게 되었다. 이러한 열망은 15세기에 이슬람의 오스만 투르크 제국이 지중해 동부 연안 지역을 점령하고 이곳을 통과하는 상품에 세금을 높게 부과하자 더욱 커졌다. 그 결과 포르투갈과 스페인은 '마레 노스트룸'(Mare Nostrum, 우리들의 바다)이라고 불리던 지중해를 비켜 나가는 새로운 항로를 절박하게 찾게 되었다. 포르투갈은 동쪽에 아시아가 넓게 펼쳐 있다는 마르코 폴로의 보고를 알고 있던 엔리케 왕자의 주도로 아프리카 해안을 따라서 남쪽으로 항해하다가 동쪽으로 진로를 돌려 동양에 도달할 계획을 세워 실행에 옮김으로써 동방 항로를 개척하였다. 그러나 스페인은 콜럼버스를 내세워 서쪽의 '마레 이그노툼'(Mare Ignotum, 미지의 바다 혹은 신비의 바다)으로 일컫는 대서양으로 항해하여 인도, 카타이(Cathy, 중국), 치핑구로 가는 해로를 찾으면서 서방 항로를 발견하였다.

(2) 종교적 동기

탐험 시대는 이베리아 반도 가톨릭 국가의 국왕들이 지녔던 선교 정신에 의해서도 비롯되었다. 탐험을 주도하던 가톨릭 국왕들은 이교도의 개종을 첫 번째 주요 의무라고 확신하고 있었다. 엔리케 왕자가 아프리카의 서해안 탐험에 나선 이유는 부에 대한 욕망과 함께 복음 전파에 있었다. 스페인 왕실은 발견 지역의 선교를 위해 콜럼버스의 제2차 탐험대에 프란치스코회 수도자들을 동행시켰고, 식민지의 정복자들도 원정에 선교사들을 동반하였다. 포르투갈 국왕 마누엘 1세는 리스본 항구에서 바스코 다 가마의 선대(船隊)가 인도를 향해 출항할 때 그리스도교 신앙이 하느님을 모르는 사람들에게 전해질 것이라고 선언하였고, 교황 알렉산데르 6세(1492~1503)에게는 식민지에 성직자와 수도자들을 선교사로 파견하겠다고 보고하였다. 스페인 식민지였던 쿠바의 초대 총독 벨라스케스 데 쿠엘라르(Velázquez de Cuéllar,

1465?~1524)는 멕시코 정복 원정대에게 "원정의 첫 목표는 하느님을 섬기고 가톨릭 신앙을 전파하는 것이다.…암흑 속에 사는 사람들에게 진정한 믿음과 하느님의 지식을 전파할 기회를 결코 놓쳐서는 안 된다"고 훈시하였다. 또 스페인 왕실의 후원으로 탐험에 나선 콜럼버스는 깊은 신앙심을 지니고 있었기에 복음 전파를 열망하였다.

그런데 복음 전파의 열의는 국가 통치자들에게만 한정된 것은 아니었다. 모든 계층의 가톨릭 신자들이 자신들을 신앙 전파를 위해 선택된 일꾼이라고 생각하였다. 특히 프란치스코회, 도미니코회, 아우구스티노회와 같은 탁발 수도회와 개혁 수도회인 카푸친회, 또 신설된 예수회의 선교사들은 만민에게 복음을 선포해야 한다는 교회의 사명을 구현하려는 열정을 지니고 있었다. 유럽에서는 이미 13세기에 십자군 운동에 대한 반성이 일어났으며, 그 결과 이교도가 그리스도교 신앙에 장애물이 아니며 그들이 그리스도교 박해의 원인이 되는 것을 막으려면 전쟁이 일어나서는 안 된다는 인식이 퍼졌다. 그리고 십자군 원정은 잔인하고 무익한 소모전에 지나지 않으며, 이교도는 공격의 대상이 아니라 선교의 대상이 되어야 한다는 분위기가 조성되었다. 그래서 프란치스코(Franciscus Assisii, 1181/1182?~1226)의 이집트 이슬람 선교 여행(1219) 이후 프란치스코회와 도미니코회는 시리아와 팔레스티나에 선교사를 파견하여 십자군 점령 지역에서 무슬림들에게 복음을 전파하였다. 이어서 몽골(원)군이 제2차 서정(西征)을 통해 다뉴브(Danue) 강 계곡까지 침략하자 유럽 그리스도교 세계는 두려움에 휩싸였으나 몽골군은 이내 철군하였다. 이후 몽골의 대외 관용 정책으로 1240년경 유럽과 아시아를 잇는 교통로가 개설되었으며, 유럽의 국왕들과 교황들은 몽골군이 점령한 지역에 사는 그리스도교인들의 보호와 복음 선포, 그리고 외교 교섭을

영국 케임브리지 대학 트리니티 칼리지 도서관에 소장된 사제왕 요한의 〈친서〉. 사제왕 요한은 중세 유럽인들의 상상력을 사로잡은 흥미로운 인물이었다. 그는 1165년 로마 교황에게 보낸 출처 불명의 편지에서 처음 소개되었다. 이후 마르코 폴로는 요한을 웅칸(Uncan)이라고 부르면서 중앙 아시아에서 타타르인들을 통치하다가 몽골의 징기스칸과의 전쟁에서 전사하였다고 전하였다(《동방견문록》 64~68장). 한편 교황 요한 22세(1316~1334)에게 바쳐진 두 개의 지도, 즉 1320년 베스콘테(Pietro Vesconte)가 제작한 세계지도와 1321년 사누도(Marino Sanudo)가 제작한 세계지도에는 요한의 그리스도교 왕국이 아시아 동부 해안에, 14세기 이후로는 아프리카 동부 지역에 나타나고 있다. 그러나 사제왕 요한에 관한 편지 원본은 여러 차례 위조되고 내용이 더 추가되었음이 밝혀졌다.

위해 상인들과 함께 탁발 수도회의 수도자들을 외교 사절 또는 선교사로 파견하였다. 이처럼 수도자들은 언제나 선교에 대한 철저한 사명감을 갖고 '복음화의 도구' 역할을 할 준비가 되어 있었다. 실제로 수도회의 선교 활동은 가톨릭교회가 세계적으로 확산되는 데 매우 중요한 영향을 끼쳤다.

그러나 이베리아 반도의 통치자들은 국토 회복 운동에 따른 십자군 정신으로 무어인들의 그리스도교 개종을 시도하였다. 그 무렵 그리스도교 왕국의 통치자라고 전해지는 전설상의 인물 사제왕 요한(Prester John, 혹은 Presbyter John)이 북아프리카 아비시니아(Abyssinia, 지금의 에티오피아)에서 부유하고 강력한 그리스도교 국가를 통치하고 있지만 이슬람 세력권 안에 고립되어 있다는 이야기가 전해졌다. 따라서 포르투갈 왕실은 전설적인 그리스도교 왕을 찾아 반(反)이슬람 동맹을 맺기 위해 아프리카로 항해하였다. 엔리케 왕자는 유럽 통치자들에게 전설적인 왕과 잃어버린 그리스도인들을 찾는 데 동참하고 예루살렘에 그리스도교 군대를 진군시키자고 제의하였다. 물론 이 제의는 받아들여지지 않았지만 엔리케는, 1415년 당시 이슬람의 본거지로 지중해 지브롤터 해협 입구의 모로코 북쪽 해안에 있는 세우타(Ceuta)를 점령하면서 아프리카 서해안 지역 탐험에 본격적으로 나섰다. 주앙 2세는 사제왕 요한의 왕국과 연결되어 있다고 여겨지는 나일 강으로 가기 위해 세네갈, 니제르, 콩고에 탐험대를 파견하였고, 후에 이러한 생각이 잘못된 것임을 알자 1487년 요한의 왕국을 탐색하기 위해 쿠비양(Pero da Covilha, 1460?~1526?)과 파이바(Afonso de Paiva, 1460?~1490?)를 북아프리카 육로로 파견하였다. 에티오피아를 향해 아프리카 동북부로 들어간 파이바는 카이로에서 사망하였고, 아라비아를 거쳐 인도에 머물다가 돌아오던 쿠비양은 카이로에서 파이바의 임무를 이어받아 에티오피아에 도착하였으나 사제왕 요한은 존재하지 않는 전설적 인물일 뿐임을 알게 되었다.

3) 탐험의 수단

(1) 지리 지식과 지도 제작

르네상스 시대 유럽의 지식인들과 선원들은 세상의 끝이 존재하여 모든 배와 선원을 삼키며 죽음과 저주로 떨어뜨린다는 지구 원반설(地球圓盤說)이 아니라 지구가 둥글다는 지구 구형설에 대한 지식을 지니고 있었다. 그래서 1291년에 제노바 출신인 반디노(Vandino, 혹은 Vadino, 또는 Guido) 비발디(Vivaldi)와 우골리노(Ugolino) 비발디 형제는 서쪽 항로를 통해 인도에 도착하려는 목적으로 이베리아 반도 서남쪽 지브롤터 해협을 지나 모로코의 대서양 해안까지 도달하였지만 실종되었다. 이후 스페인은 서쪽 대서양을 항해하여 카나리아(Canary) 제도를 발견·점령하였고, 포르투갈은 대서양의 아조레스(Azores) 제도를 발견하였다.

그런데 지구가 구형이라는 사실은 이미 기원전에 항해 민족인 그리스인들에게 알려져 있었다. 기원전 200년경 아프리카 키레네(Kyrene) 출신으로 그리스의 천문학자인 에라토스테네스(Erastosthenes, 기원전 276?~194?)는 기하학적 원리를 지리와 천문학에 결합시켜 수학적 논리를 바탕으로 지구가 구형임을 입증하였고, 서쪽 항로를 통한 긴 여정 끝에 인도에 도달할 수 있다고 보았다. 이러한 지구 구형설은 1459년에 다시 유럽에 등장하였다. 피렌체 출신의 의사이며 천문학자인 토스카넬리(Paolo dal Pozzo Toscanelli, 1397~1482)는 자신이 제작한 지도를 통해 인도가 대서양 서안에 자리 잡고 있기에 서쪽 항로를 통해 도달할 수 있다는 생각을 사람들에게 불러일으

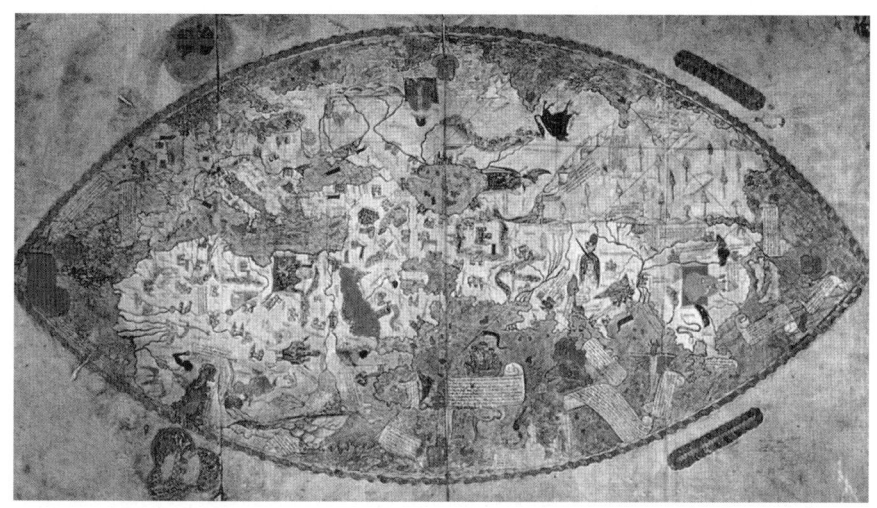

천문학자 토스카넬리는 지구 구형설에 따라 자신이 제작한 지도를 근거로 서쪽 항로를 통해 대서양 서안에 있는 인도에 도달할 수 있다고 주장하였으며 이러한 이론은 콜럼버스의 탐험 계획에 큰 영향을 미쳤다.

컸다. 1482년에 콜럼버스는 서쪽 항로를 시험해 보라는 토스카넬리의 편지를 받고 마르코 폴로가 전한 치핑구와 카타이로 향하는 항해 계획을 구체화하였다.

그리고 13세기에 항해 안내서로 등장한 '로테이로스'(roteiros) 해도(海圖)에는 지중해 · 흑해 · 대서양의 연안과 연안 도시 명칭, 강 입구가 자세하게 표기되어 있었다. 이러한 해도는 14세기에 이르러 지도 제작에 영향을 미쳤으며, 그 결과 해도의 성격이 반영된 세계지도(Mappa mundi)가 처음으로 제작되었다. 1381년 아라곤 왕실의 지도 제작자인 마요르카(Mallorca) 출신의 유다인 크레스카스(asdai ben Abraham Crescas, 1340?~1410)는 폴로의 《동방견문록》에 기초를 두고 세계지도를 제작하였다. 1474년에 토스카넬리 역시 같은 기초를 갖고 포르투갈 왕실을 위해 평면 구형 지도를 제작하였고, 이를 콜럼버스가 탐험에 참고하였다. 아울러 1397년에 프톨레마이오스의 저서인 《지리학》의 그리스어 사본과, 인도양이 동아프리카와 아시아 동남부의 반도를 잇는 해안선으로 닫힌 내륙해(內陸海)로 그려진 세계지도와 26개의 지역지도를 그리스 학자인 크리솔로라스(Manuel Chrysoloras, 1353?~1415)가 콘스탄티노플에서 이탈리아 피렌체로 전하였다. 이 책은 1409년 라틴어로 번역되어 교황 알렉산데르 5세(1409~1410)에게 헌정되었다. 지도들은 프톨레오마이오스의 작품이 아니라 비잔티움(Byzantium)에서 저자의 견해를 반영하여 제작된 것이었다. 이 지도들은 콘스탄츠 공의회(1414~1418)의 깊은 관심사들 중 하나가 되었다. 1415년경 이후 지도 제작자들은 프톨레마이오스의 견해가 반영된 지도 번역본과 이보다 개선된 지도들을 인쇄하기 시작하였다. 공의회에 참석했던 프랑스 랭스(Reims)의 필라스트르(Guillaume Fillastre, 1348~1428) 추기경은 라틴어 번역본 세계지도에 프랑스 독자들을 위해 해설을 첨가하였고, 지역지도들에는 몇몇 장소의 이름을 덧붙였다. 그리고 그는 성경의 권위를 빌어 지구의 "하늘 아래에 있는 물은 한곳으로 모여"(창세 1, 9-10) 하나로 연결되어 있다고 설명하였다. 이처럼 15세기에 유럽에서는 해도, 세계지도, 프톨레마이오스의 지도가 각각 지리 정보를 제공하는 역할을 하였다.

(2) 항해술과 조선술

포르투갈인들에게 있어 아프리카를 항해하는 것은 경험으로 쌓은 지식만으로도 충분했지만, 대양(大洋)을 항해하고 바람과 역류를 피하거나 원양(遠洋)을 항해하기 위해서는 해도 외에도 항법의 기술적인 보조 수단들이 필요하였다. 첫째 수단은 '스텔라 마리스'(Stella maris, 바다의 별, 또는 북극성)라고 불렸던 나침반이다. 나침반의 실용화는 중국에서 처음 시작된 것으로 알려져 있다. 4세기에 중국 무역선은 자석의 방향에 따라 길을 정하며 인도와 아프리카 동해안까지 항해할 수 있었다. 아라비아 상인들도 이러한 자침 사용술을 받아들였으며, 유럽은 12세기에 아라비아 상인 또는 십자군을 통해 지중해 항해에 나침반의 원리를 도입하였다. 그리고 1300년경이 되어서야 이탈리아 아말피에서 선박용 나침반이 발명되었다.

둘째 수단은 별자리의 고도를 측정하는 '아스트롤라붐'(Astrolabum)이라는 금속제 원판 모양의 천체도인 천체 관측의(天體觀測儀)이다. 이 기구는 그리스인들이 만들고 아라비아인들이 개선하였다. 모양과 능력에 따라 '거미줄' 또는 '수학의 보석'이라고도 불린 관측의는, 고리에 매달려 있으며 바늘이 별자리를 향하고 있어 눈금에서 고도각을 읽을 수 있었다. 이를 통해 태양의 시간, 즉 일출(日出)과 일몰(日沒)의 시간과 별의 시간을 측정하였다. 그리고 1472년에는 측량 자체를 개선하고 쉽게 활용하기 위해서 좀 더 정확한 십자형 측량대인 '발레스틸라'(Balestuilha)라는 천문측각기(天文測角器)와 '과드란툼'(Quadrantum)이라는 사분의(四分儀) 등이 사용되었다. 그 외에도 '녹투루랄레'(Nocturnale)라는 기구는 야간 항해를 위해 사용되었다. 이러한 보조 수단의 이용에 따른 천문 항해술의 발달로 야간 항해를 포함한 대양(大洋) 항해가 가능해졌다.

또한 대서양의 항해와 장거리 운항을 위해서는 개선된 배가 필요하였다. 그래서 등장한 배가 '카라벨'(Caravel)이라는 쾌속 범선이었다. 이 범선은 조종하기 쉽고 역풍을 거슬러 항해할 수 있을뿐더러, 승무원 선실을 갖추고 있었으며, 장거리 운항에 필요한 식량을 충분하게 싣고 보다 큰 화물과 보다 많은 사람들을 실어 나를 수 있었다. 특히 이 배에는 빠른 속도로 움직이게 하는 사각형 돛과 맞바람을 안고서도 항해할 수 있는 삼각형 돛이 장착되어 있었다. 콜럼버스 선단의 배는 전통적인 어선과 무역선에서 삼각형 돛과 사각형 돛이 혼합된 형태로 개조되었다. 이어 바스코 다 가마의 선대는 대양에서 쉴 새 없이 부는 바람을 맞으며 오랜 시간 항해하기 위해서 카라벨을 개선하여 선체를 좀 더 무겁고 넓게 하고 주 돛대와 앞 돛대에는 가로 돛을, 그리고 뒷 돛대에는 삼각형 돛을 달았다. 이후 조선술이 점차 발달함에 따라 대형 범선과 우람한 배들이 등장하였으며 바다에서의 항해 여건에 잘 적응하면서 보다 큰 화물과 더 많은 사람들을 수송할 수 있게 되었다.

이러한 항해술과 조선술의 발달은 엔리케 왕자가 사그레스(Sagres) 성(城)에 설립한 항해 실습 학교(Verdadeira Escola Practica de Navegação)에서 조선 기

별자리의 고도를 측정하는 금속제 원판 모양의 천체도인 천체 관측의 '아스트롤라붐'(왼쪽) 및 녹투르랄레 등 천문 기술의 발달, 그리고 대서양 항해와 장거리 운항을 가능하게 한 쾌속 범선 '카라벨' 등 항해술의 발달은 탐험과 해외 팽창의 원동력이 되었다.

술자, 탐험가, 지리학자, 천문학자를 모아 항해와 지리 지식을 교환하고 연구한 결과였다. 그리고 이는 경제적인 동기와 종교적인 동기를 이루기 위한 해외 팽창의 원동력이 되었다.

(3) 르네상스인의 모험심과 공명심

항해를 하려면 아무리 대양을 항해할 수 있는 배가 있더라도 그것을 움직이는 유능한 선원들이 있어야 했다. 탐험 여행 중 일어날 수 있는 위험으로 인해 살아 돌아올 수 있는 가능성이 희박하고 생명의 위험이 있음에도 불구하고, 항해에 참가하려는 선원들의 수는 끊이지 않았다. 그것은 르네상스 시대인의 호기심, 모험심, 공명심에서 비롯되었다. 아시아는 동방 박사들이 살던 지역이었고, 아프리카는 솔로몬 왕의 보물들이 숨겨져 있다는 전설의 근원지로서 그리스도교와 연관된 경이로운 세계로 유럽인들에게 받아들여졌다. 마르코 폴로의 《동방견문록》과 프란치스코회원으로서 인도에서 네 명의 프란치스코회 순교자 유해를 갖고 돌아온 오도리크(Odoric de Pordenone, 1286?~1331)의 《여행기》(Itinerarius) 또는 《미지의 사실들》(De rebus incognatis), 그리고 조반니(Giovanni da Pian del Carpini, 1180?~1252), 빌렘(Willem van Ruysbroeck, 1215?~1295?), 몬테 코르비노의 요한(Giovanni del Monte Corvino, 1247~1328) 등처럼 몽골(원)을 방문한 선교사들과 동방 무역 상인들의 기행문은 동양의 신비로움에 대한 유럽인들의 상상력을 자극하였다. 아울러 전설과 사실이 혼합된 기행문에서 전해 주는 반인반수(半人半獸)의 괴물이나 괴이한 동물, 그리고 기이한 인간 풍습에 관한 전설 때문에 유럽에서는 환상적인 생각을 반영한 세계지(世界誌)가 등장하였다. 이 세계지는 아시아와 아프리카 그리고 아메리카를 온몸을 금으로 도금한 사람과 머리는 없고 가슴에

얼굴이 있는 사람이 살며, 커다란 외발을 가진 사람을 양산으로 사용하고, 청춘의 샘이 있어 그 샘물로 목욕하면 늙지 않는 곳으로 그렸다.

이러한 세계지가 사람들의 호기심과 모험심을 자극하면서 선원들은 경제적 동기와 종교적 동기보다 미지(未知)의 세계에 대한 탐험심으로 항해에 참가하였다. 그들은 과거에 위험과 재난을 무릅쓸 뿐만 아니라 목숨을 걸고 '레반트(Levant) 무역'을 하던 모험 상인처럼 모험 선원임을 자부하였다. 한편 탐험대의 지휘관들은 십자군 열의에 불타 탐험에 참가하였고, 자신들을 중세 십자군 운동에 참여했던 기사의 영웅적인 후예로 자처하였다. 아울러 그들은 개인적 명성을 획득함으로써 얻게 될 신분 상승을 기대하였다. 콜럼버스는 탐험을 떠나기 전 1492년 4월 17일에 이사벨 여왕과 '산타페 협약'(Capitulación de Sanct Fe)을 체결하였는데, 여왕은 콜럼버스에게 귀족 칭호인 '돈'(Don)을 부여하고 향후 발견할 해양과 섬들의 대제독과 식민지의 세습적 총독직과 부왕직(副王職)을 약속하였다. 실제로 그는 '대양의 제독, 에스파뇰라(Española) 섬(지금의 아이티 공화국과 도미니카 공화국)의 부왕(副王) 겸 총독'이라는 직책을 받았다. 또한 바스코 다 가마도 두 번째 인도 항해(1502~1503)에서 돌아온 다음에

> **레반트 무역**
> 레반트는 '해가 뜨다'라는 프랑스어 또는 이탈리아어에서 유래하였으며 이탈리아 동쪽의 지중해 연안 여러 나라, 즉 이집트·시리아·소아시아 등을 가리킨다. 베네치아·제노바·피사 등 북이탈리아의 도시 상인들은 10세기경부터 알렉산드리아·베이루트·트리폴리스·안티오키아·콘스탄티노플 등에 상관(商館)을 비롯한 근거지를 설치하고, 아랍인 등이 가져오는 동방상품인 향료·보석·귀금속·상아·견직물·사프란·백반 등의 사치품과 유럽 쪽의 고급 모직물·마직물, 남부 독일산 은·구리 같은 금속을 교역하였다. 이 동방상품은 이탈리아 상인에 의해 알프스를 넘거나 해로(海路)로 프랑스 남부의 여러 도시로 운반되어 독일 한자(Hansa) 상인의 손에 넘어갔다. 하지만 융성했던 이 무역도 비잔틴 제국의 멸망(1453)과 오스만 제국의 발흥으로 흔들렸으며, 특히 1498년 동인도 항로 발견을 계기로 시작된 동서 직접 무역의 개막으로 타격을 입어 점차 쇠퇴하였다.

는 포르투갈 왕실이 부여한 갖가지 명예를 누리다가 1524년에 인도의 부왕으로 임명되어 부임지로 갔다.

부유함의 획득에 대한 기대가 탐험의 동기였을지 모르나 실상 탐험가들은 부유함을 누리며 살지는 못하였다. 부유함은 정복자들이나 아메리카 정착민들의 몫이었고 새 항로를 개척한 항해 지휘관들은 탐험에서 얻은 재물을 국왕에게 모두 바쳤으며 그들에게 돌아오는 보수나 보람은 보이지 않는 명예뿐이었다.

2. 이베리아 반도 가톨릭 국가의 세력 팽창

1) 포르투갈

포르투갈은 미지의 바다인 대서양을 항해하는 데에 좋은 지리적 조건을 갖추고 있었기 때문에 유럽에서 제일 먼저 '지중해 시대'에서 '대서양 시대'를 열었다. 주앙 1세의 아들 엔리케 왕자의 지휘 아래 포르투갈은 1415년 북아프리카의 세우타 점령을 시작으로 아프리카 서해안 탐험에 나섰다. 이는 포르투갈이 발견과 탐험으로 상징되는 해양 왕국으로 나아가는 데에 발판이 되었다. 1418년에 포르투갈은 대서양으로 서행(西行)하여 마데이라(Madeira) 제도(1418)와 아조레스 제도(1431)를 발견하였다. 그러나 아프리카 북서부 사하라 서쪽 끝에 있는 보자도르(Bojador) 곶 남쪽으로 항해하지는 못하였다. 왜냐하면 선원들은 이 곳이 세계의 변경(邊境)으로서 그 너머에는 괴물이 노리고 있고 태양이 너무 뜨거워 사람이 타버려서 아무도 귀환할 수 없다고 생각하였기 때문이다. 그러나 1434년에 엔리케 왕자의 명령으로 에

아네스(Gil Eanes)가 사그레스 항을 떠나 보자도르 곶 이남까지 항해하고 돌아왔다. 이 원정으로 포르투갈은 아프리카 남쪽으로 나아가 베르데(Verde) 곶 제도(1445)와 팔마스(Palmas) 곶(1460)을 발견하여 아프리카 서남부까지 진출하였다. 1460년에 엔리케 왕자가 사망한 이후 탐험은 중단되었다가 1482년에 주앙 2세의 주도 아래 카웅(Diogo Cão, 1480~1488에 활동)이 콩고 입구에 도착하였다. 그리고 1487년에 디아스(Bartolomeu Dias, 1450?~1500)의 탐험선이 아프리카 최남단―국왕이 인도 발견의 희망이 보인다고 해서 이름 지은 희망봉(Capo de Boa Speranza)―에 이르렀다가 돌아왔다. 그리고 1497년에 리스본을 출항한 바스코 다 가마의 함대는 1498년 5월 인도 남부의 항구 도시인 캘리컷에 도착하였다가 돌아옴으로써 새로운 향신료 수송로인 인도양 항로를 개척하였다.

1500년 3월에 마누엘 1세는 카브랄(Pedro Alvarez Cabral, 1467/1468?~1520?)을 선장으로 임명하고 군인과 예수회 선교사, 승무원을 포함해 1,500여 명이 승선한 13척의 배로 구성된 대규모 함대를 파견하였다. 카브랄의 함대는 인도양 항로를 따라 운항하다가 남서쪽으로 벗어나 아메리카 해안 지방에 상륙하여 '베라 크루스'(Vera Cruz, 지금의 브라질)를 발견하였고, 그곳에서 염료 재료로 사용되는 파우 브라질(Pau-Brasil)을 다량 싣고 떠났다. 그리고는 아프리카 서남쪽으로 항해하여 인도에 도착한 다음, 다량의 향신료를 싣고 리스본으로 돌아왔다. 이로써 아랍의 향신료 독점은 포르투갈로 옮겨졌다. 1511년경에 포르투갈은 향신료 제도인 몰루카(Moluccas)를 점유하였다. 이후 수마트라 (Sumatra), 자바(Java), 시암(Siam, 지금의 타이), 페구(Pegu, 지금의 미얀마)의 왕들

> **파우 브라질**
> 빨간색 염료가 나오는 나무로 포르투갈어로 '불꽃처럼 빨간 나무'라는 의미이다. 이 말에서 브라질이라는 이름이 유래되었다.

은 포르투갈과 우호 관계를 맺었다. 한편 알부케르케(Afonso de Albuquerque, 1453~1515)는 인도의 고아(Goa, 1510)와 말레이 반도의 말라카(Malacca, 1511)를 점령하였다. 이후 고아는 동양 무역의 교두보가 되었고, 후에 예수회의 동양 선교에 있어서 중심지가 되었다. 1513년에 포르투갈 범선은 중국(청) 마카오(Macao)에 도달하였는데, 1533년에 남부 해안에서 해적을 퇴치해 줌으로써 중국 정부로부터 무역 허가를 받았다. 또 1557년에는 포르투갈인의 마카오 거주권을 얻어냈다. 이후 마카오는 동아시아 무역과 선교의 근거지가 되었다. 한편 포르투갈은 온갖 향신료를 획득할 수 있는 아시아와 아프리카에 관심을 두었다가 1530년에 이르러 유럽에서 소비가 증대한 파우 브라질의 채취와 사탕수수 재배를 위해 브라질에서 식민 사업을 벌였다. 그리고 '엔트라다스'(Entradas)와 '반데이란테'(Bandeirante)라고 불린 원정대를 보내어 금을 발견함으로써 이후 많은 정복자들이 브라질로 모여들었다.

2) 스페인

스페인은 1492년에 이슬람 세력을 축출하고 국내의 정치적인 안정을 이룬 다음, 카스티야의 여왕인 이사벨 1세의 주도로 해외 팽창에서 포르투갈과 경쟁에 나섰다. 여왕은 콜럼버스로 하여금 서쪽 항로를 통해서 인도로 출범케 하였다. 그해 8월 3일에 3척의 범선으로 구성된 콜럼버스의 함대는 팔로스(Palos) 항에서 출항하였다. 콜럼버스는 회항(回航)을 요구하는 선원들의 선상 폭동 위기(10월 10일)를 겪으면서 10월 12일에 카리브 해(Caribbean Sea) 지역의 섬에 상륙하였다. 그는 이 섬을 구세주와 관련시켜 산 살바도르(San Salvador)라고 이름 붙였고 스페인 국왕에게 보낸 편지(1492)에서 원주민을 인도인으로 생각하여 '인디오'(Indio)라고 불렀다. 콜럼버스는 죽을 때까지 이곳을 아시아의 인도로 확신하고 있었다. 그래서 카리브 해 지역은 '서인도 제도'라 불리게 되었다. 그는 바하마(Bahama) 제도를 순항(巡航)하다가 쿠바 해안 지역과 에스파뇰라 해안 지역을 발견하고 1493년 3월 15일 팔로스 항으로 귀항하였다. 콜럼버스는 이후 세 차례(1493, 1498, 1502)에 걸친 항해를 통해서 여러 섬들과 지역을 발견하였다. 그러나 콜럼버스가 인도라고 생각했던 지역은 1498년에 포르투갈의 바스코 다 가마가 인도를 발견하고 나서 이탈리아 피렌체 출신의 항해가 베스푸치(Amerigo Vespucci, 1451~1512)에 의해 신대륙(新大陸)임이 밝혀졌다. 한편 1519년에 마젤란(Magellan)이라고 불린 마갈랴잉시(Fernão de Magalhães, 1480?~1521)의 함대는 세계일주(1519~1522)를 하면서 후에 스페인의 국왕 펠리페 2세(Felipe II, 1556~1598)가 된 당시 왕자의 이름을 따서 명명한 오늘날의 필리핀을 발견하였다. 그리고 이곳에 있던 무슬림의 정착지를 점령하여 마닐라를 건설하고 무역과 선교의 발판으로 삼음으로써 아시아에 진출하였다.

> **베스푸치**
> 독일의 지도 제작자인 발트제뮐러(Martin Waldseem ller, 1470?~1518)는 아메리고 베스푸치의 이름을 따서 지도에 '아메리카'(지금의 남아메리카)라고 표기하였다. 뉴욕 타임스지는 발트제뮐러가 콜럼버스에 앞서 신대륙을 발견하였다는 베스푸치의 말에 속아 신대륙을 오늘날까지도 통용되는 '아메리카'로 명명했다고 언급하면서 이를 '밀레니엄 베스트'(The best of the Millennium)에서 지난 천 년간 최고의 실수로 꼽았다(1999년 5월 6일).

　스페인에서는 콜럼버스의 사망 이후 아메리카의 발견 시대에서 정복 시대로 옮겨 갔다. 당시에 등장한 '콘키스타도르'(conquistador)라고 불린 정복자들은 직업 군인들이거나 모험가들이었는데, 그들은 국내의 국토 수복 전쟁에 대한 관심을 신대륙의 정복(conquista)으로 옮겼다. 다시 말해 국내에서의 전쟁이 가톨릭 신앙을 수호하기 위해 무슬림에 대항한 전쟁이었던 것처럼, 이교도의 땅을 정복하는 것도 가톨릭 신앙을 위해 이교도와 맞서는 전쟁으로 생각하였다. 또한 이러한 생각 안에는 부와 명예를 함께 이룰 수 있는 금의 발견에 대한 정복자들의 희망이 자리 잡고 있었다. 콜럼버스는 인디오들이 코에 구멍을 뚫어 금 조각을 달고 있고, 그들을 통해 남쪽에 금 항아리를 가진 왕이 있다는 사실을 알게 되었다고 전하였다. 이어 스페인 정착민들은 원주민들에게 '마노아'(Manoa)로 알려진 전설의 부유한 왕국에 대한 소문을 들었고, 스페인어로 '엘도라도'(El Dorado)라는 '황금향'(黃金鄕)이 존재한다고 믿었다. 이로써 스페인인들은 토마스 모어(Thomas More, 1477~1535)의 《유토피아》(Utopia, 1516)에서 묘사한, 어느 곳에도 없다는 의미의 '유토피아', 즉 이상향(理想鄕)의 장소가 아메리카라고 상상하게 되었다.

실상, 콜럼버스는 첫 발견에서 만난 원주민들의 지역을 지상낙원으로 묘사하였다. 탐험대의 기록관에 따르면, 원주민들은 벌거벗고 다니며 순진무구하고 법도, 싸움도, 화폐도 없이 자연에 순응하며 만족하게

콜럼버스는 탐험을 떠나기 전 1492년 4월 17일에 이사벨 여왕과 '산타페 협약'을 체결했다. 이 협약에서 여왕은 그에게 세습적 총독직과 부왕직을 약속했다. 실제로 콜럼버스는 탐험 성공 후에 '대양의 제독, 에스파뇰라 섬의 부왕 겸 총독'이라는 직책을 받았다.

살고 있었다. 하지만 스페인인들은 황금향을 꿈꾸며 아메리카로 몰려들었고, 원주민들과의 충돌을 거쳐 푸에르토리코, 파나마, 멕시코, 칠레, 아르헨티나, 페루를 점령하면서 정착하였다.

제2절 선교 방법의 변화

1. 보호권

르네상스 교황들은 예루살렘 성지를 회복하고 이슬람의 유럽 진출을 막으면서 이교도를 개종시키기 위해 십자군 운동의 전개를 시도하였으나 유럽 군주들의 무관심과 비협조로 성공하지 못하였다. 그러나 교황들은 신대륙 탐험에 대한 관심을 갖고 이베리아 반도의 가톨릭 국가인 포르투갈과 스페인의 왕실에게 '파드로아도'(Padroado) 또는 '파트로나테'(Patronate)라고 불리는 '보호권'을 부여하며 선교를 적극 격려하였다. 보호권은 오랜 역사를 갖고 있는데 5세기부터 평신도(특히 군주나 귀족)가 성당이나 부속 건물을 건축하였을 경우 이에 대한 보답으로 몇 가지 의무와 특권을 받았다. 따라서 보호권을 받은 사람은 의무와 권리를 함께 지니게 되었다. 이러한 제도를 통해서 그리스도교는 유럽에서 발전하였고 이제 세계 복음화에 이바지하게 되었다.

1) 신생 교회의 설립

(1) 포르투갈

가톨릭교회는 1300년대에 카나리아 제도로 파견했던 선교사들이 원주민들에게 피살됨으로써 복음 선포에 실패한 경험이 있었던 탓에, 식민지의 교회와 선교사를 보호할 필요가 더욱 절실하였다. 그래서 1452년에 교황 니콜라오 5세(1447~1455)는 칙서 〈로마누스 폰티펙스〉(Romanus Pontifex)를 통해 향후 발견될 아프리카 서해안에 있는 이교도들의 땅에 대한 포르투갈의 평화적 점유권을 확인하였다. 그리고 1456년에 교황 갈리스도 3세(1455~1458)는 해외로 확대된 보호권을 포르투갈 왕실에 부여하였다. 교황은 식민지에 성당 건설, 선교사의 생계 유지와 신변 안전 보장을 의무로 요구하는 대신 선교 지역에 교구를 설정하고 주교를 임명하며 교회를 감독하는 권리를 1319년에 해체된 '성전 기사수도회'를 대신하여 결성된 '우리 주 예수 그리스도의 왕실 기사단'(Real Ordem dos Cavaleiros de Nosso Senhor Jesus Cristo)에 부여하였다. 이 기사단의 단장은 왕실의 구성원이었기 때문에 해외 식민지에서는 '왕실 보호권'으로 불렸으며, 단장의 권위는 포르투갈의 선교 지역에서 국가 절대주의의 기원이 되었다. 1481년에 교황 식스토 4세(1471~1484)는 〈아 에테르니스 레지스〉(A aeterni regis)를 통해서 세계를 수평선으로 분할하여 카나리아 제도 남부와 아프리카 서부 지역에 대한 권리를 포르투갈에 부여하였다. 또 1500년에 교황 알렉산데르 6세는 칙서 〈쿰 시쿳 마예스타스〉(Cum sicut maiestas)를 통해서 포르투갈의 국왕 마누엘 1세를 준(準)교구 재치권을 지닌 교황 대리로 임명하여 아프리카 희망봉에서 인도에 이르는 지역을 관할하는 권한을 부여하였다. 1505년에 교황 율리오 2세(1503~1513)는 헌장 〈오르토독새 피데이〉(Orthodoxae fidei)를 통해서 포르투갈 왕실의 선교 노력을 격려하면서 선교사들에게 전대사를 부여하였고, 1506년에는 칙서 〈로마누스 폰티펙스〉(Romanus Pontifex)를 통해 포르투갈의 아프리카 탐험권과 점유권을 승인하였다. 1514년에 마누엘 1세는 본국에서 멀리 떨어져 있는 지역에 대한 효율적인 관리를 위해 해외 교구를 신설하려고 교황 레오 10세(1513~1521)에게 대서양 동부 아프리카 마데이라 제도의 수도인 푼샬(Funchal)을 주교좌로 설정해 줄 것을 제안하였다. 그래서 교황은 〈프로 엑스첼렌티〉(Pro excellenti)를 통해 마우레타니아(Mauretania, 지금의 모로코와 알제리에 해당하는 지역) 남부 지역에서 인도에 이르는 서부 지역과 브라질을 함께 관장하는 푼샬 교구를 설립하였다.

 그러나 포르투갈의 탐험대는 해안에서 대륙의 내부로 들어가지 않았고 정부도 신앙의 전파보다는 자주 상업적인 이득을 우선시하였다. 그래서 포르투갈이 점유한 해안 도시는 무역에 종사하고 보호하는 기지(基地)일 뿐이었다. 상아 해안, 후추 해안, 황금 해안과 같은 이름은 포르투갈이 아프리카에서 기대한 것을 붙여 놓은 것이었다. 그리고 포르투갈은 아시아 식민지에서 지도자 역할을 하는 데에 성공하지 못함으로써 가톨릭교회 역시 토착 문화와 종교를 흡수, 동화시킬 수 없었다. 더욱이 고도의 문화와 견고한 종교 체제를 갖춘 나라(인도, 일본, 중국)에서는 그리스도교 신앙이 수용되기 어려웠고 이는 박해로 이어졌다. 한편 브라질에서는 원주민에 대한 정착민들의 횡포 때문에 프란치스코회 선교사들의 선교 노력이 크게 성공하지 못하였다. 하지만 1549년 포르투갈 총독과 함께 노브레가(Manuel da Nóbrega, 1519~1570) 신부가 이끄는 예수회 선교단이 도착하여 수도 상 살바도르(São Salvador)에 교구가 설정되었다. 예수회는 원주민 교육을 통해 선교 활동을 하였다. 이러한 상황에서 포르투갈의 보호권 아래 아메리카(브라질), 아프리카(콩고·앙골라·모잠비크·시에라리온), 아시아(인도·말레이 군도·일본·중국)에 신생 교회들이 탄생하였다.

(2) 스페인

스페인 왕실은 콜럼버스가 제1차 탐험 여행에서 돌아온 1492년에 스페인 출신인 교황 알렉산데르 6세에게 탐험 사실을 보고하고 포르투갈에 부여된 보호권을 요청하였다. 그래서 1493년 5월 3일에 교황은 칙서 〈인테르 체테라〉(Inter caetera)를 통해서 그리스도교를 전파한다는 조건으로 새로 발견된 지역과 다른 가톨릭 군주가 점유하지 않은, 앞으로 발견될 지역에 대한 점유권을 스페인 왕실에 인가하면서 포르투갈의 기득권도 보장하였다. 그러나 스페인의 페르난도 2세가 이에 만족하지 않자, 5월 4일에 다시 발표한 칙서 〈인테르 체테라〉를 통해 아조레스 제도에서 100리그(league는 거리 단위로 영미에서 1리그는 약 3마일 정도이다) 떨어진 곳에 수직으로 경계선을 그어 서쪽은 포르투갈 영역, 동쪽은 스페인 영역으로 정하여 새로 발견된 모든 섬과 육지에 대한 점유 독점권과 선교 사업을 위한 특권을 부여하였다. 이러한 획정(劃定)은 콜럼버스가 이 지역에 하늘, 별, 공기 온도의 변화가 있어서 대서양을 수직으로 양분하는 경계가 있다고 확신하여 정해진 것이었다. 같은 해 6월 25일에 교황은 칙서 〈피이스 피델리움〉(Piis fidelium)을 통해 선교의 의무와 함께 선교 지방의 선교사 임명 특전과 발견 지역의 원주민들에 대한 여러 가지 특권을 부여하였다. 이어 7월 2일에는 교황 칙서 〈엑사미애 데보시오니스〉(Examiae devotionis)를 통해서 포르투갈 왕실이 누리고 있는 모든 특전을 스페인 왕실에도 베풀었다. 그런데 선교 지방의 원주민에 대한 왕실의 권한이 분명하지 않아 1508년에 교황 율리오 2세는 칙서 〈우니베르살리스 엑클레시아〉(Universalis ecclesia)를 통해서 스페인 왕실에 부여한 보호권을 다시 확인하였다. 이로써 스페인 왕실은 식민지에서 주교좌 성당 건설을 허가하고 수도회의 원장이나 교회 단체의 책임자를 임명하는 영구적인 권한을 받았다.

이러한 획정에 대해 포르투갈의 주앙 2세는 반발하였다. 왜냐하면 이 칙서로 1481년에 분할되어 포르투갈에 점유권이 있는 지역인 카나리아 제도와 대서양의 아프리카 서부 지역이 스페인 영역에 포함되었기 때문이다. 따라서 교황의 주선으로 8월 18일에 시작된 양국의 외교적 협상에서 합의가 이루어져 1494년 6월 7일에 교황은 '세계의 분할'(Partitio mundi) 또는 '알렉산데르 증여'(Donatio Alexandrina)라고도 일컫는 '토르데시야스 조약'(Tratado de Tordesillas)을 통해 카보베르데(Cabo Verde) 제도(諸島)의 서쪽 서경 43도 37분 지점을 기준으로 남북 방향으로 경계선을 그어 동쪽은 포르투갈이, 서쪽은 스페인이 차지하게 하였다. 따라서 브라질을 제외한 카리브 해에서 태평양에 이르기까지의 서쪽은 스페인 항해권 구역으로, 브라질에서 인도까지의 동쪽은 포르투갈 항해권 구역으로 정해졌다. 이 조약으로 인해 포르투갈은 동양의 향신료, 특히 인도산 후추를 독점할 수 있게 되었으며, 아메리카 대륙에서 브라질만이 유일하게 포르투갈어를 사용하게 되었다. 그러나 1519년에 마젤란의 함대가 세계일주(1519~1522)를 함으로써 태평양의 분계선에 대한 장기간의 충돌이 일어났다. 또 해양 국가로 등장한 영국, 네덜란드, 프랑스는 모든 나라가 바다와 하늘을 공유한다는 원칙하에 땅에 대한 실질적 권리는 점유자에게 있다고 주장하면서 '토르데시야스 조약'을 무시하였다. 이러한 충돌은 가톨릭교회 안에서 필리핀뿐만 아니라 일본과 중국

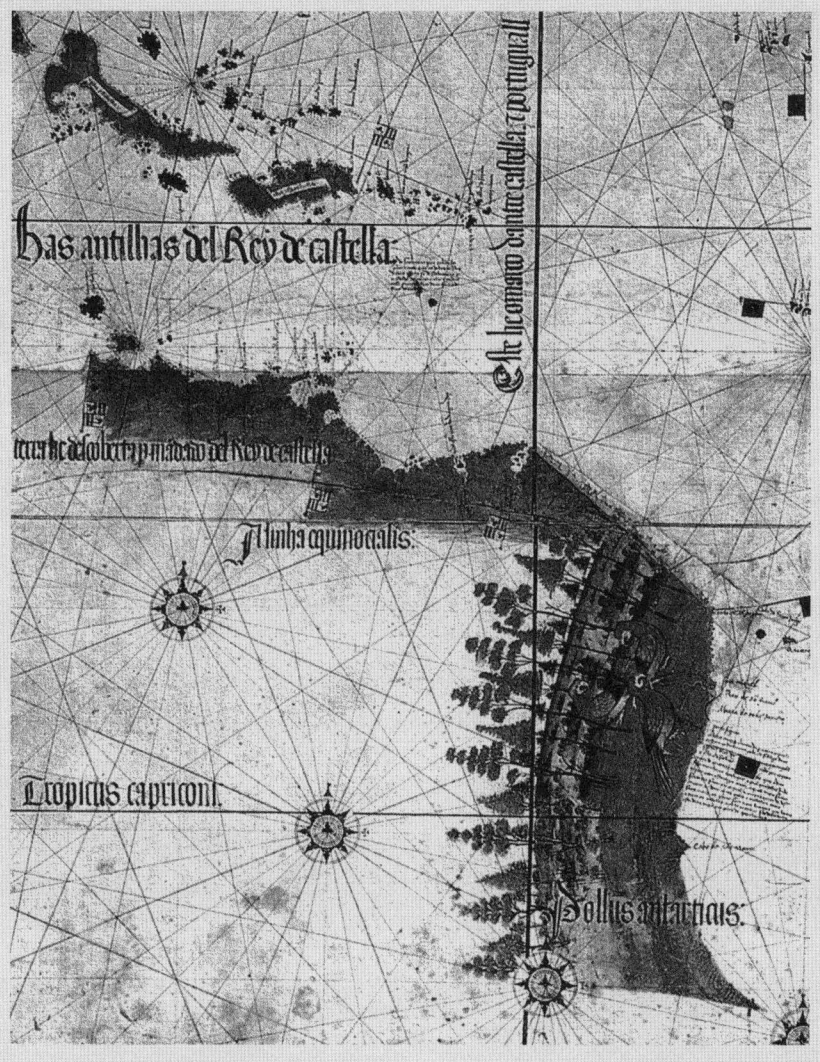

교황 알렉산데르 6세는 '토르데시야스 조약'을 통해 카보베르데 제도의 서쪽 서경 43도 37분 지점을 기준으로 남북 방향으로 경계선을 그어 동쪽은 포르투갈이, 서쪽은 스페인이 차지하게 했다. 따라서 브라질을 제외한 카리브 해에서 태평양에 이르기까지의 서쪽은 스페인 항해권 구역으로, 브라질에서 인도까지의 동쪽은 포르투갈 항해권 구역으로 정해졌다.

에서 선교 관할 지역에 대한 분쟁이 발생하는 계기가 되었다. 어떻든 '알렉산데르 증여'는 교황이 분계선을 획정하여 특정한 지역에 대한 특정 국가의 선교 활동 독점권을 부여한 것이었다. 따라서 교황의 증여에 대한 보답으로 스페인 왕실은 신대륙에서 복음 전파를 증진할 의무를 갖게 되었다. 이로써 스페인의 보호권 아래 푸에르토리코, 쿠바, 파나마, 멕시코, 볼리비아, 칠레, 페루, 파라과이, 아르헨티나에 가톨릭교회들이 세워졌다.

2) 정복자들의 식민 정책

새로운 땅의 발견에 몰입했던 이 시대에 포르투갈은 여전히 중세의 십자군 정신에 젖어 있었다. 1511년에 포르투갈은 말라카를 점령한 후 수도 리스본(Lisbon)에서 가톨릭교회가 이슬람에 승리하였다고 축제를 벌였다. 이처럼 신대륙에 대한 정복은 이교도와 이슬람에 대한 전쟁인 동시에 가톨릭 신앙을 위한 투쟁이기도 했다. 포르투갈 상인들과 스페인 정복자들은 한 손에 성경을 들고 다른 손에는 무기를 갖고 탐험에 나섰으며, 보호권 정책을 통해서 부여된 의무보다 자신들의 권리를 내세워 새로 발견된 점령 지역을 무역 독점을 위한 식민지로 삼거나 자국(自國)에 합병하였다.

특히 인도에서 포르투갈 상인들은 차별법을 만들어 힌두교인과 무슬림의 생활양식과 신앙생활에 부담을 주었다. 즉 이들에게 맨손으로 식사하지 못하게 하거나 육식을 강요함으로써 그들의 종교에서 파문당하게 만들었고, 주일에 가족들을 성당으로 데리고 와서 지루한 강론을 듣게 하였다. 포르투갈인들은 힌두교 성전을 파괴하였고, 강요로 힌두교 법을 어긴 주민은 처벌을 피하기 위해서 세례를 받아야만 하였다. 물론 하층민들은 힌두교를 포기

한다고 해서 잃을 것이 없었기 때문에 개종하였지만, 강제로 개종한 주민은 외형적으로만 그리스도교인일 뿐이었다. 결국 많은 주민들이 처벌을 피해 마을을 떠남으로써 향신료를 운반할 사람들이 부족하게 되었다. 브라질에서는 사탕수수 산업을 위한 대규모 농장에 노동력이 필요하였으나, 포르투갈 정착민들은 자신들의 육체 노동은 피하고 원주민들의 노동력으로 이를 충당하려고 시도하였다. 하지만 예수회 선교사들의 반대로 결국 아프리카에서 흑인 노예를 들여왔다.

아즈텍(Aztéc) 제국(지금의 멕시코 지역)을 멸망시킨 코르테스(Herän Cortés, 1485~1547)와 잉카 제국(지금의 페루)을 점령한 피사로(Francisco Pisaro, 1470?~1541)와 같은 스페인 정복자들은, 가톨릭 신앙의 전파라는 사명감에서 폭력으로 원주민에게 개종을 강요하였다. 그들은 도시 곳곳에 세워진 원주민의 신전을 파괴하거나 성당과 부속 건물로 개조하였다. 또 토착 신들의 조상(彫像)들을 우상이라며 파괴하여 그 자리에 십자가를 세우고 성화상(聖畵像)을 설치하였다. 아울러 초기 선교사들은 선교 활동을 위한 준비가 되어 있지 않았고, 그 지역의 문화와 사람들을 잘 알지 못한 채 선교지에 들어갔다. 그들은 원주민을 진정한 신앙의 길로 이끌어야 한다는 생각만으로 자신들의 입장에서 보았을 때 악마의 신전이고 종교적 숭배의 대상인 우상을 파괴하는 것에 동의하였다. 선교사들에게 사람의 심장을 도려내어 신들에게 바치는 인신 공양(人身供養)과 희생자의 인육(人肉)을 먹는 식인 제례(食人祭禮)의 관습을 지닌 토착 종교는 원시적이면서도 그리스도교의 가르침에 어긋나는 모습이었다. 그래서 선교사들은 원주민들이 우상 숭배(토착 신앙과 의식, 관습, 제례)를 단절한 '타불라 라사'(tabula rasa)라는 백지(白紙) 상태에서 그들에게 그리스도교 신앙을 주입해야 한다고 생각하였고, 이를 위해서 때로는 폭력적인 강제 집단 개종도 필요하였다고 여겼다. 그러나 이러한 강압적 방법은 성공할 수 없었다. 세례를 베푸는 것이 곧 선교로 이해되던 상황에서 교리 교육을 받지 않고 강제로 집단 세례를 받은 원주민들은 선교사 몰래 자신들의 우상이나 신들을 계속 숭배하였기 때문이다.

아울러 아메리카의 스페인령에서 거주하던 원주민의 수는 정복 전쟁, 유럽에서 들어온 질병(특히 천연두), 강제 노동으로 급격히 감소하였다. 군사적 정복이 원주민을 가톨릭 신자로 만드는 데에 가장 효과적 방법이라고 여겼던 식민주의자들은 실상 정복 전쟁 중에 수많은 원주민들을 죽였다. 또한 정복자들은 원주민을 광산으로 내몰았고, 진주 채취와 짐 운반 작업에 동원하면서 노예처럼 대하였다. 이러한 만행은 정부의 식민지 경제 정책에서 비롯되었다. 국왕이 식민지 정복자들에게 원주민을 위탁하는 '엥코미엔다'(Encomienda) 제도는 정복자들이 원주민을 보호하고 교리 교육을 통해서 원주민의 영혼을 구원하는 의무를 지니는 대신 원주민들의 노동력을 활용하는 제도였다. 하지만 실상은 단지 노동력을 착취하는 노예 제도와 다를 바 없었다. 엥코미엔다에 이어 멕시코 지역에서는 '레파르티미엔토'(Repartimiento), 잉카

엥코미엔다
본래는 중세 시기 스페인의 국토 회복 운동에서 큰 공을 세운 기사(騎士)에게 주는 당대(當代)에 한하는 토지분양 제도였다. 그러나 아메리카 발견 직후 급속한 원주민 노예화와 인구 격감에 대처하기 위하여 1503년 인디오의 보호를 조건으로, 왕으로부터 위탁받은 토지와 원주민의 사용권으로 변경되었다. 하지만 점차 종신(終身)·세습(世襲)의 봉건 영지화로 변질되었고, 금지되었던 토지매매(土地賣買)가 진행됨으로써 중남미 독립 뒤에도 많은 영향을 미쳤다.

레파르티미엔토
모든 성인 인디오가 일정 기간을 광산 등에서 노동해야 하는 제도. 토지와 원주민을 정복자에게 할당하고, 강제 노동으로 원주민을 착취하는 방식으로 일종의 노예 제도였다.

미타
페루와 볼리비아에서 주로 시행된 제도. 성인 원주민은 7년 중 1년 6개월 동안 은광산을 비롯한 여러 광산에서 일해야 했다.

문명 지역에서는 '미타'(Mita)라는 제도가 시행되었다. 이 제도들은 엥코미엔다 제도를 이용하던 '엥코멘데로'(Encomendero)들에게 왕실의 식민지 정부가 노동력을 배정해 주고, 규정에 따른 임금을 노동자에게 지불하는 것이었다. 이 제도 역시 원주민의 권익 보호를 위해 만들어졌지만 가혹한 노동 착취로 인해 원주민의 노예화는 시정되지 못하였다. 이어서 제정된 '아시엔다'(Hacienda) 제도는 원주민 개인의 토지 소유를 법적으로 인정하였지만, 정복자들이 원주민의 토지를 빼앗아 대농장을 만들고 원주민을 농장에 예속시키는 결과를 초래하였다.

3) 교회의 인도주의적 정책

선교사들은 이러한 제도들에서 파생된 심각한 문제들에 직면하였다. 인디오를 잔혹하게 대하는 정복자들 때문에 선교사들의 설교는 원주민들에게 신뢰를 얻을 수 없었다. 그래서 스페인의 일부 성직자들은 국내와 선교지에서 식민주의자들이 내세우는 스페인의 정복 권리와 원주민을 처참한 노예로 만든 제도들을 부정하면서 정복자들의 '인디아스'(Indias) 파괴를 고발하였다. 도미니코회 회원인 몬테시노(Antonio de Montesino, 1486~1530?) 신부는 1511년 성탄 대축일 전 일요일에 에스파뇰라의 한 성당에서 강론을 통해 원주민들에 대한 잔인한 정복 전쟁과 노동 착취 행위를 비난하였다. 한때 쿠바의 엥코멘데로였던 라스 카사스(Bartolomé de Las Casas, 1474~1566)는 1523년 재산을 포기하고 도미니코회에 입회하여 정복자들의 범죄와 공격적 행위를 고발하였다. 그리고 1540년 스페인에 돌아와서는 왕실을 향해 '엥코미엔다' 제도가 원주민의 자유와 삶을 박탈하는 통치 수단임을 밝혔다. 그 결과 1542년 국왕 카를로스 1세(Carlos I, 1516~1556)는 인디아스 법(Ley de las Indias)을 개정한 신법(新法)을 통해 '엥코미엔다' 제도를 폐지하면서 원주민의 노예화와 강제 노동을 금지하였다. 도미니코회의 신학자이며 국제 법률가인 비토리아(Francisco de Vitoria, 1483~1546)는 1539년에 살라망카(Salamanca) 대학에서 학생들에게 원주민들의 인권을 강조하고 정복자들이 자행하는 착취를 비난하면서 신대륙 발견을 의문시하였다.

아울러 선교사들은 교황청과 함께 원주민에게 인도주의적인 원칙을 적용하려고 노력하였다. 이미 교황 에우제니오 4세(1431~1447)는 선교사들의 선교 활동이 스페인 점유자들과 상인들의 침해로 심각한 난관에 이르렀다고 하면서 원주민 그리스도교인들이 노예 상태와 노동 착취에서 보호받아야 하고 그들의 인권을 옹호해야 한다고 역설하였다. 1537년에 교황 바오로 3세(1534~1549)는 원주민들의 자유와 재산을 보호하고 강제 노동을 금지한다는 내용을 담은 칙서 〈수블리미스 데우스〉(Sublimis Deus)를 반포하였다.

1532년에 스페인의 관리로 멕시코에 입국한 바스코 데 키로가(Vasco de Quiroga, 1470?~1565)는 1537년에 주교품을 받고 미초아칸(Michoacán) 교구의 주교가 되었다. 그는 원주민의 비참한 처지를 동정하여 1532년부터 멕시코 시티에 '산타페'(Santa Fe)라는 인디오 공동체 병원 마을을 세워 병자들을 돌보고 가톨릭 신앙 교육을 실시하였다. 1533년에는 마초아칸에도 '산타페'를 세웠는데, 이 마을은 토마스 모어의 《유토피아》가 내세우는 '이상향'의 재산 공유, 하루 6시간 노동, 노동 결실에 대한 공평한 분배와 같은 원칙을 구현한 것이었다. 그래서 인디오들은 바스코 주교를 '타타 바스코'(Tata Vasco, 우리들의 아버지 바스코)라고 불렀다. 뒤이어 신대륙 선교에 참가한 예수회 선교사들은 파라과이에서 복음 선포와 함께 원주민 보호를 위해 노력하였다. 그들은 스페인 국왕 펠리페 3세(Felipe III, 1598~1621)가 증여한 인디오 보호 거주지에 성당, 학교, 주택이 들어선 '레둑시오'(reduccio)라는 이상적인 그리스도인 원주민 마을을 선교사의 자부적(慈父的) 책임 아래 자급자족의 공동체로 만듦으로써 정복자의 만행에서 원주민들을 보호하였다. 이러한 인디오 공동체의 형성은 선교사들이 정복자에 대해 도전하려는 충동과 보호를 받고 싶어 하는 염원 사이에서 고통을 받는 인디오들을 만나면서 이루어졌다.

2. 교황청의 새로운 선교 정책

보호권 제도는 교회가 처음에 의도한 선교 수단 역할을 하기보다는, 군사 정복을 정당화시켜 주는 동기를 제공하였고 식민지 지배를 위한 정치적 도구로 활용되었다. 또 선교사는 원주민들에게 식민정치의 협조자로 비쳐졌고, 선교 지방의 교회는 유럽 백인들의 교회로 만들어졌다. 그리고 교황들은 세속 군주에게 보호권을 부여함으로써 교회의 고유한 사명인 선교권을 포기하였고, 선교지 교회에 대한 교황의 명령과 지시는 왕실의 동의 없이는 효력을 발휘할 수 없게 되었다. 그런 탓에 선교에 있어서 국왕들은 교황의 대리자이기보다는 하느님으로부터 선교 위임을 받은 대리자로 처신하였다. 따라서 트리엔트 공의회(1545~1563) 이후 가톨릭교회의 쇄신 과정에서 십자군 정신에 기초한 선교와 식민지 정책에 따른 선교에서 발생하는 보호권 체제의 폐해가 드러났다.

그래서 트리엔트 개혁 교황들은 세속 군주들의 영향에서 벗어나 교황의 직할 체제로 이루어질 수 있는 선교 정책을 세워 시행하게 되었다. 1568년에 교황 비오 5세(1566~1572)는 '비(非)그리스도인의 개종을 위한 추기경위원회'를 구성하였다. 그러나 이 기구는 임시 기구에 지나지 않았다. 왜냐하면 교황 식스토 5세(1585~1590)가 교황청 기구 개편에서 선교를 담당하는 성(省)을 추기경이 책임지는 14개의 성 가운데에 포함시키지 않았기 때문이다. 교황 클레멘스 8세(1592~1605)는 선교를 담당하는 특별 기구로 포교성(Congregatio de Propaganda Fide)을 설립하였다. 이 과정에서 선교를 담당하는 성은 교황청의 항구적인 기구여야 한다는 견해가 확산되었다. 이러한 견해는 스페인 출신으로 가르멜회의 선교 이론가로서 수도명이 '예수의 토마스'인 산체스(Diaz Sanchez de Avila, 1564~1627)의 저서 《만민 구원의 성취》(De procuranda salute ommnium gentium, 1640)에 나타났다. 2권으로 구성된 이 책의 제2권에서 저자는 교황청에 포교성 설립을 제안하였다. 이 제안을 교황 그레고리오 15세(1621~1623)가 받아들여 1622년 1월 6일에 헌장 〈인 스크루타빌리〉(In scrutabili)를 통해서 교황청 상설 기구로 13명의 추기경과 2명의 고위 성직자 및 1명의 사무국장으로 구성된 포교성성(Sacra Congregatio de Propaganda Fide)을 설립하였다. 그리고 선교는 영혼의 목자인 교황의 주요 임무이며 신앙을 전파하는 것은 권리이자 의무라고 밝혔다. 이후 포교성성은 정치적 식민지 선교를 순수한 교회 선교로 전환하는 준비에 나섰다. 그리고 교황청 중심의 선교 체제가 이루어져 포교성성은 모든 선교사들을 책임지고 파견하였고, 선교 방법을 규정하며 선교 지역을 할당하였다. 이로써 교황청은 포교성성을 통해 선교 지방의 신생 교회들과 직접적인 관계를 유지하면서 관리하였다.

포교성성은 선교 지방의 교회 상황을 정기적으로 보고받았다. 초대 장관인 잉골리(Francesco Ingoli, 1622~1649) 추기경은 해외 선교의 실태 조사 결과

드러난 단점과 장애, 그리고 그 치유책을 제시하는 문서를 내놓았다. 이 문서는 모든 선교 지방의 활동이 지역 교회 주교와 수도자 사이에 재치권 분쟁, 예수회와 탁발 수도회의 갈등, 선교사들 사이의 국가적 대립으로 복음 선포에 우선하는 정치적 이해, 현지인에 대한 학대와 소외와 같은 폐단으로 피해를 보고 있음을 지적하였다. 따라서 잉골리 추기경은 수도회와 국가에 따라 선교 지역을 명확하게 구분하였고, 교구를 증설하고 선교사로 가능한 한 재속 성직자를 선택하였다. 그리고 교황 특사나 교황 대사를 파견하여 선교 활동을 감독하였다. 그는 외국인 선교사들과 동등한 입장에서 선교 정책과 활동을 공유해야 하는 현지인 성직자 양성을 긴급한 과제로 간주하였다. 이렇게 함으로써 잉골리 추기경은 선교 활동이 식민지 세력과 유럽의 수도회 장상들의 지시에서 벗어나 자립하기를 원하였다.

이러한 지침은 《포교성성의 선집》(Collectanea Sacrae Congregationis Fidei)에 단순한 문서로만 남아 있지 않았다. 포교성성은 선교사 양성을 위해서 로마 신학교들과 지역 교회 전국 신학교 설립 특별위원회를 구성하였고, 수도회 장상들에게 미래의 선교사들을 위해 어학을 가르치는 학교를 설립하도록 권고하였다. 교황 우르바노 8세(1623~1644)는 포교성성의 건의를 받아들여 1627년 8월 1일 헌장 〈임모르탈리스 데이 필리우스〉(Immortalis Dei Filius)를 통해서 포교성성 직속의 우르바노 신학교(Collegium Urbanum de Propaganda Fide)를 설립해 선교 지방의 현지인들을 받아들여 교육하였다.

한편 베트남에서 세 차례(1624~1626, 1627~1630, 1640~1645)에 걸쳐 선교 활동을 하다가 추방된 프랑스인 예수회 선교사 로드(Alexandre de Rhodes, 1591~1660) 신부가 1649년 로마를 방문하였다. 그는 자신의 풍부한 선교 경험을 바탕으로 교회가 보호권에 예속될 수 없다는 결론을 내리고, 포교성성에 보호권에서 독립된 '명의(名儀) 주교'(Episcopus Titularis)나 '교황 대리 감목'(Vicarius Apostolicus)을 파견하여 선교 사업을 직접 관할해야 한다고 제안하였다. 사실 포교성성의 선교 정책은 그동안 보호권을 누리고 있던 포르투갈과 스페인, 그리고 보호권에 의해 파견된 탁발 수도회와 마찰을 일으켰다. 따라서 이러한 상황을 극복하기 위해서 포교성성은 로드 신부가 제안한 교황 대리 감목 제도를 도입하였다. 이 제도로 인해 선교 지역에 임명된 주교들은 보호권에 속하지 않는 지역에서 교구장 주교가 아니라 명의 주교의 직책을 갖고 교황의 대리자(교황 대리 감목)로서 주교 전권(全權)을 행사할 수 있었고, 교황청은 이들을 통해서 선교 지방을 관리할 수 있었다. 교황 대리 감목은 수도회와 얽매이는 것을 피하기 위해 수도자가 아닌 성직자 중에서 선임되었다.

예상대로 포교성성의 정책은 보호권을 향유하고 있던 포르투갈과 스페인의 반대를 받았다. 포르투갈은 보호권의 목적이 새 신자들을 유럽에 동질화시키는 것이고 유럽의 그리스도교를 해외에 이주시키는 것이라고 주장하였다. 그러나 포교성성은 유럽주의를 거부하였다. 스페인 역시 포교성성의 선교 독점권 주장 수용을 거부하였고, 수도회 장상들도 교황청의 직접 관할에서 벗어나려고 교황청의 다른 성성에서 수도회 소속 선교사 파견권을 다시 얻으려고 시도하였다. 따라서 포교성성은 이러한 어려움을 해결하기 위해 보호권 밖 지역에 선교지를 설정하여, 당시까지 선교 활동 경험이 거의 없었던 카푸친회와 가르멜회의 수도자들을 파견하였다.

3. 새 선교 단체

1) 예수회

가톨릭교회의 토착 문화에 대한 적응화(適應化) 또는 토착화(土着化)에 대한 자세에 실용주의가 등장하였다. 포교성성은 보호권 세력의 유럽주의와 식민주의에 따른 선교에서 벗어나 자립하기를 희망하였다. 이러한 희망이 예수회의 해외 선교 참여로 실천에 옮겨졌다. 1540년에 설립된 예수회는 성직 수도회로서 회헌에 선교회로 규정되어 있었다. 예수회 선교사들은 세례를 받은 원주민들 대부분이 가톨릭 신자이면서도 토착 신앙을 버리지 않고 있음을 알게 되었다. 그래서 그들은 '타불라 라사' 선교 이론을 배제하고 선교 지방의 관습과 생활을 이해하려고 노력하였다. 그들은 먼저 원주민에게 다가가고 현지 문화에 적응하기 위해 원주민의 종교, 관습, 정치 그리고 생활을 이해하려고 노력하였다. 또한 그들은 문명 충돌을 피하기 위해 적응화 방법을 통해서 원주민의 언어를 습득하고, 그들의 언어로 교리서를 번역하거나 저술하였다. 이러한 방법으로 원주민의 신뢰를 얻게 되면서 원주민도 선교사들을 이해하게 되었다. 이는 또한 선교사들의 원주민 개종 성공에 크게 기여하였다.

예수회의 아프리카 선교는 에티오피아에 선교사를 파견한 것을 시작으로 모로코, 이집트, 서부와 동남부 해안 지방까지 확대되었다. 또 아시아에서는 거의 전역에서 선교가 진행되었는데, 특히 인도, 일본, 중국은 선교 활동의 주요 무대였다. 아메리카에서는 1549년 브라질에 선교사들이 입국하면서 시작되어 중남미 전역과 북아메리카의 남서부에서 선교 활동이 이루어졌다.

예수회의 적응화 정책은 일본에서 사베리오(Franciscus Xaverius, 1506~1552) 신부에 의해, 중국에서는 리치(Matteo Ricci, 利瑪竇, 1552~1610) 신부에 의해, 인도에서는 노빌리(Robert de Nobili, 1577~1656) 신부에 의해, 또 베트남에서는 로드 신부에 의해 실천되었다.

1659년에 포교성성은 선교 지방의 교황 대리 감목들에게 '포교성성의 대헌장'이라고 불리는 훈령을 내렸다. 이 훈령의 일부는 선교 지방의 문화에 대한 선교사의 자세를 다루었는데, 이에 대한 반대 의견이 몇몇 선교사들에 의해 제기되면서 분열을 초래하였다. 대부분의 선교사들은 개종자들이 그들의 토착 문화와 완전히 단절해야 한다고 주장하였다. 그들은 선교 지방의 관습과 그에 따른 실천 행동은 그리스도교적이지 않은 요소에서 비롯된다고 주장하면서 토착 관습들은 복음에 의해서 판단되어야 하고 이교적인 흔적들을 정화해야 한다고 여겼다.

그러나 훈령은 예수회의 선교 방법을 지지하였다.

선교지로 떠나는 예수회 선교사들. 예수회의 아프리카 선교는 에티오피아에 선교사를 파견한 것을 시작으로 모로코, 이집트, 서부와 동남부 해안 지방까지 확대되었다. 그들은 문명 충돌을 피하기 위해 적응화 방법을 통해서 원주민의 언어를 습득하고, 그들의 언어로 교리서를 번역하거나 저술하였다.

즉 훈령은 선교 지방의 교황 대리 감목들에게 선교사들이 현지 언어를 습득할 수 있게 하도록 권고하였고, 현지인 신부가 자신의 동포들과 언어와 관습에 있어서 동질성을 지니고 있기에 외국인 선교사들보다 더 큰 신임을 얻을 수 있으니 선교 지방 주교들은 사제직에 적합한 현지인을 선발할 의무가 있다고 하였다. 또 선교 지방 주민의 관습, 풍속, 문화를 변혁시키지 말라고 경고하였다. 그러면서 아시아인을 유럽인으로 만들려는 시도는 어리석은 행위라고 주장하였다. 포교성성은 만일 지역 관습을 비판한다면 선교 활동은 쇠퇴할 것이고, 일부 관습들이 그리스도교에 명백하게 어긋난다면 서서히 변화를 진행시키라고 하였다. 그러나 후에 적응화에 대한 상반된 견해가 중국에서 조상 제사에 관한 의례 논쟁을 불러일으켰을 때, 교황청은 조상 제사가 일반인들에게 종교 의식의 우상 숭배로 인식될 위험이 있다고 판단하였다. 그래서 두 차례에 걸친 교황 칙서(1715, 1742)를 통해서 리치 신부가 민속(民俗)으로 허용했던 조상 제사를 금지하는 정책을 펼쳤고, 이 정책은 1939년까지 유지되었다. 그럼에도 불구하고 예수회는 적응화라는 선교 방법을 통해서 가톨릭교회의 세계 선교에 기여하였다.

2) 파리 외방전교회

포교성성의 또 다른 희망은 수도회 선교사와 균형을 이루기 위해 재속 성직자들이 해외 선교에 참여하는 것이었다. 이 희망도 1658년에 새로운 형태의 선교 조직을 갖춘 '파리 외방전교회'(Société des Missions Etrangères de Paris)가 설립됨으로써 이루어졌다. 로드 신부가 베트남에서 추방되어 마카오를 거쳐 1649년 로마를 방문하였을 때, 포교성성은 그의 주교 파견 요청에 냉

담한 반응을 보이면서 프랑스에서 선교사를 모집하라고 권하였다. 그래서 로드 신부는 1652년 9월 로마를 떠나 파리로 가서 프랑스의 예수회 회원들 중에서 지원자를 찾았다. 그는 선교사로 일생을 해외 선교에 헌신하겠다는 약속을 포교성성에 할 수 있는 재속 성직자들을 모아 '착한 친구들'(Société des Bons Amis)을 구성하였다. 한편 교황청과 포교성성은 프랑스 성직자 총회(1655)의 촉구에 따라 로드 신부의 요청을 수용하였다. 로드 신부와 1630년에 설립된 평신도 신심 단체인 '성체회'(Compagnie du Saint Sacrament)의 사도직에 참여하는 열성적인 회원들이 수도회가 전담한 해외 선교에 투신하려는 열망을 보임에 따라 '파리 외방전교회'가 파리에서 설립되었다. 그리

포교성성은 재속 성직자들을 해외 선교에 참여시키기 위해 1658년에 새로운 형태의 선교 조직을 갖춘 '파리 외방전교회'를 설립하였다. 파리 외방전교회는 1663년 파리에 신학교를 설립하여 선교의 열정에 충만한 젊은 외방전교회원들을 길러냈다(1663년 당시 신학교 전경).

고 마침내 1658년에 팔뤼(François Pallu, 1626~1684) 신부와 랑베르 드 라 모트 (Pierre Lambert de la Motte, 1624~1679) 신부가 교황 대리 감목으로 임명되었다. 포교성성이 임명한 첫 선교사로서 랑베르 드 라 모트 신부는 베이루트 (Beirut) 명의 주교로 코친차이나(Cochinchina)에, 팔뤼 신부는 헬리오폴리스 (Heliopolis) 명의 주교로 통킹(Tonking)에 파견되었다. 보호권 선교사들의 강한 반대도 있었지만 그들의 활동은 동아시아에서 가톨릭 선교의 새 장을 열었다. 그리고 교황청은 처음으로 직접 선교사를 파견함으로써 동아시아에서 포르투갈 보호권에 속하지 않은 전 지역을 관할하게 되었다.

이어 파리 외방전교회는 1663년 파리에 해외 선교사 양성을 위한 신학교를 세웠다. 그리고 이 선교 단체는 선교와 다른 업무를 함께 수행하던 수도회와는 달리 신앙을 전파하는 임무에만 전념하였다. 이미 1576년에 교황 그레고리오 13세(1572~1585)는 〈수페르 앗 노스〉(Super ad nos)를 통해서 아메리카 주교들에게 순수한 스페인 사람이 아니더라도 인디오어를 아는 '메스티소'(Mestizo)가 자격을 갖추었다면 서출(庶出) 조당에 대한 관면을 베풀고 사제품을 수여하도록 지시하였다. 이러한 현지인 성직자 양성 권고는 잉골리 추기경의 지침에도

> **메스티소**
> 중남미 원주민인 아메리카 인디언과 에스파냐·포르투갈계 백인과의 혼혈 인종. 대부분 중남미, 특히 멕시코를 비롯하여 페루·볼리비아·에콰도르·콜롬비아·베네수엘라 등 메스티소 아메리카 지역에 집중되어 있다.

담겨 있었다. 결국 이런 교황청의 정책 안에서 파리 외방전교회는 복음을 전파할 뿐만 아니라 선교 지방의 현지인 사제를 양성하고 교계 체제를 수립함으로써 교회가 튼튼하게 그리고 영구적으로 자리를 잡을 수 있게 하는 것을 중요한 목표로 삼았다. 이것은 선교사가 언어를 습득하는 데에 오랜 시간이 걸리고 박해 중 추방당하거나 처형되었기 때문에 선교사를 무한정 파

견하기에는 어려움이 있었기 때문이다. 그래서 1665년에 태국 방콕 근처의 고도(古都) 아유타야(Ayutthaya)에 첫 파리 외방전교회 신학교를 개교한 이후 각 선교 지방에 신학교들을 설립하였다. 후에 이 파리 외방전교회 신학교는 아시아 10개국에서 유학 온 신학생들을 양성하면서, 아시아 지역 전체의 신학교 역할을 하였다. 파리 외방전교회는 교구 성직자를 해외 선교에 파견함으로써, 대목구 제도를 선교 지방에 적용하여 포르투갈의 보호권을 몰아내고 예수회와 함께 아시아 선교에서 중요한 역할을 하였다. 그리고 이 단체는 현지인 성직자 수가 증가하면 대목구를 현지인 성직자에게 이양함으로써, 선교 지방의 교계 제도가 설정되고 지역 교회가 발전하는 데 역사적 기여를 하였다. 특히 선교 지방의 현지인 성직자 양성을 위한 신학교 설립을 중요 목적으로 삼은 정책은 가톨릭교회의 선교 전망을 밝게 해주었다. 이처럼 파리 외방전교회는 재속 성직자들로 구성된 새로운 모습의 선교 조직을 통해서 가톨릭교회의 세계 복음화에 이바지하였다.

참고문헌

1. 단행본

Marco Polo, *The Description of the World*, London, George Roudtledge & Sons Ltd., 1938 ; 김호동 역주,《마르코 폴로의 동방견문록, 세계의 서술》, 서울, 사계절출판사, 2000.

H. Daniel-Rops, *The Protestant Reformation*, translated by Audrey Butler from Une Revolution Religeuse: la Reforme Protestante, Paris, Libraire Artheme Fayard, 1958(rep. London: J.M. Dent & Sons Ltd · New York: E.P. Dutton & Co. Inc., 1970).

R.A. Skelton, *Explorer's Maps*, 2nd imp., London, Routledge and Kegan Paul, 1960 ; 안재학 옮김,《탐험 지도의 역사》, 서울, 도서출판 새날, 1995.

K.S. Latourette, *A History of the Expansion of Christianity III: Three Centuries of Advance A.D. 1500~A.D. 1800*, Exeter, The Paternoster Press, 1971.

Stephen Neil, *A History of Christian Missions*, re.; Harmondsworth, Penguin Books Ltd., 1973.

John R. Hale, *Age of Exploration, Great Ages of Man*, New York, Time-Life Books INC, 1974 ;《人間世界史 : 探險時代》, 서울, 한국일보 편집부, 1978.

H.V. Livermore, 'The New World', *The New Cambridge Modern History*, planned by G.R. Potter, edited by Denys Hay(rep. Cambridge · London · New York · Melbourne, Cambridge University Press, 1976), vol. I, pp. 420~444.

Paul Johnson, *A History of Christianity*, Harmondsworth, Penguin Books, 1976.

Edward McNall Burns · Robert E. Lerner · Standish Meacham, *Western Civilization. Their History and Culture*, 9th edition, New York · London, W.W. Norton & Company, 1980 ; 박상익 옮김,《서양문명의 역사》Ⅱ, 서울, 소나무, 1994.

Jozef Glazik, 'The Springtime of the Missions in the Early Modern Period', *History of the Church* Volume V: *Reformation and Counter Reformation*, edited by Hubert Jedin and John Dolan, translated by Anselm Biggs and Peter W. Becker, London, Burns & Oates, 1980, pp. 589~614.

James De Jong, 'Expansion Worldwide', *The History of Christianity*, edited by John H.Y. Briggs · Robert D. Linder · David F. Wright eds.,(re. Oxford, Lion Publishing, 1990), pp. 460~478.

John McManners(ed.), 'The Expansion of Christianity', *The Oxford Illustrated History of Christianity*, Oxford · New York, Oxford University Press, 1992, pp. 301~337.

Carlos Fuentes, *El Espejo Enterrdo*, Mexico, Fondode Cultura Economica, 1992 ; 서성철 옮김,《라틴 아메리카의 역사》, 도서출판 까치, 1997.

최영수,《라틴 아메리카 식민사》, 서울, 대한교과서, 1995.

Frederic Delouche(ed.), *Histoire de l'Europe*, Paris, Hachette, 1992 ; 윤승준 역,《새 유럽의 역사》, 서울, 도서출판 까치, 1995.

Raymond Carr, *A History of Spain*, Oxford, Oxford University Press, 2000 ; 김원중 · 황보영조 옮김,《스페인사》, 서울, 까치, 2006.

August Franzen, *Kleine Kirchengeschichte*, Herausgegeben von Remigius Bäumer, Durchgesehen und bis in die Gegenwart von Roland Frölich, Freibug im Breisgau, Verlag Herder, 2000 ; 최석우 역, 《세계 교회사》, 왜관, 분도출판사, 2001.

Bernhard Kay, *Ans Ende der Welt und darüber hinaus*, Bergisch Gladbach, Verlags gruppe Lübbe GmbH Co. Ltd, 2001 ; 박계수 옮김, 《항해의 역사》, 서울, 대한교과서, 2006.

Jean-Marie Pelt, *Les Espice dans l'Histoire*, Paris, Fayard, 2002 ; 김중현 옮김, 《향신료의 역사》, 서울, 좋은 책 만들기, 2005.

Paolo Novaresio, *Explorers*, Vercelli, White Star S.r.l., 2002 ; 정경옥 옮김, 《위대한 탐험가들》, 서울, 생각의 나무, 2004.

Evelyn Edson, *The World Map 1300~1492. The Persistence of Tradition and Transformation*, Baltimore, The Johns Hopkins University Press, 2007.

Michael Krond, *The Taste of Conquest. The Rise and Fall of Three Great Cities of Spice*, New York, Ballatine Books, 2007.

Edward Norman, *The Roman Catholic Church*, London, Thomas & Hudson Ltd., 2007.

이강혁, 《라틴 아메리카의 역사》, 서울, 가람기획, 2008.

제2장 선교회의 아시아 선교

제1절 인도

1. 그리스도교의 전래

복음의 인도 전래에 대한 최초의 전승은 토마스 사도와 관련된 것이다. 이에 따르면, 서기 52년 토마스 사도가 말라바르(Malabar, 지금의 Kerala)의 항구 도시인 코당가루루(Kodungallur, 지금의 Cranganore)에 도착하여 복음을 선포하고, 7개의 교회를 세웠다는 것이다. 하지만 그는 코로만델(Coromandel) 해안에서 무릎을 꿇고 기도하는 자세로 창에 찔려 순교했으며, 첸나이(Chennai, 지금의 Madras) 인근의 밀라포르(Mylapore)에 묻혔다고 전해진다. 또 2세기 말경 알렉산드리아의 신학교 학장인 판테누스(Pantaenus, +200?)는 선교사로 활동하던 인도에서 마태오 복음서를 사용하는 신자들을 만났다고 기록하였다. 그리고 니체아 공의회(325)에서는 요한이라는 인물이 '페르시아와 대(大) 인도의 주교'라고 서명했다고 한다. 이러한 주장에 대한 역사적 근거가 명확하게 확인되지는 않지만, 고대 이래 인도가 로마나 유대와 교역하였고 홍해나 페르시아 만의 항구들과 해상무역을 하였다는 점을 고려할 때, 복음

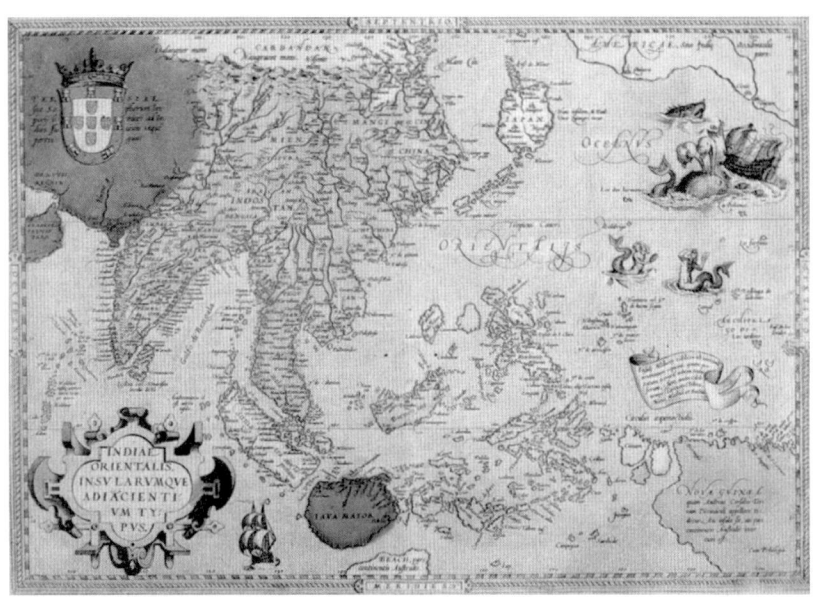

15세기 이후 인도에 진출한 포르투갈인들은 인도의 그리스도인들이 토착 관습과 접목된 독특한 신앙생활을 하며 힌두교인과도 좋은 관계를 유지했다고 하였다(포르투갈인들이 그린 1570년경 지도).

이 일찍부터 인도에 전래되었을 가능성은 있다.

4세기경 인도 남부에 신앙 공동체가 존재하였다는 것은 분명하다. 쿠나이 토마스(Kunai Thomas)가 이끄는 시리아의 그리스도인 400명이 페르시아를 떠나 코당가루루에 정착하였기 때문이다. 이를 계기로 인도의 그리스도교 공동체는 동(東)시리아(칼데아) 지역의 교회와 밀접한 관계를 맺게 되었다. 5세기 후반 칼데아 교회의 총대주교가 인도에 주교를 파견하였고, 네스토리우스주의를 따르는 주교들이 동방 지역 교회들에 독자적인 영향력을 행사함에 따라 인도 역시 그 영향을 받았다. 이집트 상인 코스마스(Cosmas Indicopleustes)는 6세기경 인도를 여행하다가 말라바르에서 살고 있는 그리스도인을 만났는데, 이들은 자신들을 '토마스 그리스도인'이라 소개했다고 한다. 그러나 이 명칭은 토마스 사도와 아무런 관련이 없으며, 8세기의 마르 토마스(Mâr Thomas)에게서 기인한 것으로 여겨진다. 아쉽게도 이들의 사회 · 종교 생활을 알려주는 정보는 거의 남아 있지 않다. 다만 15세기 이후 인도에 진출한 포르투갈인들의 기록에 따르면, 인도의 그리스도인들은 인도의 토착적인 관습과 접목시킨 독특한 신앙생활을 하였고, 힌두교에 대해 긍정적으로 생각하며 그들과 좋은 관계를 유지했다고 한다.

10세기 말에 인도는 무슬림의 침입에 시달리게 되었고, 13세기경부터는 이들의 지배를 받았다. 그럼에도 불구하고 13세기 말~14세기 중반 사이에 도미니코회 · 프란치스코회 선교사들은 인도에서 선교 활동을 하였다. 또 1292년에 프란치스코회 몬테 코르비노의 요한(Joannes de Monte Corvino, 1247~1328)은 인도에 13개월간 머물면서 약 100명의 사람들에게 세례를 주었다. 1301년에는 도미니코회 요르다노(Jordanus, Jordan Catalani)와 프란치스코회 야고보(Jacobus de Padua) 등이 봄베이 근처 타나(Tana)에서 활동하다가 1321년 무슬림들의 박해를 받고 순교하였다. 1345~1346년에는 마리놀리의 요한(Joannes de Marignolli)이 중국 북경에서 본국으로 귀환하던 중 인도를 방문하고 선교를 하였다. 그러나 이런 선교 활동은 14세기에 이슬람의 타종교 박해가 심해지면서 점차 어려워졌다. 그리스도교의 선교가 다시 활기를 띠기 시작한 것은 15세기에 포르투갈인들이 인도에 진출하고 선교회가 활동하면서부터였다.

2. 선교회의 인도 진출

1498년 포르투갈의 바스코 다 가마(Vasco da Gama)가 인도 남부 캘리컷(Calicut)에 도착함으로써 서양인들의 오랜 숙원인 인도 항로가 열렸다. 포르투갈인들은 인도와의 교역을 통한 상업적 이익을 확실하게 보장받기 위해 아라비아 해와 인도양의 제해권(制海權)을 장악하고자 하였는데, 이를 실현한 인물이 알부케르케였다. 그는 1510년 인도 서안 지방의 항구인 고아를 점령하여 동방 포르투갈령의 수도로 삼았다. 그리고 1511년 말레이 반도의 말라카, 1515년 페르시아 만의 호르무즈 섬을 차례로 점령함으로써 향료 무역의 주요 길목을 장악하였다. 포르투갈이 인도에 진출하려고 한 이유는 상

서양인들의 숙원인 인도 항로를 개척한 바스코 다 가마(왼쪽). 대함대를 보유한 포르투갈인들은 교황으로부터 보호권을 받아 선교와 함께 상업적인 이익을 도모하기 위한 탐험의 시대를 열었다.

업적인 측면이 강하였지만, 여기에는 선교라는 종교적 목표도 포함되어 있었다. 이 때문에 포르투갈이 인도로 가는 항로를 개척하려 할 당시, 교황은 이 사업을 적극적으로 지지하였다. 또 교황으로부터 보호권(Padroado)을 받은 포르투갈 왕실도 인도에서의 선교 활동에 지원을 아끼지 않았다.

이에 힘입어 각 수도회의 선교사들이 인도에 진출하여 선교 활동을 펼치기 시작하였다. 1500년 프란치스코회 선교사들이 인도에 입국한 것을 시작으로, 도미니코회, 아우구스티노회 등이 그 뒤를 이었다. 선교회는 고아, 봄베이를 비롯하여 서해안을 따라 남부 지방의 코친(Cochin), 퀼론(Quilon)에 이르기까지 여러 지역에서 선교를 하였고, 고아, 코친 등지에 수도원과 대학 등을 설립하였다.

인도의 왕자에게 세례를 주고 있는 프란치스코 사베리오 신부. 1542년 5월 인도 고아에 도착한 그는, 원주민의 관습을 존중하면서 선교에 주력하여 코당가루루에서만 1만 명이 넘는 개종자를 얻는 성과를 거두었다.

이러한 인도의 선교 활동이 큰 성과를 거두게 된 것은 1542년 5월 예수회 소속인 프란치스코 사베리오(Franciscus Xaverius, 1506~1552)가 고아에 도착한 뒤였다. 도착 7개월이 지난 후 그는 인도 남부 파라바스(Paravas)에서 활동을 시작하였으며, 남부 지방의 언어인 타밀어로 된 교리 문답서를 만들었다. 또 고아의 성 바오로 대학을 맡아 인도인 신부와 교리교사를 양성하였다. 그리고 원주민의 관습을 존중하면서 선교를 정치적이 아니라 종교적으로 수행할 수 있는 현지인 성직자 양성에도 주력하였다. 이러한 활동으로 코당가루루에서만 개종자가 1만 명이 넘는 성과를 거두었다. 예수회는 1557년 사베리오 신부의 교리서를 인도에서 최초로 인쇄하였고, 왕족 출신으로 추기경까지 올랐다가 포르투갈의 왕이 된 엔리케(Henrique, 1578~1580)의 교리서를 1578년에 타밀어로 번역·간행하였다. 또한 1572년 예수회 선교사인 카브랄(Antonio Cabral)과 몬세라트(Antonio Monserrate, 1536~1600) 신부 등이 인도 무굴 제국의 가장 위대한 황제로 칭송받는 악바르(Akbar, 1556~1605)의 초청을 받았다. 이를 선교사들은 황제와 그 측근들을 개종시킬 기회라고 생각하였지만, 성공하지 못하였다.

이러한 선교회의 활동으로 1533년 1월 고아에 주교좌가 설정되었고, 프란치스코회 회원인 후안 데 알부케르케(Juan de Albuquerque, +1553)가 초대 주교로 부임하였다. 고아 교구는 아프리카 희망봉에서 중국까지를 관할하였고, 1558년에는 코친과 말라카까지 관할하는 대교구로 승격되었다.

3. 가톨릭과 말라바르 교회의 대립

16세기 초 인도 남부에 포르투갈인이 도착하자, 그곳에 있던 그리스도인들은 자신들도 같은 신앙을 지녔다고 자처하면서 그들을 환영하였다. 선교사들도 처음에는 인도에 그리스도교 공동체가 존재한다는 사실에 호감을 표하였다. 그러나 곧 태도를 바꾸어 말라바르 교회의 관습과 전통을 이해하거나 존중하지 않았다. 또한 말라바르 교회가 가톨릭교회에서 이단으로 규정한 네스토리우스주의를 따르고 있었기 때문에, 선교사와 말라바르 교회 신자들 사이의 갈등은 점차 고조되었다.

이러한 상황에서 1597년 당시 말라바르 교회를 위해 칼데아에서 파견한 마르 아브라함(Mar Abraham) 주교가 사망하였다. 그러자 고아 대주교인 알레이수(Aleixo de Menezes, 1559~1617)는 이를 계기로 말라바르 교회를 포르투갈의 보호권 아래로 완전히 편입시키려 하였다. 그는 1599년 6월 디암페르(Diamper)에서 시노드를 개최하여 말라바르 교회 신자들에게 네스토리우스주의를 배척하고, 교황과 로마에서 임명한 주교에게만 순명할 것을 서약하도록 하였다. 이 시노드 이후 선교사들의 라틴화 선교 정책으로 말라바르 교회에서의 전례는 점차 라틴식으로 바뀌었다.

그러나 이러한 선교 정책에 반발하는 일부 말라바르 교회 신자들이 1653년 1월 3일 선교사들의 지시에 따르지 않겠다고 선언하였다. 그 결과 말라바르 교회가 가톨릭교회와의 일치에서 떨어져 나갔다. 이런 분열에 대해 교황청은 선교사들의 무리한 라틴화 정책에 그 원인이 있다고 보고, 가르멜회 수도자들을 파견하여 교회의 일치를 도모하게 하였다. 그러한 노력으로 1662년 말라바르 교회의 공동체 대부분이 가톨릭교회와의 일치를 회복하였다.

인도 남서부 지역에 거주하던 그리스도교 공동체인 말라바르 교회의 전례서 (시리아어, 1301년).

4. 로베르토 데 노빌리 신부의 선교 적응화 노력

선교회의 라틴화 선교 정책이 논란을 야기하고 있던 17세기 초, 인도 동남부의 중심 도시인 마두라(Madura, 지금의 Madurai)에서는 이탈리아 출신 예수회 선교사인 로베르토 데 노빌리(Roberto de Nobili, 1577~1656) 신부에 의해 새로운 선교 정책이 실시되고 있었다.

1605년 고아에 도착한 노빌리 신부는 힌두교도들이 대부분인 마두라의 선교를 지시받고, 다음해 11월 15일경 그곳에 도착하여 선교를 시작하였다. 그는 마두라에서 타밀어와 산스크리트어를 배우면서 인도의 문화와 종교에 대해 깊이 연구하였다. 이를 통해 기존의 유럽 선교사들이 펼친 선교 정책에 대해 부정적인 인식을 갖게 되었다. 선교사들이 인도의 문화와 관습인 카스트 제도(Caste System)를 접할 때 유럽인의 시각으로 판단하여 편견을 갖는 것을 경험하면서, 그 제도는 인도의 관습으로 인정해야 한다고 생각하였다. 또한 당시 남부 인도인들이 가진 선교사에 대한 부정적인 인식을 불식시키지 않고서는 선교가 불가능하다는 것도 깨달았다.

인도인들은 선교사나 포르투갈 상인을 '술과 여자를 탐하고, 소고기를 먹으며, 잘 씻지 않아 몸에서 악취가 나는 불가촉천민' 이라고 경멸하면서 '파랑기' (Paranghis)라 불렀다. 그는 이러한 인식을 해소하기 위해 인도인들에게 자신이 파랑기가 아님을 강조하면서 힌두교의 교리 체계에서 그리스도교와의 접촉점을 모색하였다. 그는 1607년 11월부터 브라만(Brahman)의 복장을 착용하기 시작하였고, 이듬해에는 브라만들의 거주 구역에 거처를 정하고 본격적인

> **브라만**
> '신성한 지식의 소유자' 라는 뜻으로, 바라문(婆羅門)이라고 한다. 인도의 힌두교에서 사회계급을 나타내는 4개의 바르나(varna) 가운데 가장 높은 계급이다.

선교 활동을 하였다.

그러나 노빌리 신부의 선교 정책은 곧 논란을 불러일으켜, 1607년 6월 마두라 선교를 책임지고 있던 선임자 페르난데스(Gonçalo Fernandes) 신부와 갈등을 초래했다. 1610년 9월 고아의 신학자들은 노빌리 신부의 선교 방법에는 문제가 있을 뿐만 아니라 비그리스도교적이라고 비판하였다. 반면 1608년 12월 코당가루루의 대주교로 임명된 로스(Francis Ros) 주교 등이 지지를 표하면서, 노빌리 신부의 선교 정책은 논란에 휩싸였다. 이에 대해 노빌리 신부는 1610년《그리스도교 신앙 변증》(Apologia), 1613년《인도의 종교와 풍습에 관한 정보》(Informatio) 등을 저술하여 자신의 선교 방법을 해명하였다. 이후에도 논란은 계속되어 1619년 고아 총회에서는 노빌리 신부의 선교 방법에 대해 신학적 공방이 치열하게 벌어졌다. 하지만 1623년 1월 31일 노빌리 신부의 선교 방법을 공식적으로 인정하는 교황 그레고리오 15세의 교서 〈로마네 세디스 안티스테스〉(Romanae Sedis Antistes)가 인도에 도착함에 따라, 1607년부터 시작된 논쟁은 일단락되었다.

이후 예수회는 1744년 인도에서 의례 논쟁이 종결될 때까지 적응화 정책 하에 선교 활동을 하였고, 그 결과 큰 성과를 거두었다. 선교 지역은 내륙 지역까지 확대되었고, 1650년경에는 마두라의 신자만 해도 40,000명에 이르렀다.

제2절 일본

1. 예수회의 입국과 선교

16세기 들어 본격적으로 가톨릭교회의 동아시아 선교가 시작된 곳은 일본이었다. 일본에 복음이 전파된 것은 1549년 8월 15일 예수회 소속인 프란치스코 사베리오가 토레스(Cosme de Torres, 1510~1570) 신부, 후안 페르난데스(Juan Fernández, 1526~1567) 수사, 일본인 통역 안지로(安次郎)와 함께 안지로의 고향인 규슈(九州) 남부 가고시마(鹿兒島)에 도착하면서 시작되었다.

사베리오 신부가 일본 선교를 결심하게 된 것은 안지로와의 만남이 계기였다. 살인죄로 쫓기고 있던 안지로는 당시 일본을 내왕하던 포르투갈 상인의 권고에 따라 1547년 12월 말라카에서 사베리오 신부를 만났다. 사베리오 신부의 권유를 받아들여 그는 고아의 성신신학원(聖信神學院, Collège de Sainte Foi)에서 교육을 받았고, 이듬해 5월 자신의 하인과 함께 세례를 받았다. '성

예수회 소속인 프란치스코 사베리오 신부는 일본 선교를 위해 1549년 8월 15일에 토레스 신부와 후안 페르난데스 수사 그리고 일본인 통역 안지로와 함께 규슈 남부 가고시마에 도착하였다.

신(聖信)의 바오로'(Paulo de Santa Fé)라는 세례명을 받은 안지로는 일본인 최초의 그리스도교 신자가 되었다. 사베리오 신부는 안지로와 포르투갈 상인들로부터 일본에 대한 정보를 얻었고, 동아시아 선교를 위한 새로운 거점을 마련하고자 일본 선교를 결심하였다. 그리고 1549년 8월 15일 사베리오 신부는 일행을 이끌고 일본에 입국하였다.

9월 29일 사베리오 신부는 규슈 남단 지역을 통치하고 있던 사츠마(薩摩)의 영주 시마즈 타카히사(島津貴久)와 만나, 가고시마 체류와 선교 활동을 허락받았다. 그는 선교를 하는 동안, 다이묘(大名)로부터 선교 허가를 얻는 일이 선교에 중요함을 절감하고 일본의 국왕을 만나기 위해 교토(京都)로 향하였다. 그리고 교토로 가는 도중에 하카다(博多)·야마구치(山口) 등에 체류하면서 선교 활동을 하였다. 1551년 1월 중순 교토에 도착한 사베리오 신부는 교토가 전란의 피해로부터 아직 복구되지 않은 상태였고, 국왕이 정치적 권력을 갖고 있지 않음을 알게 되었다. 그래서 그는 국왕에게서 선교 허가를 받으려는 계획을 포기하고, 각 지방의 유력 다이묘들로부터 보호를 받으며 선교하기로 방침을 전환하였다. 그는 우선 상층 계급을 선교 대상으로 삼고, 그들을 통해 하층민을 개종시키는 초기 원시 교회의 전통적인 방식으로 선교 활동을 하였다.

이러한 선교사들의 활동에 다이묘들은 비교적 호의적인 태도를 보였다. 그 이유는 포르투갈 상선의 일본 왕래를 통해 경제적인 이익을 얻고, 우수한 유럽 무기를 확보하기 위해서였다. 당시 포르투갈 상선은 말라카에서 정기적으로 일본에 왕래하며 일본과 중국 간의 중계 무역으로 막대한 이득을 얻고 있었다. 따라서 규슈의 다이묘들은 생사(生絲), 견직물 등의 귀중품과 무

> **다이묘**
> 10세기경부터 19세기 말까지 일본에서 넓은 영지와 강력한 권력을 가졌던 유력자들.

기의 수입, 입항세의 징수 등을 위해 포르투갈 상선의 내항을 원하였고, 상선의 입항을 확실히 하기 위해 선교사들에 대한 보호를 약속하였다.

한편, 그리스도교를 처음 접한 일본인들은 이를 인도 불교의 한 종파로 이해하였다. 사베리오 신부 일행이 석가모니의 땅인 천축국(天竺國)을 거쳐 왔다는 점 외에도, 교회의 용어나 개념이 불교 용어로 번역되었다는 점 때문이었다. 사베리오 신부는 안지로의 번역에 따라 '데우스'(Deus, 하느님)를 불교 진언종(眞言宗)에서 사용하던 용어인 '다이니치'(大日)로 바꿔 설교하였다. 또한 조도(淨土), 소(僧) 등의 불교 용어를 '하느님 나라'와 '사제'라는 그리스도교적 의미로 사용하였기 때문에, 일본인들은 불교와 그리스도교 간의 차이를 명확하게 이해하지 못하고 있었다. 그런데 개종하는 사람이 증가함에 따라 교회에 대한 불교계의 반발이 거세어졌다. 특히 승려들은 선교사들이 가르치는 '다이니치'가 큰 거짓을 의미하는 일본어 '다이우소'(大嘘)와 같다고 비난하였다. 이 때문에 사베리오 신부는 용어 사용에 주의를 기울였고, 하느님을 '다이니치'라고 표현하던 것을 중지시켰다. 그보다는 되도록 '원어주의' 원칙에 따라 라틴어를 일본어로 표기하는 방침을 세웠는데, 이에 의거하여 하느님을 '데우스'라는 원어 그대로 사용하였다.

1551년 겨울, 사베리오 신부는 일본을 떠나 인도 고아로 돌아가기로 결심하였다. 일본 체류 기간 동안 유럽으로부터 공식적인 서한을 전달받은 적이 없었고, 더구나 예수회 인도 관구의 장상으로서 인도에서의 선교 활동을 파악할 책임도 있었기 때문이다. 또한 일본 선교의 성공 여부는 동아시아의 중심 국가인 중국 선교에 있다고 보고, 이를 준비하기 위한 목적도 있었다. 이에 사베리오 신부는 일본의 선교를 토레스 신부에게 맡기고 일본을 떠났다. 사베리오 신부가 활동한 2년 동안 개종자는 약 7백 명에 이르렀다.

1577년 교토에는 지붕에 십자가를 세운 일본풍 성당인 난반지가 건립되었다.

생사와 무기를 싣고 일본에 입국하는 포르투갈 상선. 다이묘들은 입항세의 징수와 보다 강력한 무기 수입을 위해 포르투갈 상선의 내항을 원했고 이를 위해 선교사들을 보호하기로 약속하였다.

2. 신앙의 확산

사베리오 신부의 출국으로 일본 선교를 맡게 된 토레스 신부는 그의 선교 방침인 '적응화'(適應化, accommodatio)를 계승하였고, 야마구치의 다이묘인 오우치 요시타카(大內義隆)의 후원을 받으면서 선교 활동을 하였다. 그가 활동하였던 1570년까지 약 18년 동안 약 30,000명의 일본인이 신자가 되었고, 야마구치, 분고(豊後)의 후나이(府內, 지금의 오이타)와 우스키(臼杵), 히젠(肥前)의 히라도(平戶)와 이키즈키(生月) 등지에 약 40여 개의 성당이 건립되었다. 특히 시마바라(島原)의 구치노즈(口ノ津)는 1564년 이미 기리시탄의 마을이라 불릴 정도였다.

> **기리시탄**
> 포르투갈어인 '크리스탸오'(Christão)가 발음 그대로 일본어가 된 것으로, '吉利支丹'·'切支丹' 등의 한자로 표기하였다. 사베리오 신부가 입국한 이후, 그리스도교 신자 및 교회에 관한 모든 것을 기리시탄이라 불렀다.

이처럼 교세가 단기간에 급성장할 수 있었던 이유는 우선, 전국시대(戰國時代)라는 사회 혼란 속에서 사람들이 신앙에 의지하여 구원을 받으려 하였기 때문이다. 예수회는 교회란 내세의 구원과 현세의 무사함을 하느님께 기도드리는 것이라 가르치며 일본인들의 관심을 끌었다. 또한 선교사와 기리시탄들이 빈민 구호 활동을 하였다는 점도 그 이유 중 하나였다. 선교 초기의 신자 대부분은 농어민이나 도시 빈민들이었다. 따라서 선교사들은 이들을 위해 분고에서 병원과 고아원 등을 운영하였고, 기리시탄들도 선교사의 지도하에 미세리코르디아(Misericórdia, 慈悲會), 콘프라리아(Confraria, 信心會)를 조직하여 이교도의 개종, 빈민 위문 등의 자선 활동을 하였다.

그러나 이처럼 교세가 성장함에 따라 불교계의 반발은 더욱 거세어졌다. 야마구치에서는 토레스 신부와 불교 각 종파의 승려나 불교 지식을 가진 무사·학자 사이에 그리스도교와 불교의 최초 논쟁인 '야마구치 슈론(宗論)'이 벌어졌다. 이 논쟁뿐만 아니라, 교회에 대한 비판은 야마구치의 정치적 혼란과 결부되기도 하였다. 즉 승려와 불교 신자들은 교회가 야마구치의 영주였던 오우치 요시타카의 몰락을 초래하였고, 일본의 신이나 부처를 모욕하여 사회 불안을 야기하였다고 비난하였다. 그러나 이러한 비난은 선교 활동에 큰 영향을 미치지 못하였다.

    1570년부터 일본 선교의 책임자가 된 카브랄(Francisco Cabral, 1529~1609) 신부는 교세를 더욱 성장시켜 1579년 기리시탄의 수는 약 100,000명에 달하였다. 당시 수도인 교토의 인근 지역인 기나이(畿內)와 규슈 각 지역에 약 150개의 성당이 있었는데, 특히 선교에 어려움을 겪었던 교토에도 1577년에는 일본풍 성당인 난반지(南蠻寺)가 건립되었다. 이러한 교세의 성장은 당시 일본의 실력자인 오다 노부나가(織田信長)와 기리시탄 다이묘들의 후원이 있었기에 가능한 일이었다. 1563년 6월 히젠 지역의 다이묘인 오무라 스미타다(大村純忠)를 시작으로, 1576년 4월 8일 시마바라 지역의 아리마 요시사다(有馬義貞), 1578년 8월 28일 분고의 오토모 요시시게(大友義鎭) 등의 다이묘들도 세례를 받았다. 기리시탄 다이묘들은 자신의 지역 내 백성들의 개종을 추진하여 오무라령에서는 1574~1576년 사이에 35,000명이 개종하였고, 1587년 분고의 기리시탄은 약 30,000명이나 되었다. 그러나 오다 노부나가나 다이묘들이 교회에 항상 우호적인 입장만 지녔던 것은 아니었고, 정치적 변동에 따라 입장을 바꾸었다. 또한 전란이 계속되어 교토 등지에서의 선교 활동은 진전되기가 어려웠다. 이러한 가운데서도 선교사들은 1586년에 새로운 교리서를 도입하였고, 프로이스(Luis Frois, 1532~1597) 신부는 불교와 신도(神道) 등을 연구하여 그리스도교 교리의 설교 내용을 심화시켰다.

3. 선교 체제의 변화

1579년 7월 25일 예수회의 동양 순찰사(Visitator)인 발리냐노(Alessandro Valignano, 范禮安, 1539~1606) 신부가 히젠의 구치노즈를 통해 일본에 입국하였다. 그의 입국 당시 기리시탄은 13만 명 이상이었고, 선교 활동 지역도 나가사키에서 교토 지방까지 확대된 상황이었다. 발리냐노 신부는 카브랄 신부와 자신이 인도와 마카오에서 파견한 선교사들을 집중적으로 면담하면서 일본의 선교 상황을 확인하였다. 그런데 그는 일본의 선교사들이 보낸 연례 선교 보고서에 나타난 선교 상황과 실제 현실과는 현격한 차이가 있음을 알게 되었다. 그는 이러한 혼선의 원인이 카브랄 신부에게 있음을 알았고, 일본 선교의 문제점과 개혁 방안을 모색하였다.

발리냐노 신부는 일본을 인도 관구로부터 독립시켜 준관구(準管區)로 승격시키라는 예수회 총장의 지시에 따라, 시모(下)·분고·미야코(都)의 세 선교구를 지닌 준관구 체제를 갖추었다. 선교구에는 각각 교구장을 배치하고, 수도원과 사제관을 설치하도록 하였다. 그리고 일본인 수도자와 사제 양성을 위해 신학원·신학교·수련원을, 유럽인 선교사의 일본어 학습을 위해 어학교를 각각 설치하도록 하였다. 이러한 결정에 따라 1580년 아리마(有馬)와 아즈치(安土)에는 신학교, 분고 우스키에는 수련원, 1581년 3월 후나이에는 신학원, 1590년 오무라 성 가까운 곳에는 어학교가 각각 설립되었다. 그리고 해마다 예수회 본부에 연보(年報)를 작성하여 일본 교회의 활동을 보고하도록 하였고, 선교 활동에 필요한 재정을 확보하기 위해 포르투갈 상인과 생사무역에 관한 협정을 맺었으며, 오무라 스미타다의 제안을 받아들여 나가사키(長崎)를 양도받았다. 이와 같은 정책은 일본의 문화와 풍습을 인정하고, 이에 그리스도교 신앙을 적응하려는 것이었다. 발리냐노 신부는 이러한 선교 정책을 반대하던 카브랄 신부를 마카오로 전출시켰고, 1581년 코엘료 (Gaspar Coelho, 1530~1590) 신부를 초대 준관구장에 임명하였다.

1582년 2월 20일 발리냐노 신부는 인도로 돌아가기 위해 일본을 떠나면서, 일본인 소년 4명으로 구성된 '텐쇼소년견구사절'(天正少年遣歐使節)을 대동하였다. 이 사절단의 목적은 신생 일본 교회의 존재를 유럽에 알리고, 교황청과 유럽의 지원을 얻기 위해서였다. 사절단은 1582년부터 1590년까지 유럽을 순회하면서 유럽인들의 일본에 대한 관심을 증폭시켰다.

일본인 소년 4명으로 구성된 '텐쇼소년견구사절단'은 신생 일본 교회의 존재를 유럽에 알리고, 교황청과 유럽의 지원을 얻기 위해서 발리냐노 신부와 함께 1582년 2월에 일본을 출발하였다.

4. 파테렌 추방령과 교회 재건

1582년 오다 노부나가가 죽고 도요토미 히데요시(豊臣秀吉)가 일본의 지배권을 장악하면서 정국에 큰 변화가 일어났다. 히데요시는 기리시탄 교회의 후원자를 자처하였고, 그의 참모 중에는 고니시 유키나가(小西行長), 다카야마 우콘(高山右近) 등 열심한 신자들이 있었다. 그는 1586년 5월 4일 코엘료 신부를 접견하고, 선교에 관한 허가서(朱印狀)를 교부하였다. 그러나 규슈 지방을 평정한 후 그는 기존의 태도를 바꾸어 1587년 6월 19일자로 선교사의 일본 체재를 불허하고 선교 활동을 금지하는 파테렌 추방령(伴天連追放令)을 선포하였다. 그 주된 이유는 통일국가의 달성에 장애가 되는 지방 다이묘와 기리시탄 교회 세력의 단합을

> **파테렌**
> 포르투갈어 '파드레'(padre, 神父)를 원어 발음 그대로 일본어로 표기한 것으로, 그리스도교가 일본에 전래되던 당시의 선교사를 말한다.

경계하고, 나가사키 일대를 다스리는 교회를 경계하기 위해서였다. 파테렌 추방령으로 서양 성직자의 일본 입국이 금지되었고, 예수회가 소유한 부지와 수도원, 나가사키 등이 몰수되었다. 추방령이 선포되자 예수회 선교사들은 일단 규슈 지역 기리시탄 다이묘의 영지에 숨어 적극적인 선교 활동을 자제하였다. 이러한 가운데 코엘료 신부는 기리시탄 다이묘들에게 무력으로 대항할 것을 주장하는 한편, 마카오·마닐라·고아에 연락하여 포르투갈 군인을 파견해 달라고 요청하였다. 하지만 당시 마카오에 머물던 발리냐노 신부의 반대와 1590년 5월 7일 코엘료 신부의 사망으로, 이 계획은 실행되지 못하였다.

그해 7월 21일 발리냐노 신부가 인도 부왕(副王)의 사절로 소년견구사절단과 함께 일본에 입국하였다. 그는 이듬해 3월 3일 교토에서 도요토미 히데요

히데요시가 죽은 뒤에도 일본에서의 그리스도교 박해 정책은 정도의 차이만 있을 뿐 지속되었으며, 다른 지역의 기리시탄들까지 나가사키로 끌려와 처형당하였다.

시와 만나 파테렌 추방령으로 인한 사태를 무마시키려 하였다. 히데요시는 발리냐노 신부에게 선교사들이 신중하게 행동할 것을 요구하면서, 지나치게 적극적인 선교 활동을 하지 않는다면 선교사들의 일본 활동을 막지 않겠다고 피력하였다. 그 결과 포르투갈과의 무역을 지속시키기 위해 선교사 10명의 나가사키 체재가 허락되었고, 예수회원 약 130명은 서남 규슈에 머물며 선교를 계속할 수 있게 되었다.

발리냐노 신부는 어려움에 처한 일본 예수회 체제의 재건을 위해 분고 선교구의 장상인 고메스(Pedro Gómez) 신부를 준관구장으로 임명하였고, 1590년 8월 13일 제2회 성직자 협의회를 개최하여 재건 방법을 논의하였다. 한편 발리냐노 신부가 입국하였을 때, 인쇄 기술 습득을 위해 소년견구사절단과 함께 유럽에 파견되었던 도주쿠 도우라드(Constantino Dourado)도 입국하였다. 그는 1590년 10월 서양식 활판 인쇄기를 이용하여 가타가나 문자로 된 〈살베 레지나〉(Salve Regina)와 〈주님의 기도〉 등의 기도문을 시작으로 교리서 · 기도서 등을 간행하였다. 이러한 가운데, 1588년 1월 19일 교황 식스토 5세(1585~1590)는 후나이에 일본 주교좌를 설정하고 그해 2월 19일 포르투갈의 예수회 관구장인 모랄레스(Sebastião Morales) 신부를 초대 주교로 임명하였다. 그러나 그가 일본으로 오던 중 8월에 아프리카 모잠비크에서 병사함에 따라, 후임으로 마르틴스(Pedro Martins) 주교가 임명되었다. 마르틴스 주교는 1596년 8월 나가사키를 통해 입국하여 활동을 시작하였다.

한편, 발리냐노 신부의 활약으로 교회와 관계를 개선한 히데요시는 1592년 4월 조선 침략을 단행하였다. 이때 고니시 유키나가 등을 비롯한 기리시탄 다이묘들도 참가하였는데, 이들의 요청으로 세스페데스(Gregorio de Céspedes) 신부, 레온(Hankan Léon) 수사 등의 예수회 회원들이 조선에서 활동하였다.

임진왜란의 종결 후, 일본으로 끌려간 조선인 포로들 중에서 그리스도교 신앙을 받아들인 이들이 적지 않았는데, 프로이스에 의하면 1594년에 세례를 받은 조선인만 해도 2,000명에 달하였다고 한다. 이들 가운데는 예수회 권 빈첸시오 가베에(嘉兵衛) 수사, 박 마리나 수녀 등의 수도자도 배출되었다. 이후 도쿠가와(德川) 막부의 기리시탄 박해 당시, 고스마 다케야(武谷), 가이오 지에몬 등 조선인 기리시탄들이 순교하였고, 그들 중 9명은 1867년 7월 교황 비오 9세(1846~1878)에 의해 196명의 다른 순교자들과 함께 시복되었다.

인도 부왕 두아르테 데 메네스의 친서. 동양 순찰사 발리냐노 신부는 인도 부왕 사절 자격으로 이 친서를 도요토미 히데요시에게 전달하기 위해 1590년에 소년견구사절단과 함께 다시 일본으로 돌아왔다.

제3절 중국

1. 복음의 전래

1) 네스토리우스주의의 전래

중국에 예수 그리스도에 대한 복음이 처음 전래된 것은 7세기에 네스토리우스주의를 따르는 선교사들에 의해서였다. 431년 에페소 공의회에서 이단으로 단죄되어 로마에서 추방된 네스토리우스(Nestorius, 381~451)의 주장을 따르는 이들은 489년 페르시아에 정착한 이후 나름대로의 교계 제도를 유지하였다. 네스토리우스주의자인 시리아 출신 수도자 알로펜(Alopen, 阿羅本)을 비롯한 선교사 21명은 635년 당(唐) 태종(太宗, 626~649) 시기에 수도인 장안(長安, 지금의 西安)에 도착하여 선교를 시작하였다. 전래 당시, 네스토리우스파는 '파사교'(波斯敎, 페르시아교), 혹은 '미시가교'(彌施訶敎, 메시아교) 등의 이름으로 불리다가, 현종(玄宗, 712~756)대에 이르러 '경교'(景敎)라 불렸다. 태종은 638년 네스토리우스주의 선교사들의 선교를 인정하였고, 장안에 대진사(大秦寺)를 건립하여 선교사들이 상주하도록 하였다. 그리고 선교사들이 가지고 온 경전을 왕실 서각에서 번역하도록 지시하여 《서청미시소경》(序聽迷詩所經), 《일신론》(一神論) 등의 한문 서적이 발간되었다. 이후 교세가 늘어나 고종(高宗, 649~683)은 알로펜에게 '진국대법주'(鎭國大法主)라는 직함을 주었으며, 742년에 현종은 고조(高祖)·태종·고종·중종(中宗)·예종(睿宗) 등 다섯 황제의 초상화를 장안에 있는 경교의 사원에 안치토록 하였다. 또 네스토리우스파는 덕종(德宗, 780~805)의 허락을 받아 '대진 경교

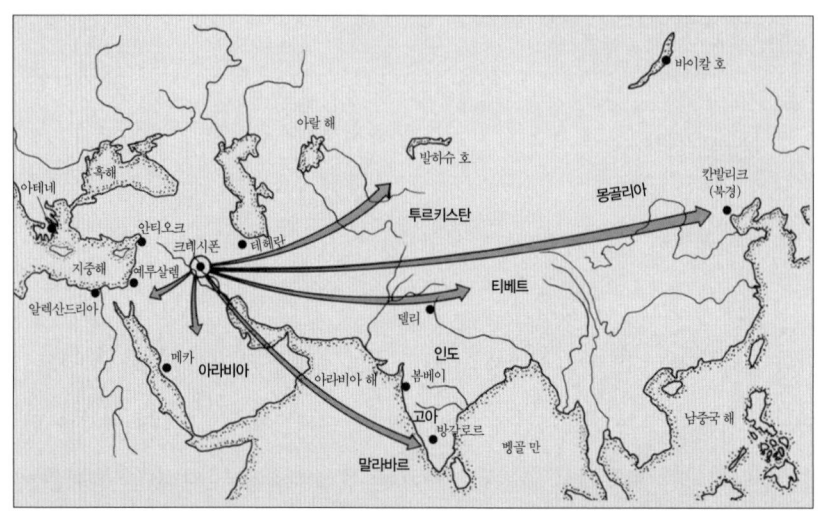

네스토리우스파의 동방 전래 경로. 전래 당시, 네스토리우스파는 '파사교', 혹은 '미시가교' 등의 이름으로 불리다가, 현종대에 이르러 '경교'라 불렸다.

유행 중국비'(大秦景教流行中國碑)라는 석비를 세워 약 150년간의 역사 및 선교 활동을 새길 정도로 당 황실의 보호를 받으며 융성하였다.

그러나 당 말기에 이르러 경교는 쇠퇴하기 시작하였다. 845년 무종(武宗, 840~846)은 대대적으로 불교를 탄압하였는데, 그 와중에 경교 사원이 파괴되고 사제들은 강제로 환속되는 등 큰 타격을 입었다. 그 후 879년 '황소(黃巢)의 난' 때 외국인 사제들이 학살당하면서 경교는 급격하게 쇠퇴하였다. 혼란 속에서 살아남은 신자들은 몽골이나 중앙아시아 등지로 피신하거나 혹은 불교나 도교로 개종함으로써 경교는 중국에서 자취를 감추었다.

하지만 경교는 몽골의 융성와 함께 재건되었다. 일찍부터 경교를 믿었던 옹구트(汪古)족·케레이트(克烈)족과 몽골 황실이 혼인 관계를 맺으면서 경교를 믿는 황후들이 등장하였고, 경교 신자들 가운데 고위 관직에 오르는 이들도 있었다. 그로 인해 몇몇 칸국의 군주들은 경교에 호의적인 입장을 취하게 되었다. 또한 몽골 제국이 다양한 민족이 거주하는 방대한 영토를 지배하였기 때문에, 유연하고 관용적인 종교 정책을 시행하였다는 점도 경교가 재건된 계기 가운데 하나였다. 이에 몽골 제국의 수도였던 카라코룸(Kharakorum)에 교회가 설립되었고, 중국 남부·만주 지역까지 경교가 전파되었다.

그러나 13세기 말에 이르러, 경교는 점차 쇠퇴의 길을 겪기 시작하였다. 중앙아시아에서는 이슬람으로 개종한 칸들의 무관심과 무슬림에 의한 학살로 교세가 급격하게 감소하였다. 그리고 몽골의 중국 지배로 경교 신자들 중에 유교나 도교로 기울어지는 현상도 나타났다. 더불어 교황청의 후원을 받아 중국에서 선교 활동을 시작한 수도회들도 경교의 쇠퇴에 적지 않은 영향을 미쳤다.

2) 프란치스코회의 선교

13세기에 몽골 제국은 중국 금(金)뿐만 아니라 중앙아시아와 페르시아 만 연안 지역과 러시아를 거쳐 폴란드까지 침략하였다. 또 루마니아를 거쳐 헝가리를 침략하고 이탈리아 침략을 눈앞에 둘 정도로 진격하였다. 이에 교황 인노첸시오 4세(1243~1254)는 1245년에 제1차 리용 공의회를 개최하여 몽골에 선교 사절을 파견하기로 결정하였다. 교황은 프란치스코회의 선교사인 플라노 카르피니의 요한(Johannes de Plano Carpini 혹은 Giovanni da Pian del Carpine, 1180?~1252)과 폴란드의 베네딕도(Benedictus Polonus)를 교황 사절로 임명하여 그해 4월 16일 몽골로 파견하였다. 이들은 교황 칙서인 〈데이 파트리스 임멘사〉(Dei Patris immensa)와 〈쿰 논 솔룸〉(Cum non solum)을 휴대하였는데, 하

교황 인노첸시오 4세는 1245년에 리옹 공의회를 개최하여 몽골에 선교사를 파견하기로 결정하였다. 이를 위해 두 명의 프란치스코회 선교사가 교황 사절로 파견되었다.

나는 몽골 황제에게 그리스도교 신앙을 받아들이도록 촉구하는 내용이었다. 또 다른 하나는 몽골이 전쟁과 양민 살육 행위를 중단하도록 요구하는 내용으로 평화 협정을 유도하려는 것이었다. 이들이 카라코룸에 도착한 것은 이듬해 7월 22일이었는데, 이들은 최초로 몽골을 방문한 유럽인이었다. 그리고 나서 이들은 11월 13일 황제의 답신을 받아서 1247년 11월 18일 리용에 도착하였다. 이들은 선교와 외교라는 두 가지 구체적인 사명을 띠고 파견되어 몽골에 가톨릭교회를 알렸을 뿐만 아니라, 유럽에 몽골 민족을 알리고 정복을 향한 그들의 의도를 알리는 역할을 하였다. 비록 그들의 사명은 성공하지 못하였지만, 훗날 선교사들이 몽골에 들어가도록 길을 열어 주었다.

그 혜택을 누린 이가 교황 니콜라오 4세(1288~1292)에 의해 1289년 몽골

프란치스코회 몬테 코르비노의 요한의 선교로 경교 신자들 다수가 천주교로 개종하였으며, 1307년에는 원나라의 수도 칸발리크에 극동 지역 총대주교좌가 설정되었다(세례를 받는 옹구트족의 왕 제오르지오).

선교사로 파견된 이탈리아 프란치스코회 소속 몬테 코르비노의 요한이었다. 그는 1292년 원(元)의 수도인 칸발리크(Khanbaliq, 지금의 북경)에 도착하여 쿠빌라이(世祖, 1260~1294)를 알현하고, 교황의 서한을 전달하였다. 그리고 쿠빌라이의 허락을 받아 선교 활동을 시작하였으며, 1299년에는 성당도 건립하였다. 그 결과 옹구트족의 왕 제오르지오(Georgio, 闊里吉思, 忠獻王, +1298)를 비롯한 경교 신자들 중에서 천주교로 개종하는 이들이 생겨났다. 1305년 무렵 세례를 받은 신자가 6천 명에 이르게 되자, 이에 고무된 교황 글레멘스 5세(1305~1314)는 1307년 칸발리크를 극동 지역의 총대주교좌로 설정하고, 요한을 총대주교로 임명하였다. 그리고 1308년에 7명의 프란치스코회 출신 주교를 파견하여 그를 보좌하도록 하였다. 하지만 이 중 3명의 주교와 여러 명의 선교사들만이 1313년에 입국하였고, 이후 산하 교구들이 설정되었다.

그러나 원이 쇠퇴기에 접어들고 정치적 혼란이 극심해지면서, 선교사들도 활동에 어려움을 겪었다. 결국 1342년에 입국하여 활동하던 마리뇰리의 요한 신부가 1346~1347년경 이탈리아로 귀환한 것을 끝으로, 더 이상 선교사가 파견되지 못하였다. 이로 인해 중국에서의 선교도 중단되었으며 약 40년간 북경 대교구만 유지되었을 뿐이다.

2. 예수회의 입국

1368년 명이 건국된 이후, 중국과 서양의 교류는 빈약함을 면치 못하였다. 육로를 통한 유럽과의 왕래는 북쪽의 몽골로 인해 두절되었고, 해로를 이용한 왕래는 1405~1430년 명나라의 장군이자 환관인 정화(鄭和, 1371~1434)의 남해 원정으로 일시 개척되었지만, 명 중기부터는 활발하지 못하였다. 게다가 태조(太祖, 1368~1398)가 해금(海禁) 정책을 취했기 때문에, 중국과 교류하기가 어려웠다. 그러나 명 말기에 이르러 유럽의 국가들이 본격적으로 아시아에 진출하기 시작하였는데, 그 선두는 포르투갈이었다.

16세기 초부터 유럽의 선교사들은 원 제국 멸망 이후 중단되었던 중국 선교를 재개하고자 하였다. 1549년 8월 15일 일본에 입국하여 선교 활동을 하던 프란치스코 사베리오 신부는 일본에서의 선교를 진척시키기 위해서는 일본에 많은 영향을 미치는 중국 선교가 성공해야 한다고 생각하였다. 만일 중국 선교가 성공한다면, 일본인은 그들이 믿는 종교에 흥미를 잃고, 그리스도교를 믿게 될 것이라고 확신하였기 때문이다. 인도로 돌아가 중국 진출을 위한 준비를 갖춘 사베리오는, 1552년 8월 중국 광동(廣東) 근처의 상천

마테오 리치 신부는 선교지 중국의 언어와 문화를 이해한 후, 그들이 이해할 수 있는 방법으로 복음을 전하자는 예수회의 적응화 선교 정책으로 중국 선교를 실현할 수 있었다.

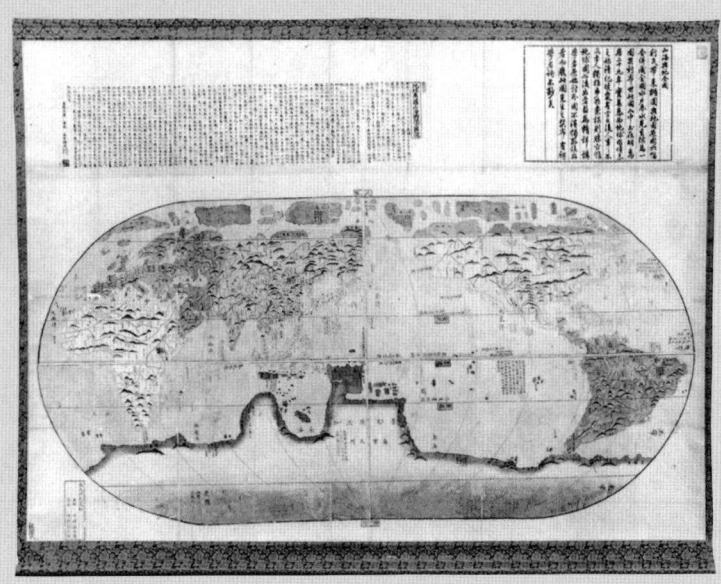

리치 신부는 서양의 자연과학을 보여 주기 위해 1584년에 〈산해여지전도〉를 제작하였다.

도(上川島)에 상륙하여 내륙으로 진출하려 하였지만 그해 12월 2일 병사하였다.

이후 선교사들이 향후 중국 선교를 위해 마카오에 체류하였기에 이곳은 중국 선교의 전진 기지가 되었다. 선교회 중에서 마카오에 가장 먼저 진출한 예수회는, 1565년 이곳에 본부를 두고 성 바오로 신학교 등을 설립하며 성직자를 양성하였다. 또 예수회의 동양 순찰사인 발리냐노 신부가 이곳을 중심으로 극동 지역 각지를 순회하며 선교 활동을 관장하였다. 이러한 활동 덕분에 신자 수가 크게 증가하자, 1576년 1월 23일 교황 그레고리오 13세(1572~1585)는 마카오 교구를 설정하고, 예수회의 카르네이로(Melchior Carneiro, 賈耐勞, +1583) 주교를 교구장 대리로 임명하였다. 이로써 마카오 교구는 중국·조선·일본 및 부속 도서(島嶼)를 관할함으로써 광대한 극동 지역의 선교를 담당하게 되었다.

사베리오 신부가 이루지 못했던 중국 선교는 30년이 지난 후, 예수회의 리치(Matteo Ricci, 利瑪竇, 1552~1610) 신부에 의해 실현되었다. 중국 선교사로 임명된 리치 신부는 1582년 8월 7일 마카오에 도착한 후, 발리냐노의 지시에 따라 중국어와 중국 풍습을 익혔다. 이듬해 9월 10일 리치 신부는 광동성(廣東省) 조경(肇慶) 지부(知府)였던 왕반(王泮)의 호의로 루지에리(Michèle Ruggieri, 羅明堅, 1543~1607) 신부와 함께 조경으로 들어갔다. 이후 그는 소주(韶州)·남창(南昌)·남경(南京)을 거쳐 마침내 1601년 북경에 정착하였다.

3. 적응화 선교 정책

중국 선교가 리치 신부에 의해 실현된 것은 예수회의 적응화 선교 정책 때문이었다. 이것은 선교 지역인 중국의 언어와 풍습·문화를 먼저 충분히 이해한 후, 그들이 이해할 수 있는 방법으로 복음을 전하는 것으로, 발리냐노 신부에 의해 채택되었다. 그가 적응화를 선택한 이유는 일본에서의 선교 경험을 바탕으로 한 사베리오 신부의 권고와 연이은 중국 선교 실패의 교훈에서 비롯된 것이었다. 그는 중국에 이질적인 가치체계이자 종교인 천주교를 전파하기 위해서는, 먼저 유능한 인재를 선발하여 중국어와 풍습을 이해하도록 하는 것이 필요하다고 판단하였던 것이다.

리치 신부는 이러한 적응화 정책을 충실히 실행하였다. 그는 선교 초기, 중국인에게 혐오감을 주기 않기 위해 승복을 입은 서방의 승려[西僧]로 행동하였다. 그리고 《기인십규》(畸人十規) 등의 한문 교리서를 저술하였고, 서양의 자연과학을 보여 주기 위해 1584년 〈산해여지전도〉(山海輿地全圖)를 제작하였다. 이러한 리치 신부의 정책은 1589년 소주에서 문인 구태소(瞿太素)를 만나면서 중대한 변화를 겪었다. 그는 구태소에게서 사서오경(四書五經)을 배웠고 그 내용을 라틴어로 번역하였는데, 그의 제안에 따라 1594년부터 승복 대신 유학자의 복장을 하였고 이름을 '이마두'(利瑪竇)라 칭하였으며 보유론(補儒論)을 정립시켰다. '보유' 란 명대의 저명한 학자이자 천주교 신자인 서광계(徐光啓)가 사용한 '벽불보유'(闢佛補儒)라는 용어에서 비롯된 것으로, 불교 교리의 부당성을 비판하고 천주교 교리로 유교의 부족한 점을 보완해 준다는 뜻이다. 리치는 천주교가 불교나 도교와 양립할 수 없다고 생각하였고, 윤회론과 우상 숭배, 허(虛)·공(空) 등을 예로 들어 비판하였다.

유교에 있어서는 선진(先秦) 유학을 수용하면서도, 성리학(性理學)에 대해서는 반론을 제기하였다. 즉 하느님을 선진 유학에서 말하는 '상제'(上帝)라고 하면서도, '태극(太極)은 이(理)이다'라는 성리학의 논리를 논박하고 태극이 만물의 근본이 될 수 없다고 주장하였다.

리치 신부 이후 예수회 선교사들은 이 보유론에 입각하여 선교 활동을 하였다. 특히 선진 유학의 소사상제(昭事上帝) · 조상숭배 · 상선벌악(賞善罰惡) 등을 긍정적으로 받아들여 천주교의 신앙 교리인 하느님의 존재와 영혼 불멸 · 사후천당지옥(死後天堂地獄) 등을 설명함으로써, 철학으로서의 유교 논리를 종교로서의 천주교 신앙을 이해시키는 데 활용하였다. 그리고 유교의 충(忠) · 효(孝) 등은 하느님이 인간에게 기대하는 것이라고 하면서, 제사의 본래 의미를 종교적 행위라기보다 공자와 조상에게 드리는 존경과 효도의 표현이라 인정하였다. 그들은 이러한 보유론적 입장을 서양 서적의 번역을 통해 중국의 지식인들에게 전하려고 노력하였다. 이에 대해 중국의 지식인들 가운데는 천주교 교리를 사학(邪學)이라고 배척하는 벽사론자(闢邪論者)도 있었지만, 선교사들을 '서양의 선비'〔西士, 또는 西儒〕로 인정하는 이들도 있었다.

한편 이러한 예수회의 선교 방법은 선교회 간의 갈등 원인이 되었다. 1632년 이후 중국에 진출한 도미니코회와 프란치스코회의 선교사들은 예수회의 선교 방법을 '혼합주의'(Syncretism)라고 비난하였고, 중국의 조상 숭배와 공자 예식은 미신 행위라며 배척하였다. 이를 계기로 중국 의례 논쟁이

선진 유학
진(秦)나라가 중국을 통일하기 이전까지의 원시적 확립기의 유학. 선왕(先王)과 공자(孔子)의 가르침을 통해 덕화(德化)를 실현하려는 도덕적 · 정치적 사상체계.

성리학
남송(南宋)대 주희(朱熹)에 의해 집대성된 유학 사상 체계로, 유교에 철학적 세계관을 부여하고, 유교를 심성 수양의 기본 도리로 확립하였다.

발생하였고, 오랜 논쟁 끝에 1715년 3월 19일 교황 글레멘스 11세(1700~1721)의 칙서 〈엑스 일라 디에〉(Ex illa die)를 통해 중국 의례 금지령이 내려졌다. 이 금지령은 1742년 7월 11일 교황 베네딕도 14세(1740~1758)의 칙서 〈엑스 궈 싱굴라리〉(Ex quo singulari)에 의해 재천명됨으로써 의례 논쟁은 종결되었다. 그 여파로, 1724년 옹정제(擁正帝, 1722~1735)가 금교령을 내림에 따라, 19세기 유럽 열강들이 본격적으로 중국 진출을 할 때까지 선교는 완전히 중지되었다.

4. 한역서학서의 전파

예수회 선교사들은 선교와 함께 서양의 과학·문화의 소개에도 힘썼다. 그러한 근본적인 동기는 천주교의 신앙 체계를 담은 서양 문화를 중국 사회에 소개·전달함으로써 중국인의 의식 세계를 확대시키고, 결국에는 신앙을 받아들이도록 하려는 데에 있었다. 이러한 목적하에 선교사들은 역법(曆法)·지리학·수리법(水利法)·기하학(幾何學)·철학·음악·미술 등에 이르는 다양한 서양의 과학과 문화를 중국 사회에 소개하였다. 이와 같은 서양의 과학과 문화인 '서학'(西學)을 한문으로 저술하거나 번역한 '한역서학서'(漢譯西學書)는 서양의 '기'(氣)인 과학 기술 관련 서학서와 '이'(理)인 종교 윤리 관계의 서학서로 구분되나, 이를 성서류, 진교변호류(眞敎辯護類), 신학류·철학류, 교회사류, 역산과학류(曆算科學類)와 격언류로 구분하기도 한다.

최초의 한역서학서는 1584년 루지에리 신부가 펴낸 한문 교리서 《천주성교실록》(天主聖敎實錄)으로 알려져 있다. 이후 한역서학서의 저술은 리치 신

> **《천주성교실록》**
> 1584년에 루지에리가 펴낸 최초의 한역서학서. 대화체로 자연의 이치를 설명하며 결국 진리는 하느님임을 일깨우고 있다. 한편 중국에서 '천주'라는 용어를 가장 먼저 사용한 책은 그가 같은 해에 편술한 《조전천주십계》(祖傳天主十誡)라고 전해지고 있다. 리치 신부도 유교 경전의 용어인 '천주'를 사용하였는데 1610년 리치 신부의 사망 이후 예수회의 중국 선교 책임자 롱고바르디 신부가 '데우스'의 중국 호칭을 '천주'로 통일하면서 '천주'라는 용어가 정착되었다.

부에 의해 본격적으로 이루어졌다. 1583년부터 조경에서 루지에리 신부와 함께 중국 선교를 시작한 리치 신부는 1593~1596년 한문 교리서인 《천주실의》(天主實義), 1595년 윤리서인 《교우론》(交友論) 등을 저술하였다. 이러한 저술 활동은 1601년 북경에 도착한 후, 이른바 봉교사인(奉敎士人)이라 불린 중국의 지식인층 신자들의 도움을 받으면서 더욱 본격적으로 이루어졌다. 1603년 《천주실의》가 간행되었고, 1608년 교리 해설서인 《기인십편》(畸人十編), 1609년 호교서(護敎書)인 《변학유독》(辨學遺牘) 등이 대표적이었다. 이러한 종교서 외에도 1605년 《기하원본》(幾何原本)과 《건곤체의》(乾坤體義), 1607년 《혼개통헌도설》(渾蓋通憲圖說) 등 과학서도 간행하였다.

다른 예수회 선교사들도 20종이 넘는 다수의 한역서학서를 간행하였다. 그중에서 대표적인 것은 우르시스(Sabbatino de Ursis, 熊三拔, 1575~1620) 신부의 《태서수법》(泰西水法, 1612), 판토하(Didace de Pantoja, 龐迪我, 1571~1618) 신부의 《칠극》(七克, 1614), 디아즈(Emanuelo Diaz, 陽瑪諾) 신부의 《천문략》(天問略, 1615), 알레니(Giulio Aleni, 艾儒略, 1582~1649) 신부의 《직방외기》(直方外紀, 1623)·《서학범》(西學凡, 1623)·《만물진원》(萬物眞原, ?), 삼비아시(Francesco Sambiasi, 畢方濟, 1582~1649) 신부의 《영언여작》(靈言蠡勺, 1624), 샬 폰 벨(Johann Adam Schall von Bell, 湯若望, 1591~1666) 신부의 《주제군징》(主制群徵, 1629), 샤바냑(É. de Chavagnac, 沙守信, ?~1717) 신부의 《진도자증》(眞道自證, 1718) 등이다. 예수회 이외에 도미니코회, 프란치스코회, 아우구스티노회, 파리 외방

전교회 등 여러 선교회 소속 선교사들도 한역서학서를 간행하였다. 그 결과, 당시 중국에 유포된 한역서학서는 400권 이상이었던 것으로 파악된다.

이처럼 예수회 선교사들이 중국 사회에 전한 서학은 황실과 관료 및 학자들의 학문적 관심과 실용적인 의욕을 자극하였다. 특히 서양의 뛰어난 천문역법은 곧 황실의 주목을 받았다. 1629년 봉교사인인 예부좌시랑 서광계(徐光啓, 1562~1633)의 건의에 따라 역국(曆局)이 설립되어 서양 역법에 의한 수력(修曆)이 시작되자, 여기에 예수회 선교사 롱고바르디(Nicholo Longobardi, 龍華民, 1559~1654) 신부, 테렌츠(Jean Terrenz, 鄧玉函, 1576~1630) 신부 등이 참여하였고, 천문역법서인 《숭정역서》(崇禎曆書)를 간행하였다. 1636년에 건국

마테오 리치 신부(왼쪽)와 살 폰 벨 신부는 중국 사회에 적극적으로 서학을 전함으로써 황실과 관료들의 학문적 관심과 실용적인 의욕을 자극하였다. 1650년 북경 선무문에 세워진 최초의 성당인 남당.

예수회 선교사들은 선교와 함께 서양의 과학·문화의 소개에도 힘썼다. 그러한 근본적인 동기는 천주교의 신앙 체계를 담은 서양 문화를 중국 사회에 소개·전달함으로써 중국인의 의식 세계를 확대시키고, 결국에는 신앙을 받아들이도록 하려는 데에 있었다. 이러한 목적하에 선교사들은 역법·지리학·수리법·기하학·철학·음악·미술 등에 이르는 다양한 서양의 과학과 문화를 중국 사회에 소개하였다. 이러한 서학은 중국인의 우주관·세계관 및 문화의식의 변화에 적지 않은 영향을 미쳤다. 특히 선교사들이 제작한 세계지도는 중국인의 전통적인 중화주의적 세계관에 큰 충격을 주었다. 이와 같은 서학의 영향은 중국뿐만 아니라 조선과 일본 등에도 전해졌다(《천주성교실록》(왼쪽)과 《기인십편》).

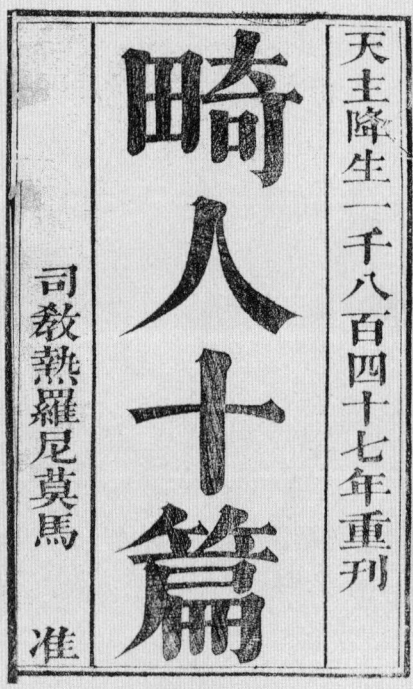

된 청(淸)도 서양 역법을 채택함에 따라 샬 폰 벨 신부를 흠천감(欽天監) 감정(監正)으로 임명하였다. 특히 순치제(順治帝, 1643~1661)는 샬 폰 벨 신부와 천주교에 대해 호감을 가져 1650년 북경 선무문(宣武門) 내에 교회 부지를 하사하고 최초의 서양식 성당인 남당(南堂)을 건축하도록 하였다. 이로 인해 샬 폰 벨 신부의 명성이 중국 전역으로 퍼지면서 개종자가 크게 늘어났으며, 1650~1664년 사이에는 10만여 명에 이르렀다. 그리고 1661년까지 운남(雲南)과 귀주(貴州)를 제외한 13개 성(省)에 대목구가 설정되었다.

황실뿐만 아니라, 중국의 학자들도 서학에 관심을 기울였고, 그들 중에는 세례를 받은 이들도 있었다. 그 대표적인 학자로는 서광계, 이지조(李之藻, 1565~1630), 양정균(楊廷筠, 1577~1627), 구태소, 풍응경(馮應京, 1555~1626) 등이 있었다. 이들은 천주교 교리뿐만 아니라 서양의 학문과 기술을 배워 연구하였으며, 선교사들이 한역서학서를 편찬할 때도 도움을 주었다. 또한 벽사론자들의 비판에 대해 호교론적인 입장에서 천주교를 옹호하였고, 전교에도 열중하였다.

이러한 서학은 중국인의 우주관·세계관 및 문화의식이 변화하는 데에 적지 않은 영향을 미쳤다. 특히 선교사들이 제작한 세계지도는 중국인의 전통적인 중화주의적 세계관에 큰 충격을 주었다. 그리고 이와 같은 서학의 영향은 중국뿐만 아니라 조선과 일본 등에도 전해졌다. 조선은 중국에 다녀오는 사대사행원(事大使行員)들이 입수한 한역서학서를 통해서 서양의 문화와 기술을 접하게 되었다. 서학에 관심을 두게 된 조선의 지식인들이 점차 증가하면서, 마침내 학문적 관심에서 서학을 연구하고자 하는 학문 풍토가 조성되었다. 그리고 그러한 과정에서 그리스도교 신앙에 대한 인식이 생겨났다.

참고문헌

1. 단행본

서종택,《명청간예수회사역저제요(提要)》, 중화서국, 1958.

요트 마르크스 원저, 김창수 편역,《가톨릭 교회사》하, 가톨릭출판사, 1959.

海老澤有道,《日本キリシタン史》, 塙書房, 1966.

칼 빌메이어 · 헤르만 튀클리 저, 대건신학대학 교회사연구회 편역,《교회의 역사》, 광주 가톨릭대학, 1984.

양삼부 편저,《중국기독교사》, 대만, 상무인서관, 1984.

T.R. de Souza, *The Portuguese in Asia and their Church patronage, Western colonialism in Asia and christianity*, Himalaya Publishing House, 1988.

M.D. David, *History of the Church in India, Asia and Christianity*, Himalaya Publishing House, 1985.

서종택,《중국천주교전래사개론》, 상해서점, 1990.

조길태,《인도사》, 민음사, 1994.

장정란,《그리스도교의 중국 전래와 동서문화의 대립》, 부산교회사연구소, 1997.

A. 프란츤 저, 최석우 역,《세계교회사》, 분도출판사, 2001.

서양자,《중국 천주교회사》, 가톨릭출판사, 2001.

김호동,《동방 기독교와 동서문명》, 까치, 2002.

히라카와 스케히로 저, 노영희 역,《마테오 리치—동서문명교류의 인문학 서사시》, 동아시아, 2002.

고위민,《중국천주교편년사》, 상해서점출판사, 2003.

고노이 다카시 저, 이원순 역, 《일본 그리스도교사》, 한국교회사연구소, 2008.

2. 논문

최기복, 〈명말청초 예수회 선교사들의 보유론과 성리학 비판〉, 《교회사연구》 6, 한국교회사연구소, 1988.

五野井隆史, 〈일본에서의 기리시탄 박해의 역사성〉, 《교회사연구》 18, 한국교회사연구소, 2002.

이원순, 〈왜란과 일본 기리시탄 교회, 그리고 조선 왕국〉, 《한국 천주교 회사 연구》(속), 한국교회사연구소, 2004.

김상근, 〈그리스도교와 힌두교의 선교적 만남과 토착화 가능성 — 17세기 예수회 선교사 로베르토 드 노빌리의 경우〉, 《교회사연구》 26, 한국교회 사연구소, 2006.

─── , 〈동서 문화의 교류와 예수회의 16세기 일본 선교〉, 《동서문화의 교류와 예수회 선교역사》, 한들출판사, 2006.

제3장 조선과 천주교의 만남

제1절 일본을 통한 만남

1. 일본의 조선 침략과 예수회 선교사의 조선 입국

1592년 4월 13일(음력) 일본은 조선을 침략하였다. 전쟁 초기에는 파죽지세로 전라도를 제외한 조선 전역을 유린하기도 했지만, 조선 수군이 이순신(李舜臣, 1545~1598)의 지휘 아래 남해의 제해권을 장악하고는 일본군의 바다를 통한 보급로를 차단함으로써 그들의 수륙병진작전을 좌절시켰다. 육지에서는 재정비된 관군과 각 지역의 의병, 그리고 명(明)의 원군에 의해 기세가 꺾임으로써 전쟁은 소강 국면에 접어들었다.

한편 조선을 침략한 일본군의 제1군 지휘관 고니시 유키나가(小西行長, 아우구스티노, ?~1600)는 기리시탄(切支丹) 다이묘(大名), 즉 천주교 신자 출신의 봉건 영주였다. 뿐만 아니라 휘하의 많은 군인들도 천주교 신자였다. 전쟁이 장기전에 접어들자 웅천(熊川, 지금의 경상남도 진해 지역)에서 진을 재정비한 고니시는 천주교 신자 군인들의 사기 진작을 위해 일본 예수회에 신부의 파견을 요청하였다. 이에 일본 예수회의 부관구장이었던 고메스(Pedro Gómez, 1534~

1600) 신부는 스페인 출신의 세스페데스(Gregorio de Céspedes, 1551~1611) 신부와 일본인 수사 한칸 레온(Hankan Léon, 1538~1627)을 조선으로 파견하였다.

선조 25년(1593) 12월 28일 웅천에 도착한 세스페데스 신부 일행은 일본군 진영에서 1년 넘게 머물면서 군인들에게 성사(聖事)를 집전하는 한편, 아직 세례를 받지 않은 군인들을 상대로 선교를 하였다. 세스페데스 신부의 첫째 임무는 군종신부(軍宗神父)로서 군인들의 신앙생활을 돌보는 것이었으나, 가능하면 조선인들에게도 천주교를 알리려는 계획도 가졌을 것으로 추측된다. 그렇지만 세스페데스 신부의 활동 범위는 일본군의 진영 안이었고, 그나마 오래 체류하지도 못하였다. 더구나 고니시와 함께 조선에 온 또 다른 선봉장 가토 기요마사(加藤淸正, 1562~1611)가 불교 신자인데다가 고니시와 경쟁적인 관계에 있었다. 그래서 고니시는 그를 의식하여 1595년 4월 무렵 세스페데스 신부를 서둘러 일본으로 돌려보냈다. 이런 사정으로 미루어 보아 그가 조선인들을 상대로 직접 선교하는 기회를 갖지는 못했을 것으로 여겨진다.

실제로 세스페데스 신부가 조선에서 보낸 4통의 편지와 그 밖의 일본 예수회원들이 보낸 통신문에는 그들이 문화적으로 조선 사회에 기여하였다거나, 서양 문물을 전해 준 사실이 확인되지 않는다. 결국 세스페데스 신부는 조선을 침략한 일본군 진영에 머물다가 곧바로 일본으로 돌아갔을 뿐, 조선에서의 선교와는 아무런 관련이 없었다. 따라서 세스페데스 신부는 16세기에 조선에 입국했던 최초의 천주교 성직자이기는 하지만, 그의 조선 도착을 천주교와 조선의 공식적인 접촉이었다고 보기는 어렵다. 또한 정유재란(丁酉再亂) 때인 선조 27년(1594)에 조선에 출정했던 기리시탄 다이묘 아리마 하루노부(有馬晴信, 요한, 1567~1612)의 요청으로 라구나(Francisco de Laguna, 1552~

1617) 신부 등이 조선의 일본군 진지를 방문하기도 했지만, 사정은 마찬가지였던 것으로 여겨진다.

2. 조선인 포로들의 세례와 예수회의 조선 선교 시도

한편 전란의 와중에 일본으로 끌려간 조선인 포로〔虜〕들 가운데 많은 사람들이 천주교 신앙을 받아들이고 세례를 받았다. 프로이스(L. Frois, 1532~1597) 신부가 남긴 기록에 따르면, 1594년 한 해에 세례를 받은 조선인 포로가 2천 명이나 되었다. 학대 받는 포로의 입장에서 그들이 기댈 수 있는 유일한 안식처는 신앙뿐이었을 것이다. 이들은 서양 선박들의 출입이 공식적으로 허용되고 분위기도 비교적 자유로웠던 나가사키(長岐) 지방에 많이 거주했는데, 1610년 이곳에 '성 라우렌시오 성당'이라는 조선인 교회를 건립할 정도로 열심한 신앙생활을 하였다. 그렇지만 이 성당은 1620년 박해령으로 파괴되고 말았다.

조선인 포로들의 세례를 계기로 일본 예수회 회원들은 조선 선교에 관심을 가지기 시작하였다. 1594년 일본 예수회의 부관구장 고메스 신부는 세례 받은 조선인 기리시탄 가운데 우수한 신자들을 선발하여 교리교사나 성직자로 양성하는 한편, 교리서를 번역시키기도 하였다. 그 결과 어떤 조선인 도주쿠(同宿)는 오무라(大村)에서 200명을 천주교 신앙으로 이끌기도 하였다. 선발된 도주쿠들 중 일부는 예수회에 입회하고자 했는데, 1608년 예수회 총장이 조선인의 예수회 입회를 정식으로 허가하자 권(權) 빈첸시오 가베에

> **도주쿠**
> 선교사를 도와 교리를 비신자들에게 가르치고, 일반 신자들을 대상으로 설교하며, 복음화를 위해 활동하는 전도사나 설교자들을 가리킨다.

(1580?~1626, 일본명 嘉兵衛 또는 賀兵衛)는 수사, 가이오(Caius, 1572~1624)는 수련자가 되었다.

예수회원들은 이들을 통하여 여러 차례에 걸쳐 조선 선교를 시도하였는데, 그들 가운데 가장 널리 알려진 인물이 권 빈첸시오였다. 세스페데스 신부는 조선에서 일본으로 돌아가던 중 대마도에 들러 고니시 유키나가의 딸이자 대마도 도주(島主)의 부인이었던 마리아의 집에 잠시 머물렀는데, 그곳에서 그는 포로로 잡혀 온 두 명의 조선인 중 한 명을 데리고 갔다. 그가 바로 권 빈첸시오였다. 그는 1603년 규슈(九州)의 시키(志岐) 섬에서 예수회의 모레혼(P. Morejon) 신부로부터 세례를 받고 도주쿠로 활동하였다.

예수회에서는 그를 통해 조선 선교를 추진할 계획을 세웠다. 이에 따라 권 빈첸시오는 1612년 중국을 통한 조선 입국로를 개척하라는 일본 예수회의 지시에 따라 중국 북경(北京)으로 파견되었다. 그는 그곳에서 6년 동안 머물면서 조선 입국을 시도하였지만, 당시 전란에 휩싸여 있던 중국의 상황 때문에 뜻을 이루지 못하였다. 그래서 1618년 다시 일본으로 돌아온 그는 예수회의 졸라(J.B. Zola) 신부와 함께 중국인과 조선인에 대한 선교 활동을 펼치다가 1625년 말 졸라 신부와 함께 나가사키 현의 남동부에 위치한 시마바라(島原)에서 체포된 다음 나가사키로 이송되어 1626년 6월 20일 7명의 예수회원들과 화형당하였다. 순교할 당시 그의 나이는 46세였으며, 1867년 다른 일본 순교자들과 함께 시복되었다.

한편, 가이오는 1614년 마닐라로 추방된 기리시탄 다이묘이자 지도자인 다카야마 우콘(高山右近, 유스토, 1552~1615)을 따라 자진하여 마닐라로 갔다가 이듬해 일본으로 돌아왔다. 그리고는 나가사키를 중심으로 활동하다가 체포된 지 1년 반 만인 1624년에 그곳에서 순교하였다. 그 밖에도 조선인 포로 출신 가운데에는 예수회의 '도주쿠'나 '간보오' [看坊] · '고모노' [小者] 로 활동하다가 순교한 사람들도 많았으며, 1612년 '베아타스 여자 수도회'에 입회한 뒤 마닐라로 추방되었다가 1626년 세상을 떠난 수녀 박 마리나도 있었다. 그렇지만 세스페데스 신부와 마찬가지로 이 경우도 천주교와 조선의 공식적인 접촉으로 보기는 어려울 것이다.

> **간보오**
> 선교사가 상주하지 않는 교회를 관리하고 그곳 신자들을 돌볼 책임을 가진 인물로, 한국의 공소 회장에 해당된다.
>
> **고모노**
> 신부나 수사, 혹은 도주쿠 주변에서 그들의 일을 도와주는 한편, 그들이 순회 선교를 할 때 성물과 그 외의 짐을 운반하거나 여러 가지 일을 돕는 역할을 하였다.

어쨌든 일본 예수회의 조선 선교가 뜻대로 되지 않는 가운데 일본 안에서도 천주교 박해가 갈수록 심해졌다. 특히 1614년 도쿠가와 이에야스(德川家康, 1543~1616)가 선교사 추방령을 내리면서 선교사들은 추방당하고 신자들도 대대적으로 박해를 받기 시작하였다. 1597년부터 1660년 사이에는 무려 3,125건의 순교가 인정될 정도로 박해의 정도가 심했다. 이때 조선인 출신 기리시탄들도 많이 순교하였는데, 그들 가운데 9명은 〈표 1〉에서 볼 수 있듯이 1867년 7월 교황 비오 9세(1846~1878)에 의해 시복(諡福)된 '205명의 일본 복자(福者)'에 포함되었다. 그리고 시복되지는 못했지만 당시 순교한 조선인 기리시탄도 〈표 2〉에서처럼 최소한 15명이 확인된다.

마침내 도쿠가와 막부는 1636년부터 쇄국정책을 추진하면서 서양과의 접촉을 엄격하게 금지시키기 시작하였다. 특히 1638년 '시마바라(島原)의 난'을 끝으로 일본 기리시탄 교회의 공식 조직은 모두 붕괴되었다. 그 결과 일본에서는 더 이상 조선에 대한 선교를 시도할 엄두를 낼 수 없었다. 결국 조선인들을 위한 그리스도교 복음의 씨앗이 일본에서부터 뿌려지기 시작했다

위 : 고사츠(高札)는 나무로 만들어진 게시판으로 일본 천주교회의 박해 당시 정부에서 새로운 박해령을 공포할 때 이 나무판에 그 내용을 적어 백성들에게 알렸다.

아래 : 후미에(繪踏)는 기리시탄들이 배교를 증명해 보이도록, 종이나 나무판에 성상을 그려 그 위를 밟게 하는 것이었다. 1631년 운젠에서 시작되었으며 1669년 나가사키에서 놋쇠로 후미에를 만들어 기리시탄 적발 도구로 널리 사용하면서 제도화되었다.

〈표 1〉 일본 천주교회의 조선인 복자

이름 또는 본명	순교 시기	순교지	형벌	비 고
① 고스마 다케야(武谷)	1619	나가사키	화형	②의 아버지, 부인도 순교
② 프란치스코 다케야	1622	〃	참수	①의 아들, 어머니도 순교
③ 안토니오	1622	〃	화형	④⑤의 아버지, 일본인 아내도 순교
④ 요한	1622	〃	참수	③의 장남
⑤ 베드로	1622	〃	참수	③의 차남
⑥ 가이오	1624	〃	화형	예수회 회원
⑦ 권 빈첸시오 가베에	1626	〃	〃	예수회 회원
⑧ 가이오 지에몬	1627	〃	〃	
⑨ 가스팔 바즈(vaz)	1627	〃	〃	부인 마리아도 순교

※《한국가톨릭대사전》제9권, 한국교회사연구소, 2002, 7182쪽.

일본 천주교회는 1597년부터 1660년 사이에 무려 3,125건의 순교가 인정될 정도로 박해의 정도가 심했다. 이때 조선인 출신 기리시탄들도 많이 순교하였는데, 그들 가운데 9명은 1867년 7월 교황 비오 9세(1846~1878)에 의해 시복된 '205명의 일본 복자'에 포함되었다. 일본 천주교회의 복자들 가운데 널리 알려진 조선인은 권 빈첸시오이다. 그는 고니시 유키나가의 딸인 대마도 도주의 부인 집에 포로로 잡혀 있다가 세스페데스 신부와 함께 일본으로 건너가 1603년 규슈의 시키 섬에서 예수회의 모레혼 신부로부터 세례를 받고 도주쿠로 활동하였다.

〈표 2〉 일본 천주교회의 조선인 순교자

이름 또는 본명	순교 시기	순교지	형벌	비 고
하치칸 호아킨	1613	도쿄 도리고에	참수	조선인 기리시탄의 첫 순교자
미카엘	1614	구치노즈(口之津)	〃	고문사라는 설도 있음
진고로 베드로	1614	구치노즈	〃	고문사라는 설도 있음
토마스 고사쿠(小作)	1619	에도(江戶)	〃	
베드로 아리조(Arizo)	1619	에도	〃	
아네 고스마	1622	나가사키	〃	복자 고스마 다케야의 부인
마리아	1622	나가사키	〃	복자 안토니오의 부인
안드레아 구로베에 (黑兵衛)	1622	나가사키	〃	
식스토 가자에몬 (加佐衛門)	1624	센보쿠(仙北)	〃	부인 가타리나도 순교
가타리나	1624	센보쿠	〃	남편 식스토 가자에몬도 순교
마르타	1627	나가사키	〃	복자 아카시 구자에몬의 부인
토마스 진에몬 (Jinyemon)	1627	나가사키	〃	
바오로	1630	시키(志岐)	익사형	돌을 달아 바다에 던짐
요한	1633	나가사키	화형	
토마스	1643	나가사키	구명 〔穴〕형	캄보디아에 건너가 일본인 거리에서 전교했으며, 일본으로 귀국한 후 즉시 체포된 선교사

※《한국가톨릭대사전》제9권, 한국교회사연구소, 2002, 7182쪽.

    1597년부터 1660년 사이에 순교하였으나 시복되지 못한 조선인 기리시탄은 최소 15명이다. 한편, 도쿠가와 막부가 1636년부터 쇄국정책을 추진하면서 특히 1638년 '시마바라의 난'을 끝으로 일본 기리시탄 교회의 공식 조직은 모두 붕괴되었다. 그 결과 일본에서는 더 이상 조선에 대한 선교를 시도할 엄두를 낼 수 없었다. 결국 조선인들을 위한 복음의 씨앗이 일본에서부터 뿌려지기 시작했다고 볼 수 있지만, 그것은 개인 차원으로 그쳤을 뿐 조선에서의 천주교 신앙 공동체 성립으로 이어지지는 못하였다.

고 볼 수 있지만, 그것은 개인 차원으로 그쳤을 뿐 조선에서의 천주교 신앙 공동체 성립으로 이어지지는 못하였다.

3. 한국 천주교회의 '임진왜란 기원설' 문제

한국 천주교회의 임진왜란 기원설은 본래 일본 교회사를 연구한 예수회의 선교사가(宣教史家)들이 일찍부터 주장해 온 것이다. 그들은 임진왜란을 전후하여 일본에서 선교 활동을 하던 예수회 선교사들에 의해 조선인 포로들이 세례를 받고 신앙생활을 함으로써 한국 천주교회의 역사가 시작되었다고 주장해 왔다.

이들 가운데 가장 대표적인 연구자인 메디나(Juan G. Luiz de Medina, 1927~2000) 신부의 주장을 정리해 보면, 다음과 같다. 첫째, 임진왜란 때 천주교 신자 출신의 한 일본 무사가 조선의 유아와 어린이 200명에게 대세(代洗)를 베풀었다. 따라서 1592~1593년이 '유아 교회'(乳兒教會)라고 부를 수 있는 한국 천주교회 탄생의 해임을 부정할 수 없다. 둘째, 한양을 점령한 일본군 진영을 스스로 찾아온 12살의 조선인 소년이 일본에 건너가 예수회의 모레혼 신부에게서 1592년 12월에 세례를 받음으로써 조선의 '어른 교회'(大人教會)가 외국 땅에서 탄생하였다. 셋째, 중국에서 활동한 예수회 선교사 루지에리(Michèle Ruggieri, 羅明堅, 1543~1607) 신부가 엮은 최초의 한역교리서인 《천주실록》(天主實錄)이 1585년 혹은 1586년 무렵 북경을 왕래하는 조선 사신이나 상인들을 통하여 조선에 전해졌을 것이다. 넷째, 왜란이 끝난 후 조선인 포로 기리시탄들이 조선으로 귀환함으로써 조선에 천주교 신자들이 존재하게 되었다. 또한 일본에서 천주교 신앙을 갖게 된 조선인 출신의 예수회 선교사 토마스가 포로 귀환 때 조선으로 돌아왔는데, 이는 조선에서 또 하나의 가톨릭 등대가 출현한 것이었다. 다섯째, 조선에 아름다운 성당이 하나 있었는데, 이 교회와 다수의 기리시탄 신자들을 위해 일본 예수회는 성직자를 거듭 조선에 파견하였다. 여섯째, 일본에 거주하던 많은 조선인 포로 기리시탄 신자들은 조선 가톨릭교회에 속하는 것이다.

　이상에서 메디나 신부의 주장을 살펴보았지만, 이러한 내용은 그가 전적으로 의존한 예수회 선교사들의 편지에만 전해질 뿐 조선인들이 남긴 천주교 관련 기록이나 그 밖의 다른 선교회에서 남긴 기록에서는 찾아볼 수 없다. 그는 거의가 부정확한 소식이나 소문 또는 다른 사람들의 의견을 그대로 적어놓은 데 불과한 예수회 선교사들의 서간들을 아무런 비판 없이 그대로 이용한 반면, 다른 선교회의 사료나 연구 성과들은 무시하거나 외면하였다. 특히 한국측이나 1831년 이후 파리 외방전교회 선교사가 남긴 자료들과 관련 연구 성과들을 완전히 배제하였다. 따라서 일본에서 활동했던 예수회 선교사들이 쓴 신빙성이 부족한 편지나 연구에만 근거하여 한국 천주교회의 기원 문제를 규명한 데에는 한계가 분명할 수밖에 없다. 결국, 메디나 신부가 주장한 한국 천주교회의 임진왜란 기원설을 현재로서는 받아들이기 어렵다.

제2절 중국을 통한 만남

1. 조선 사신과 서양 선교사의 만남

조선과 서양의 의미 있는 만남은 명(明) 말기 이래 북경을 왕래하던 사신들을 통해서 이루어졌다. 조선의 사신들은 북경에 체류하는 동안 본연의 임무인 외교 활동 외에도 당시 중국의 학자들을 만나 학문적 교류를 하기도 했다. 그런데 당시 조선은 성리학(性理學)에 대해 중국보다 훨씬 철저한 사회였다. 이러한 조선에 서양 문명이 소개되었지만 17~18세기 조선인들이 천주교에 보인 반응은 선교사가 아니라 주로 그들이 저술한 책에 대한 것이었다.

천주교는 당시 '서학'(西學)이라는 이름으로 중국에서 수입된 서적과 문물들을 통해 조선의 지식인들에게 전파되었다. 물론 '서학'이란 용어가 단순히 천주교만을 의미한 것은 아니었다. 오히려 천주교를 포함한 유럽의 자연과학과 기술 등을 포괄적으로 표현한 용어였다. 북경의 황실 천문역산 기관인 흠천감(欽天監)과 예수회 신부들의 선교 거점이었던 천주당(天主堂)은 해마다 몇 차례씩 중국으로 파견되었던 조선 사신들이 즐겨 찾던 관광 명소였다. 그들은 이곳을 통해 서구 문물에 대한 지식을 얻고자 하였고, 예수회 신부들도 조선 사신들의 요구에 응하여 서양의 문물이나 천주교의 성물(聖物)·한역서학서 등을 주었다. 조선의 사신들과 예수회 선교사의 만남은 바로 유교와 그리스도교의 만남이었다. 이러한 교류는 조선에 서양 문명을 소개하고 문화적 영향을 끼침으로써 새로운 문화운동으로서의 실학운동을 촉발시키는 계기 가운데 하나가 되었다.

조선은 병자호란 이후 명과 가져왔던 외교 관계를 청(淸)과 유지하게 되면서 1637년부터 사신을 파견하였는데, 이승훈(李承薰, 베드로, 1756~1801)이 북경에 갔던 1783년까지 147년간 총 167회에 걸쳐 사신이 파견되었다. 이 사신들에 의해 조선에 들어온 문물들은 매우 다양하였는데, 천주교 교리서는 물론 천문·지리·수학 등에 관한 서적들과 세계지도·천리경(千里鏡)·자명종(自鳴鐘)·악기·무기 등이 있었다. 이러한 서구 문물들을 도입한 인물들로는 이수광(李睟光, 1563~1628)·이광정(李光庭, 1674~1756)·허균(許筠, 1569~1618)·정두원(鄭斗源, 1581~?)·이영후(李榮後)·김육(金堉)·김상범(金尙範) 등을 들 수 있다.

이수광은 1590년, 1597년 그리고 1611년 세 차례에 걸쳐 부연사행(赴燕使行)의 일원으로 북경에 다녀왔다. 그는 후에 348종의 도서를 각 부분별로 발췌하여 《지봉유설》(芝峯類說)을 편찬하였다. 이 책에서 그는 천문 지도 등을 소개하면서 마테오 리치 신부가 중국에서 저술한 《천주실의》의 내용과 교황 제도 등에 관해 아래와 같이 언급하였다.

구라파국(歐羅巴國)은 또한 대서국(大西國)이라고 부르기도 한다. 마테오 리치[利瑪竇]라는 사람이 8년 동안 바다에 떠서 8만 리의 파도를 넘어 동월[東 ; 광동]에 와서 10여 년 동안 살았는데, 그가 저술한 《천주실의》두 권이 있다. 첫머리에 천주(天主)가 처음으로 천지를 창조하여 편안히 기르는 도(道)를 주재한다는 것을 논하였고, 다음으로 사람의 영혼은 없어지지 않아 짐승과는 크게 다르다는 것을 논하였으며, 다음으로 (불교의) 육도(六道)를 윤회한다는 학설의 잘못과 천당·지옥·선악의 응보를 변론하였다. 마지막으로 사람의 본성[人性]은 본래 선하다는 것과 천주를 공경하고 받들어야 한다는 것을 논하였다.

그들의 풍속에 임금을 교화황(敎化皇)이라고 일컫는데, 혼인을 하지 않기 때문에 임금의 지위를 이어서 물려받는 아들이 없어서 현명한 사람을 선택하여 (교화황으로) 세운다.

또한 그 풍속은 우의를 소중히 여기며, 사사로이 재물을 모으지 않는다. (마테오 리치는) 《중우론》(重友論)을 저술하였다. 초횡(焦竑)은 "서역 사람 이마두 군이 '벗은 제2의 나'라고 했는데, 이 말은 매우 기이하다"고 말했다. 이 일은 《속이담》(續耳談)에 자세히 보인다(李睟光, 諸國部 外國, 《芝峯類說》 2).

중우론
마테오 리치 신부가 명명한 책의 이름으로 《교우론》(交友論)이다. 리치 신부는 1595년 남경에 가서 약 3년 동안 머물렀는데 이 책은 이때 저술한 것으로 알려져 있다.

진주사
조선시대에 중국으로 보내던 사신 가운데 하나. 변무(辨誣), 곧 중국의 책문(責問) 또는 오해에 대한 해명, 특히 중국의 사서(史書)에 잘못 소개된 조선에 관한 기록을 고쳐 주도록 청하기 위해 보냈던 사신으로, 우리나라에 반역사건이 일어났을 때 그 전말을 보고하기 위해 보내기도 했다.

이수광은 또한 선조 37년(1603) 북경에 갔던 이광정이 마테오 리치 신부가 제작한 〈곤여만국전도〉(坤輿萬國全圖)를 가지고 왔다는 기록도 남겼다. 중국 중심의 세계관에 머물러 있던 조선인들은 이 지도를 통해 중국 외에 서양에 여러 나라가 있다는 사실을 깨달을 수 있었다. 특히 서양의 발달된 과학기술은 그들에게 대단히 충격적인 것이었다.

인조 9년(1631) 진주사(陣奏使)로 명에 파견되었던 정두원은 산동반도의 등주(登州)에서 이탈리아 출신의 예수회원 로드리게스(J. Rodriguez, 陸若漢, 1559~1633) 신부를 만났다. 이때 그에게서 천주교 교리를 듣고 화포(火砲)·천리경·시계 등의 과학기계와 서적들을 선물로 받아 가지고 귀국하였다.

경종 즉위년(1720) 북경에 사신으로 간 이이명(李頤命, 1658~1722)은 흠천감의 수아레스(J. Saurez, 蘇霖, 1656~1736) 신부와 쾨글러(I. Kögler, 戴進賢, 1680/

1682~1746) 신부와 사귀었다. 그는 이들을 통해 서양의 천문 · 지리 · 역법 등을 배우고 천주학에 대한 대화를 나누었으며, 한역서학서들을 얻어 가지고 귀국하였다. 뿐만 아니라 그 후로도 서신을 통하여 교류하였다.

영조 41년(1765) 북경에 사신단의 일원으로 간 홍대용(洪大容, 1731~1783)은 남천주당(南天主堂)을 네 번이나 방문하여 흠천감정(欽天監正) 할러슈타인(A. von Hallerstein, 劉松齡, 1703~1774) · 부감정 고가이슬(A. Gogeisl, 鮑友管, 1701~1771) 신부와 서양의 문물과 천주교 교리에 대해 대화를 나누었다. 홍대용은 북경의 유리창(琉璃廠)에 있는 서점을 방문하여 각종 한문서적을 구입할 때 한역서학서도 입수하였다. 그는 서양 과학에 대한 이해가 깊어 지전설(地轉說)을 주장하기도 했다.

2. 서양 선교사들의 조선 선교 시도

조선 사신들과의 접촉을 계기로 북경의 서양인 선교사들은 조선 선교에 희망을 품고 노력을 기울이기 시작하였다. 우선 예수회 선교사는 아니었지만, 광해군 12년(1620) 무렵 명의 고위 관리였던 천주교인 서광계(徐光啓, 1562~1633)는 조선의 원병이 후금에게 크게 패배한 것을 계기로 조선에 천주교를 전하고자 했다. 그래서 그는 황제에게 후금의 후방을 교란시킬 목적으로 조선의 군인들을 훈련시킬 필요성이 있다고 하면서, 이를 조선 국왕에게 요청하기 위한 사신으로 자신이 가기를 청하였다. 아울러 그는 조선 국왕에게 조선군을 북방에 집중시킬 경우 남쪽으로부터 일본의 위협이 초래될 것이므로 이에 대응하기 위해 견고한 성과 요새를 구축하고 마카오에 주둔하고 있는 포르투갈의 도움을 받을 것을 제의할 계획도 가지고 있었다. 조선 군인의 훈련과 포르투갈의 도움을 받게 되면 예수회 선교사들이 쉽게 조선에 입국하여 선교를 위한 거점을 구축할 수 있으리라 생각했던 것이다.

황제가 서광계의 건의를 받아들이자, 예수회에서는 서광계와 동행할 예수회 회원의 인선과 선교에 필요한 서적들의 저술과 간행을 서둘렀다. 그러나 출발 직전 국가적 위기 상황에서 고위직 관리를 외국에 내보내는 것은 현명하지 못하다는 주장이 제기되어 다른 인물로 교체되고 말았다. 결국 조선에 천주교를 전하고자 했던 서광계의 계획은 실패로 돌아가고 말았다.

이후에도 조선에 대한 선교는 계속 시도되었다. 인조 14년(1636) 병자호란에서 패배한 탓에 소현세자(昭顯世子, 1612~1645)는 봉림대군(鳳林大君, 후의 孝宗, 1649~1659)과 함께 청의 볼모로 심양(瀋陽)에 끌려갔다가, 인조 22년(1644) 9월 순치제(順治帝, 1643~1661)를 따라 북경으로 옮겼다. 그리고 그해 11월 귀국할 때까지 약 70일 동안 자금성 안의 문연각(文淵閣)에 머물렀는데, 이때 흠천감

서광계(오른쪽)와 예수회 마테오 리치 신부. 조선 사신들과의 접촉을 계기로 북경의 서양인 선교사들은 조선 선교에 희망을 품고 다방면으로 노력을 기울이기 시작하였다. 예수회 선교사는 아니었지만, 광해군 12년 무렵 명의 고위 관리였던 천주교 신자 서광계가 조선의 원병이 후금에게 크게 패배한 것을 계기로 조선에 천주교를 전하고자 한 적도 있었다.

정(欽天監正)으로 있던 예수회의 샬 폰 벨(Johann Adam Schall von Bell, 湯若望, 1591~1666) 신부와 사귀면서 천주교와 서학을 접하게 되었다.

소현세자는 서양 신부들이 지닌 유럽의 과학지식에 관심이 있었고, 샬 폰 벨 신부는 선교적인 관점에서 볼모로 잡혀와 있는 세자에게 관심이 많았다. 그러나 이들의 교류는 길지 않았다. 사귀게 된 지 수개월 후 소현세자가 귀국하게 되었던 것이다. 이에 샬 폰 벨 신부는 아래의 기록에서 살필 수 있듯이 소현세자에게 서학과 천주교에 관한 서적과 여지구(輿地球)・성상(聖像) 등을 선물하였다.

> 순치 원년(1644) 조선 국왕 이종(李倧, 仁祖)의 세자[시호는 昭顯이고 이름은]가 북경에 인질로 있었는데 탕약망(湯若望)의 이름을 듣고 때때로 천주당(天主堂)에 와서 천문학 등을 물어보았다. (탕)약망도 자주 세자의 숙소를 방문하여 오랫동안 이야기를 나누었는데, 서로 깊이 뜻이 맞았다. (탕)약망이 빈번히 천주교가 올바른 도리[正道]라고 이야기하면, 세자도 매우 기꺼이 듣고서 자세히 물었다. 세자가 귀국하게 되자, (탕)약망은 그가 번역한 천문・산학서(算學書)・천주교가 올바른 도리임[聖敎正道]을 밝힌 여러 종류의 책과 아울러서 여지구(輿地球) 1가(架)・천주상(天主像) 1폭(幅)을 기증하였다. 세자는 삼가 받고 편지로 고맙다는 뜻을 전하였다(黃斐默, 《正敎奉褒》 제1책 25쪽).

소현세자가 선물로 받은 책들에 관한 구체적인 내용은 현재로서는 알 수 없다. 다만 샬 폰 벨 신부가 저술한 책들 가운데서 추측해 볼 수밖에 없다. 아마도 성교정도에 관한 책들은 《진정서상》(進呈書像)・《주교연기》(主敎緣起)・《주제군징》(主制群徵), 《진복훈전》(眞福訓詮) 가운데 있을 것이다.

한편 소현세자는 샬 폰 벨 신부에게 보낸 편지에서 천구의(天球儀=여지구)와 천문서(天文書)에 대하여 "우리나라에도 이와 비슷한 것이 없는 것은 아니지만, 수백 년 이래 천체의 운행에 맞지 않아 가짜인 것이 틀림없습니다. 지금 이 진귀한 물품을 얻게 되니 어찌 기쁘지 않겠습니까. 제가 고국에 돌아가면 궁정에서 사용할 뿐만 아니라 이것들을 출판하여 학식이 있는 사람들에게 보급시킬 생각입니다"라고 하였다. 다만 천주상에 대해서는 "우리나라에서 아직 천주교를 아는 자가 없기 때문에 제가 가장 우려하는 것은 이단 사교(異端邪敎)라고 지목되어 천주의 존엄을 더럽히지 않을까 하는 것입니다. 이것이 천주상을 귀하에게 돌려보내어 과실이 없게 하려는 이유입니다"라고 하면서 성상(聖像)만은 돌려보냈다.

대신 선교사 한 명을 동행할 수 있도록 요청했으나, 마카오에 있는 예수회 관구장의 승인을 받기 위해서는 많은 시간이 걸렸기 때문에 실현되지 못하였다. 그리고 소현세자가 귀국할 때 청의 황제는 이방조(李邦詔)·장삼외(張三畏)·유중림(劉仲林)·곡풍등(谷豊登)·두문방(竇文芳) 등 환관들과 궁녀들을 데리고 귀국하도록 권유했는데, 환관들 가운데는 천주교 신자도 있었다. 샬 폰 벨 신부는 소현세자를 따라 조선으로 가게 된 환관에게 선교를 위한 교양 과정을 전수하였다.

그렇지만 소현세자가 귀국한 지 두 달 만에 병이 들어 갑자기 사망한 뒤 굴씨(屈氏) 성을 가진 궁녀를 제외한 나머지 환관과 궁녀들은 모두 청으로 송환되었다. 그리고 무당의 말에 따라 세자가 청에서 돌아올 때 가지고 왔던 많은 비단[錦繡]들을 버렸다. 이로써 이들을 통해 조선에 천주교를 전파하려던 샬 폰 벨 신부의 시도는 실패로 돌아갔다. 그러나 소현세자의 죽음으로 샬 폰 벨 신부의 노력이 아무런 결실을 얻지 못한 것은 아니었다. 김육

소현세자는 귀국할 때 청 황제의 권유로 환관들과 궁녀들을 데리고 귀국하였다. 그러나 소현세자가 귀국한 지 두 달 만에 병이 들어 갑자기 사망함으로써 굴씨(屈氏) 성을 가진 궁녀를 제외한 나머지 환관과 궁녀들은 모두 청으로 송환되었다. 현재 고양시 덕양구 대자동에 남아 있는 궁녀 굴 씨의 묘.

(金堉, 1587~1651)과 한흥일(韓興一) 등의 노력으로 시헌력(時憲曆)이 채택되는 등 서양의 과학기술을 받아들였던 것이다.

이후에도 서양 선교사들의 조선 선교가 계속 시도되기는 하였지만 1784년 이승훈(李承薰, 베드로, 1756~1801)이 북경에서 그라몽(J.-J. de Grammont, 梁棟材, 1736~1812?) 신부로부터 세례를 받기 전까지는 조선의 어느 누구에게도 세례를 베풀지 못했으며, 1794년 12월 24일 주문모(周文謨, 야고보, 1752~1801) 신부가 입국하기 전까지는 어느 선교사도 조선에 입국하지 못하였다.

제3절 천주교와의 만남에 대한 다른 주장

1. 허균과 천주교

　허균은 어릴 때부터 시문(詩文)에 뛰어난 재능을 발휘한 신동이었다. 그는 선조 18년(1585) 17세의 나이로 초시(初試)에 급제하였고, 21세 때인 1589년에는 생원시에 급제하였다. 그리고 선조 27년(1594)에는 정시(庭試) 을과에 급제하였으며, 1597년에는 문과 중시(重試)에 장원으로 급제하였다. 이후 여러 관직을 거쳐 광해군 1년(1609)에는 형조참의에 임명되었다가 호조참의·형조판서 등을 역임한 뒤 1617년에는 좌참찬에 올랐다. 그러나 이듬해 역모를 꾀했다는 모함을 받아 생을 마감하였다.

　허균은 관직생활 중 두 차례에 걸쳐 사신으로 명을 다녀왔다. 1614년에는 천추사(千秋使)로, 1616년에는 동지사(冬至使) 겸진주부사(兼陳奏副使)로 명을 다녀왔던 것이다. 그가 사신으로 북경에 갔을 때에는 마테오 리치 신부가 선교를 위해 편술한 《천주실의》를 비롯한 많은 한역서학서들이 널리 유포되고 있었으며, 북경 최초의 성당인 남당(南堂)이 건립되어 있었다. 이 두 차례의 사행에서 그는 당시의 중국 문명을 직접 경험하였으며, 15,000냥가량의 은을 가지고 가서 4,000권에 달하는 다양한 분야의 서적을 구입하였다.

　이때 그가 구입한 서적들 가운데 《한역 서학지도》(漢譯西學地圖)와 천주교 기도서로 간주되는 《게십이장》(偈十二章)도 포함되어 있었다고 알려져 있다. 유몽인(柳夢寅, 1559~1623)은 《어우야담》(於于野談)에 "그들의 교(敎)가 이미 동남쪽의 여러 오랑캐들에게는 행하여져 자못 높여져서 믿고 있었다. 우리나라만 알지 못하였는데, 허균이 중국에 가서 그들의 지도와 《게십이장》을 얻어 가지고 귀국했다"고 기록하였다. 또한 허균의 손위 동서였던 이수광은 허균의 글 때문에 "그의 제자가 된 자들이 하늘의 학설을 외쳤는데, 실은 서쪽 땅의 학(學)이었다. 그들과는 하늘과 땅을 같이할 수 없고 사람과 견주어 같다고 말할 수가 없다"고 하면서 허균의 영향으로 천주교를 믿는 무리들이 생겼으며, 천주교를 믿는 자는 마땅히 배격되어야 한다고 주장하였다. 안정복(安鼎福, 1712~1791)은《천학문답》(天學問答)에서 "고금을 통하여 하늘의 학을 말하는 사람이 있었는데, 옛적에는 추연(鄒衍)이 있었고, 우리나라에는 허균이 있다"고 하면서, 허균을 우리나라 최초의 천주학 창도자로 지명하였다.

> **추연**
> 중국 전국시대의 사상가로, 맹자보다 약간 늦게 등장하여 음양오행설을 제창하였다.《추자》(鄒子) 49편·《추자시종》(鄒子始終) 56편 등을 저술했지만, 전하지 않는다. 추연은 세상의 모든 사물과 현상이 토(土)·목(木)·금(金)·화(火)·수(水)의 오행상승(五行相勝) 원리에 의해 일어난다고 주장했다. 그리고 이 원리에 근거하여 역사의 흐름이나 미래를 점치기도 하였다.

또한 아래 글에서 볼 수 있듯이 북학파의 중심인물이었던 박지원(朴趾源, 1737~1805)도《대동야승》(大東野乘)을 인용하면서 허균을 최초의 천주교인으로 인식하였다.

《야승》에 의하면 구라파(仇羅婆, 유럽)라는 나라에 기리단(伎利但)이라 부르는 도(道)가 있는데 그 나라 말로 하느님을 섬긴다는 뜻이다. 게십이장이 있는데 허균이 사신으로 중국에 가서 그 게를 얻어 가지고 왔다. 그러므로 사학(邪學)이 우리나라에 들어온 것은 아마도 허균으로부터 시작되었으리라. 현재 사학을 배우는 무리들은 허균의 남은 무리들이다. 그 언론과 습관이 한 꿰미에 꿴 듯이 전해 내려왔으니, 그들이 간사한 학설을 유달리 좋아하고 지나치게 빠져서 정신을 차리지 못하는 것은 당연한 일이다(《연암집》2, 煙湘閣選本 答巡使書).

근대 이후 허균의 천주교 신앙 문제를 가장 먼저 제기한 사람은 한말·식민지시대의 계몽사가로 알려진 이능화(李能和, 1869~1945)였다. 그는 이규경(李圭景, 1788~?)의 글을 근거로 허균이 "천주교 서적을 얻어 보고 유학의 가르침과 비교하여 논한 바 있으니, 조선인으로 서교사상(西敎思想)을 믿게 된 효시"였다고 주장하였다. 이규경은《오주연문장전산고》(五洲衍文長箋散稿)에서 이식(李植, 1584~1647)의《택당집》(澤堂集)을 근거로, 허균이 조선인으로서는 처음으로 천주교 서적을 읽고 천주교의 가르침을 따랐다고 기록하였다. 그렇지만 이능화는 자신이 직접《택당집》을 조사해 보니 허균이 선·불교 서적들을 섭렵하였다는 기록만 있을 뿐 천주교 서적을 보았다는 내용은 없었다면서 의문을 제기하였다. 그럼에도 불구하고 이능화는 허균을 조선인으로서 천주교를 믿게 된 '사상적 효시'를 이룬 인물이라고 규정하였다.

유홍렬(柳洪烈, 1911~1995)은 "허균이 명으로부터《게십이장》을 들여온 것이 기록으로 확실하니, 허균은 조선 최초의 천주교 신앙인임이 확실하다"고 단언하였다. 이에 일부 연구자들은 제2대 조선교구장인 앵베르(L.-J.-M. Imbert, 范世亨, 1797~1839) 주교가 신자들을 위해 천주교의 주요 기도문 열두 가지를 뽑아서 엮은《십이단》(十二端)이《게십이장》이라고 단정하기도 했다. 그러나 허균 자신이 남긴 기록에는《게십이장》을 중국에서 구입하였다는 언급이 없다. 사실 '게'(偈)는 부처의 공덕을 찬미하는 불교의 시사(詩詞)를 가리키는 용어이며, 허균은 젊은 시절에 불교를 지나치게 가까이하여 물의를 일으키기도 하였다. 때문에 이를 근거로《게십이장》이 불교와 관련된 내용을 담은 것이 아닐까 하는 의견이 제시되기도 하였다. 따라서《게십이장》과《십이단》이 같은 것이라는 주장은 현재로서는 근거가 미약하다고 볼 수밖에 없다.

물론 허균이 중국을 왕래하면서 한역서학서를 구해 보았을 가능성은 충분히 있지만, 그렇다고 해서 허균이 최초의 천주교 신자였다거나 그의 천주교 신앙을 따르는 무리가 많았다는 주장은 사실로 받아들이기 어렵다. 단지 허균이 스스로 천주교 관련 서적을 읽은 다음 개인적인 차원에서 천주교를 자신의 신앙으로 받아들였을 수도 있다는 추정을 해 볼 수는 있다. 설혹 그렇다고 하더라도 그것은 허균 혼자만의 믿음이었을 뿐, 정식으로 세례를 받거나 대세를 받은 신자로서 신앙생활을 한 것은 아니었다. 게다가 허균이 역모죄로 처형되면서 그의 신앙이 계속 이어지지 못하였기 때문에 허균에게서 한국 천주교회의 역사가 비롯되었다는 주장을 현재로서는 받아들이기 어렵다.

2. 홍유한과 천주교

홍유한(洪儒漢, 1726~1785)은 신유박해 때 순교한 홍낙민(洪樂敏, 루카, 1751~1801)의 재당숙(아버지의 육촌 형제)이다. 그는 서울 아현동에서 홍창보(洪昌輔)의 아들로 태어났으나, 네 살 때 어머니를 여의었다. 이후 여덟 또는 아홉 살 무렵부터 본격적으로 공부하여 한때 과거에 뜻을 둔 적도 있었지만, 열여섯 살 때 아버지의 권유로 과거 응시를 포기하고 성호(星湖) 이익(李瀷, 1681~1763)의 문하에서 채제공(蔡濟恭)·안정복(安鼎福)·권철신(權哲身)·정상기(鄭尙驥)·윤동규(尹東奎)·이병휴(李秉休)·이용휴(李用休)·이기양(李基讓) 등과 교류하면서 학문을 익혔다. 1757년에 서울의 집을 팔고 충청도 예산의 여촌(餘村)으로 이사하여 살다가 1775년에 다시 경상도 순흥(順興)의 동쪽 10리에 있는 등영리(登瀛里, 지금의 경북 영주시 단산면 구구리)로 이주하여 그곳에서 생을 마쳤다.

그런데 홍유한이 성호의 문하에서 공부할 당시 성호학파 내에서는 한역서학서를 가까이하는 것이 일종의 유행이었다. 이때부터 그도 한역서학서를 가까이하기 시작하였을 것으로 여겨진다. 이러한 사실은 1775년 그가 영남 지방으로 이주할 무렵 스승 이익에게 서양 천문학에 대해 질문하는 편지를 보낸 사실에서 엿볼 수 있다. 이때 홍유한은 이익에게서 방성도(方星圖) · 천문제도(天文諸圖) · 운한일주(雲漢一周) 등에 대한 답장을 받았는데, 이로 미루어 보아 그가 한역서학서들을 가까이하였음을 알 수 있다. 또한 그는 알

홍유한은 성호 이익의 문하에서 공부하며 한역서학서를 가까이 하였다. 그가 알레니 신부의 《직방외기》를 읽고 지은 《직방외기서》와 《직방외기자서》는 지금도 전해진다. 달레는 자신의 저서에서 홍유한의 신앙생활을 언급하며 그를 '화세'를 받은 신자로 간주하였다(우곡 성지에 있는 홍유한의 동상).

제3장 조선과 천주교의 만남 129

레니(G. Aleni, 艾儒略, 1582~1649) 신부가 저술한 세계 인문지리서《직방외기》(職方外紀)를 읽고《직방외기서》(職方外紀序)와《직방외기자서》(職方外紀自序)를 지었는데, 이는 지금까지 전해지고 있다. 따라서 홍유한이 당시 서양과 서학에 어느 정도 인식과 관심을 가지고 있었던 것으로 볼 수 있다.

이익의 손자이자 이병휴의 조카였던 이구환(李九煥, 1731~1784)이 1781년에 작성한 편지에서 "홍유한이 서태서(西泰書) 두 종류를 번역하고 있다"고 한 데에서 알 수 있듯이 홍유한은 영남 지방에 정착한 뒤에도 한역서학서에 대해 지속적인 관심을 갖고 있었던 것으로 보인다. '서태'(西泰)란 마테오 리치 신부의 호(號)였다. 그렇다면 이구환이 언급했던 두 종류의 '서태서'는 아마도 마테오 리치 신부의 저술일 가능성이 있다. 아니면 이구환이 '태서'(泰西書)를 '서태서'(西泰書)로 잘못 표기했을 가능성도 배제할 수 없을 것이다. 이럴 경우에는 '서태서'를 일반적인 의미의 한역서학서로 보아야 하지 않을까 한다. 어쨌든 여기에서 주목되는 점은 홍유한이 표면적으로는 퇴계 이황의 학문을 사모한 스승 이익의 영향을 받아 영남 지방으로 이주했다고는 하였지만, 이주한 뒤 오히려 서학에 더욱 심취해 있었다는 사실이다. 그런데 이구환의 편지 내용과는 달리 홍유한이 남긴 글과 그와 관련되는 글들을 모아 엮은《농은공집》(隴隱公集), 그리고 자신과 교환한 편지들을 묶은《서간철》(書簡綴)에는 천주교에 대한 언급이 전혀 없다.

클로드 샤를르 달레(C.Ch. Dallet, 1829~1878) 신부는 여기에서 한 걸음 더 나아가 홍유한을 화세(火洗)를 받은 천주교 신자로 간주하였다. 그의《한국천주교회사》(Histoire de L'Église de Corée, 1874)에 기록된 홍유한의 신앙생활에 관한 내용을 인용하면, 아래와 같다.

홍유한 또는 사량(士良 ; 홍유한의 자호)이라고 하는 그 사람은 그 가족이 자주 중요한 직책을 맡아본 일이 있는 훌륭한 가문에서 1736년에 태어났다. …그는 1770년에 천주교 서적을 발견하여 다른 공부는 모두 버리고 그것만 기꺼이 읽었으며, 종교생활의 실천에 전념하였다. 축일표도 없고 기도책도 없이 7일마다 축일(주일)이 온다는 것만 알고 그는 매달 7·14·21·28일에 경건하게 일을 쉬고, 이런 날에는 속세의 모든 일을 물리치고 기도에 전념하기 시작했다. 금육일(禁肉日)을 몰랐으므로 그는 언제나 가장 좋은 음식은 먹지 않는 것을 규칙으로 삼았으며, 그것을 지적하는 사람들에게는 본성(本性)의 탐욕은 원래 나쁜 것이니, 할 수 있는 대로 억제해야 한다는 이유를 댔다.

그에 대해서는 여러 가지 감화적인 이야기가 있다. 하루는 그가 말을 타고 질퍽한 길을 가다가 무거운 짐을 진 한 노인을 보았다. 동정심이 일어 말에서 내려 자기 대신 그를 말에 태우고 자기는 걸으면서 그를 인도하였다. 또 한번은 자기가 판 밭이 방금 산사태로 인하여 없어졌다는 말을 듣고, 그 값을 산 사람에게 보내어 그 사람이 사양함에도 불구하고 억지로 받게 하였다.

홍유한은 아무 방해도 받지 않고 고적한 곳에서 묵상과 기도에 전념하기 위하여 백산(白山, 경상북도 영주에 위치한 소백산)에 들어가 13년 동안을 지냈다고 한

화세
하느님에 대한 믿음과 사랑을 가진 사람이 자기의 죄를 뉘우치고 영세를 받기 원할 때 그 사람에게 영세를 받은 사람과 같은 은총을 내려주는 성령의 세례. 수세(水洗)인 정식 세례를 대신할 수 있는 행위로 혈세(血洗)와 화세가 있는데, 혈세는 순교로 능히 세례를 대신하는 것인 반면 화세는 비록 세례를 받지 못했더라도 완전한 속죄 행위가 있었을 때 세례받은 것으로 간주하는 것이다.

축일표
천주교회에서 기념해야 하는 대축일이나 축일을 날짜 순서대로 기록한 표로 일종의 교회 달력이다.

금육일
천주교에서 신자들이 도덕적·영적 향상을 위해 고기를 먹지 않는 날로, 초기교회에서는 소재일(小齋日)이라고 했다.

다. 그는 예산(禮山)에서 죽었는데, 아마 화세밖에는 받지 못하였을 것 같다. 그가 어떤 사람을 개종시키려 하였는지는 알 수 없고, 그가 죽을 때 제자도 남기지 않았다(샤를르 달레 ; 안응렬·최석우 역주, 《한국천주교회사》 상, 296~297쪽).

달레 신부의 주장에 따르면, 홍유한은 천주교 서적을 가까이하면서 신앙을 열심히 실천하였고, 주일을 반드시 지켰으며, 소재(小齋)의 의무를 준수하였다. 뿐만 아니라 금욕생활의 중요성을 가르쳤고, 깊은 산속(경북 영주시 단산면 구구리)에 들어가 13년 동안 묵상과 기도에 전념하다가 생을 마쳤다. 그래서 달레는 홍유한이 수세는 받지 못했지만, 화세를 받은 천주교 신자로 보아야 한다고 주장하였다. 다만 홍유한이 어떤 사람에게 선교를 하고 어떻게 복음을 전하려 하였는지는 알 수 없고, 세상을 떠날 때 제자도 남기지 않았다고 하였다. 그렇지만 달레는 여기에 대해 구체적인 근거를 제시하지는 않았다.

그런데 권철신(權哲身, 암브로시오, 1736~1801)은 1785년에 작성한 추도문에서 홍유한이 절식(絶食)·절색(絶色)·율기(律己)·함인(含忍)·집겸(執謙)·시인(施人)의 여섯 가지 행위에서 남들보다 뛰어났다고 하였는데, 이는 판토하(D. de Pantoja, 龐迪我, 1571~1618) 신부가 저술한 《칠극》(七克)에 제시되어 있는 일곱 가지 덕(七德)의 내용과 비슷하다. 이런 점으로 미루어 보아 홍유한이 극기(克己)의 공부와 실천에 힘쓴 것은 사실일 것이다. 그렇지만 그의 생활이 《칠극》에 따른 천주교의 신앙 및 영성 생활 실천을 위한 것인지, 아니면 유교의 극기·수덕(修德) 생활을 준수하였던 것인지는 홍유한 자신과 주변 인물들이 남긴 기록만으로는 판단하기 어렵다.

달레의 주장을 그대로 믿는다고 해도 홍유한을 한국 천주교회의 기원을 이룬 인물로 보기는 어렵다. 우선 그는 정식으로 신자가 되기 위한 절차를 밟은 인물이 아니라 신학 해석상 화세를 받은 신자였을 뿐이다. 그리고 그가 명실상부하게 천주교의 신앙생활을 했다 하더라도 자신의 당대에만 한정된 개인적 차원의 신앙생활이었을 뿐, 대를 이어 계승되는 공동체적 신앙생활을 한 것은 아니었다. 그러므로 달레의 기록을 그대로 인정하더라도 홍유한의 천주교 신앙은 한국 천주교회의 탄생을 보여 주는 것이 아니라, 탄생 이전의 '선행사적 의의'가 있는 것으로 보아야 할 것이다.

한편, 정조 15년(1791) 진산사건이 발생한 뒤 사건 처리를 논의하는 과정에서 정조는 "옛날 인조 계미년(인조 21, 1643)과 숙종 병인년(숙종 12, 1686)에도 서양학(西洋學) 사건이 있었는데 그때의 문헌을 살펴 헤아릴 수 있을 것"이라고 하였다(《정조실록》 33, 정조 15년 10월 정묘). 또한 한말·식민지시대의 역사가였던 정교(鄭喬, 1856~1925)도 "숙종 12년 병인년(1686)에 천주학[耶蘇舊敎]이 매우 성행하자 조정[廟堂]에서 (외국인으로) 우리나라에 와서 살고 있는 자들을 잡아서 (돌려) 보내자고 청했다"는 기록을 남겼다(鄭喬, 《大韓季年史》 1, 高宗皇帝 3년 丙寅, 邪學人 南鍾三 등을 목베다). 그렇지만 이 두 기록만을 가지고 인조·숙종 때 천주교 사건이 실제로 발생했는지를 판단하기는 어렵다.

참고문헌

1. 단행본

Claude Charles Dallet, *Histoire de L'Église de Corée*, 1874 ; 안응렬 · 최석우, 《한국천주교회사》 상 · 중 · 하, 한국교회사연구소, 1979 · 1980.
이능화, 《조선기독교급외교사》, 조선기독교 창문사, 1929.
주재용, 《한국 카톨릭사의 옹위》, 한국천주교중앙협의회, 1970.
유홍렬, 《증보 조선천주교회사》 상, 가톨릭출판사, 1981.
최석우, 《한국 교회사의 탐구》 I, 한국교회사연구소, 1982.
이원순, 《조선 서학사 연구》, 일지사, 1986.
─────, 《한국 천주교회사 연구》, 한국교회사연구소, 1986.
박 철, 《예수회 신부 세스페데스》, 서강대 출판부, 1987.
마백락, 《경상도 교회와 순교자들》, 대건출판사, 1989.
Juan G. Luiz de Medina, *Orígenes de la Iglesia Catolica Coreana desde 1566 hasta 1784*, Institutum Historicum Societatis Iesu, 1986 ; 박철 역, 《한국 천주교회 전래의 기원》, 서강대 출판부, 1989.
강재언, 《조선의 서학사》, 민음사, 1990.
최석우, 《한국 교회사의 탐구》 II, 한국교회사연구소, 1991.
차기진, 《조선후기의 서학과 척사론 연구》, 한국교회사연구소, 2002.
윤민구, 《한국 천주교회의 기원》, 국학자료원, 2002.
한국가톨릭대사전편찬위원회 편, 《한국가톨릭대사전》, 한국교회사연구소, 2006.

2. 논문

山口正之, 〈조선기독교사연구―일본 야소회선교사 세스페데스의 도

전一〉 1~4, 《청구학총》 2 · 3 · 4 · 5, 청구학회, 1930 · 1931.
─────, 〈昭顯世子와 湯若望〉, 《청구학총》 5, 1931.
홍이섭, 〈천주교에 개종한 사람들 : 임진란 때 일본에 잡혀간 그들〉, 《신천지》 7-3, 1952.
유홍렬, 〈홍길동을 지은 허균과 그의 신앙생활〉, 《가톨릭 청년》 74, 1955.
이병영, 〈천주학에 공조한 혁명아(革命兒) 허균〉, 《가톨릭 청년》 188, 1964.
김구정, 〈한국최초신자 홍유한에 관한 사료발견〉, 《가톨릭 청년》 196, 1965.
최소자, 〈청조에서의 소현세자〉, 《전해종 박사 화갑기념 사학논총》, 일조각, 1972.
최석우, 〈조선후기 사회와 천주교〉, 《논문집》 5-1, 숭전대, 1974.
김용덕, 〈소현세자 연구〉, 《조선후기사상사연구》, 을유문화사, 1977.
이이화, 〈허균의 사상과 천주교〉, 《교회와 역사》 63, 한국교회사연구소, 1980.
하성래, 〈농은 홍유한의 생애와 사상〉, 《울뜨레야》 33, 1981.
배현숙, 〈17, 18세기에 전래된 천주교서적〉, 《교회사연구》 3, 한국교회사연구소, 1981.
최석우, 〈조선후기의 서학사상〉, 《국사관논총》 22, 1991.
박 철, 〈16세기 한국 천주교회사 사료연구〉, 《외대사학》 7, 한국외대 역사문화연구소, 1997.
이원순, 〈한국 천주교회 기원에 대한 검토〉, 《민족사와 교회사―최석우 신부 수품 50주년 기념논총》 제1집, 한국교회사연구소, 2000.
최소자, 〈조선후기 대청관계와 도입된 서학의 성격〉, 《이대사원》 33, 2001.
이상호, 〈초기 서학의 전래와 유교적 대응〉, 《동양사학연구》 27, 2001.
이원순, 〈가톨릭 신앙의 동참과 동아시아 전통사회〉, 《교회사연구》 18, 한국교회사연구소, 2002.

제2부 조선후기 서학의 수용과 천주교회의 설립

제1장 한역서학서의 도입과 유학자들의 반응

'한역서학서'(漢譯西學書)란 명 말엽부터 중국에서 선교 활동을 시작한 예수회 선교사들이 천주교의 교리를 전파하고 서양과 서양 문명을 알리기 위해 한문으로 엮어 펴낸 서적들을 가리킨다. 선교사들은 중국에서 활동하면서 중국이 유럽 못지않게 오랜 역사와 수준 높은 문화를 지니고 있음을 알게 되었다. 이에 그들은 일방적인 선교 활동만으로는 목적을 달성할 수 없다고 판단하여 현지 적응주의 선교 원칙에 따라 문화주의적인 방법과 보유론적(補儒論的) 연구 활동을 전개하였다. 이를 위하여 중국의 전통적인 가치 체계와는 다른 그리스도교의 가치 체계를 담은 유럽 문화를 중국에 알려 그들의 의식을 변화시키고자 하였다.

이러한 현지 적응주의 선교 방식은 당시 극동 지역과 동남아시아 지역 예수회의 선교 지도를 책임지고 있던 순찰사 발리냐노 신부의 방침에 따른 것이었다. 마테오 리치 신부를 비롯한 많은 예수회 선교사들은 이 방침에 따라 선교 활동을 전개하는 한편, 많은 한역서학서들을 저술하여 보급하였다. 이러한 한역서학서들을 접한 중국의 지식인들 가운데 일부는 유교의 우주론·세계관·문화의식과는 전혀 다른 천주교 신앙을 받아들이기 시작하였다. 더 나아가 유럽 과학 기술의 뛰어남을 알게 된 황실은 실용적 차원에서 유럽 문화를 받아들이기 시작하였다. 그 결과 유럽의 실용적인 문물과 천주교의 우주론을 담은 한역서학서는 유교적인 전통을 고수하고 있던 당시 중국 사회에 문화적 자극제가 되었다. 특히 중국 중심의 세계관을 바꾸는 계기를 마련하였고, 유교·불교·도교의 전통적인 가치 체계에 젖어 있던 중국 사회를 변화시키는 단초를 제공하였다.

제1절 한역서학서의 종류와 내용

한역서학서가 조선에 처음 소개된 것은 17세기 초반이었다. 선조 36년(1603) 인목대비(仁穆大妃, 1584~1632)의 책봉을 허락하는 고명(誥命)을 받으려고 주청사(奏請使)로 명에 갔던 이광정이나, 인조 9년(1631) 진주사(陳奏使)로 명에 파견되었던 정두원, 그리고 인조 22년(1644) 북경에서의 볼모 생활을 끝내고 귀국한 소현세자 등이 각종 서양 문물과 한역 세계지도, 한역서학서를 가지고 와서 소개함으로써 알려지기 시작하였다.

이후 중국을 왕래하는 사행원(使行員)들은 북경에 체류하는 동안 문화적 호기심과 관광을 목적으로 천주당과 흠천감을 방문하여 서양 선교사들과 교류하기 시작하였다. 그 과정에서 그들로부터 서양 문물과 한역서학서들을 입수하거나 친분이 있던 중국인 학자들로부터 한역서학서를 구하기도 하였다. 이렇게 해서 한역서학서들은 정조(正祖, 1776~1800)가 중국으로부터의 이른바 '사서'(邪書) 도입을 금지시키기 전까지 약 2세기에 걸쳐 꾸준히 조선으로 유입되었다.

이광정이 지도를 가지고 온 뒤부터 이승훈이 북경에 가서 세례를 받은 정조 8년(1784)까지 중국을 왕래하는 사신들이 가지고 온 한역서학서를 통해 조선에 천주교가 받아들여졌던 것이다. 그리고 마침내 한역서학서는 뿌리 깊은 유교 전통을 지닌 조선에 서양의 문물과 학문을 전했을 뿐만 아니라 급기야는 사회적인 변혁을 초래하는 자극제 역할을 하였다.

1. 천문·역산서와 과학기술서

1) 《천문략》(天問略)

예수회의 중국 선교사인 디아즈 신부가 저술한 천문서인 이 책은 1615년 북경에서 단권으로 간행되었다. 이 책은 이해를 돕기 위해 해당 설명이 실린 면의 상단에 한 면의 2/3 정도 크기로 천문도설(天文圖說)이 그려져 있는데, 모두 23장이다. 그리고 중국을 15곳으로 나누어 해돋이와 해넘이, 낮과 밤의 길이, 빛과 그림자의 상관관계를 각각 절기에 따라 시각과 분으로 상세히 나누어 일목요연하게 표로 작성하였다.

본문은 문답 체제로 되어 있으며, 항목을 특별히 나누지 않고 크게 여섯 범주로 구분하였다. 본문의 내용 가운데에는 하늘이 여러 층으로 겹쳐 있다는 것과 칠정(七政)의 근본 자리에 대한 설명이 있고, 이어 태양이 하늘(天)의 움직임에 따라 운행된다는 것과 태양이 적도에서 떨어져 있는 도수를 밝히고 있다. 더불어 일식(日蝕)을 소개하고 밤낮의 시각은 태양이 북

> **칠정**
> 태양·달·수성·금성·화성·목성·토성을 가리키며, 칠요(七曜) 또는 칠성(七星)이라고도 한다. 망원경으로 천체를 관측하기 이전에는 하늘에서 어느 정도 규칙적으로 움직인다고 여긴 행성은 이들 일곱밖에 없었다. 동서를 막론하고 근대 이전에는 이 일곱 행성이 지구에 중요한 영향을 미친다고 생각했기 때문에 점성술의 중요한 근거가 되기도 했다.

〈표 1〉 천문 · 역산서와 과학기술서

서명	저자	간행 연도	소개자	소개 시기
천문략	디아즈	1615	이영후	1631경
혼개통헌도설	마테오 리치(한역)	1607		17세기 중반
적도남북총성도 (천문도남북극)	샬 폰 벨			
치력연기	롱고바르디 · 서광계	1631	정두원	
기하원본	마테오 리치(한역)			
동문산지				
태서수법	우르시스(편찬)			
기기도설				
원경설				
천리경설	샬 폰 벨			
홍이포제본	손원화(?)			
서학범				

조선에 한역서학서가 처음 소개된 것은 17세기 초반이었다. 선조 36년 주청사로 명에 갔던 이광정이나, 인조 9년 진주사로 명에 파견되었던 정두원, 그리고 인조 22년 북경에서의 볼모 생활을 끝내고 귀국한 소현세자 등이 각종 서양 문물과 한역 세계지도, 한역서학서를 가지고 와서 소개함으로써 알려지기 시작했다.

중국을 왕래하는 사행원들이 서양 선교사들과 교류하기 시작하면서 조선에 유입된 한역서학서는 뿌리 깊은 유교 전통을 지닌 조선에 서양의 문물과 학문을 전했을 뿐만 아니라 급기야는 사회적인 변혁을 초래하는 자극제 역할을 하였다.

극에서 땅으로 솟는 데에 따라 각각 길고 짧음이 있다고 하였다. 또한 달은 하늘의 움직임에 따라 운행된다고 한 다음, 월식(月蝕)을 설명하였다.

《천문략》은 르네상스 시기 덴마크의 천문학자인 브라헤(Tycho Brahe, 1546~1601)가 주장한, 천동설과 지동설의 중간적인 우주 체계에 입각한 천문 해설서라고 할 수 있다. 오랫동안 그리스도교 천체관으로 지지받았던 프톨레마이오스의 12중천설(十二重天說)을 중심으로 하면서 브라헤의 관측 성과를 받아들여 재편된 서양의 천문학 소개서인 것이다. 12중천설이란 하늘이 12개의 얇은 껍질로 구성되어 있으며, 달은 최하위인 제1 중천에, 태양은 제4 중천에 위치하여 본천(本天)의 움직임에 따라 운행한다는 주장이다. 한편 브라헤의 우주 체계는 지구를 중심으로 태양은 1년에 한 번 지구 주위를 돌고, 혹성은 각기 일정한 주기로 태양 주위를 회전한다는 이론이다.

이 외에도 《천문략》에는 갈릴레오(G. Galileo, 1564~1642)가 1609년 망원경을 이용하여 토성을 관측한 측정 결과도 수록되어 있는 등 당시로서는 최신의 천문 지식을 소개하였다. 그러나 디아즈는 서문에서 이 책이 천문학의 입문서인 동시에 하느님 나라로의 길잡이가 되기를 바란다는 종교적인 저술 의도를 숨기지 않았다. 즉, 제12 중천은 '움직이지 않는 하늘'(不動天)로 하느님과 여러 성인이 머무르고 있는 하느님의 나라라고 소개하였던 것이다.

《천문략》은 조선에 일찍 알려졌다. 1631년 북경에 사신으로 갔던 정두원은 예수회 선교사인 로드리게스 신부를 만나 서양의 자연과학에 대한 지식을 전해 듣고는, 서양의 천문 역법을 배우도록 역관인 이영후(李榮後)를 중국에 머물게 하였다. 이영후는 이때 《천문략》·《치력연기》 등을 정두원으로부터 받아 끝까지 다 읽고는 로드리게스 신부에게 서신을 보내 천체 구성과 역법에 관하여 질의하였다. 이 사실은 조선 지식인이 의도적으로 서양과학에 관심을 보인 최초의 예로 특기할 만하다.

이후《천문략》은 조선에 소개되어 학자들에게 커다란 반향을 불러일으켰는데, 특히 12중천설은 조선시대 지식인들이 최초로 접한 서양의 우주론으로서 지대한 영향을 미쳤다. 이익(李瀷, 1681~1763)은《천문략》을 열심히 읽은 후〈발천문략〉(跋天問略)을 집필하였는데, 서양 천문학에 입각한 그의 우주론은 주로 이 책을 통해 형성되었다고 할 수 있다. 이러한 천문서와 함께 소개된 천구의(天球儀)는 조선후기의 지식인들에게 대지는 커다란 공같이 둥근 모양[球形]이고, 지구는 5대주·3대양으로 이루어져 있다는 사실을 실제로 보여 준 과학 기기였다.

2)《혼개통헌도설》(渾蓋通憲圖說)

이 책은 명의 이지조가 1607년에 편찬한 것이다. 이지조는 1605년 마테오 리치 신부와 함께《건곤체의》(乾坤體義)를 번역하였고, 2년 후인 1607년에 이 책을 편찬하였다.《혼개통헌도설》의 원본은 리치 신부의 스승이자 독일 출신의 예수회원인 클라비우스(Christoph Clavius, 1538~1612)가 저술한《아스트롤라비움》(Astrolabium)으로, 서양 고대의 천체 운동을 관측하는 기구인 평면 구형 아스트롤라베(Astrolabe, 星盤)의 원리를 소개한 것이다. 이지조는 중국의 전통적인 우주론인 개천설(蓋天說)과 혼천설(渾天說)을 하나로 통합하여 나타낸 천체 운동 관측기구를 '아스트롤라베'로 여기고, '혼개통헌'(渾蓋通憲)이라고 이름붙였다.

혼개통헌은 중국의 전통적인 구체 혼천의를 대신하여 이를 평면에 투영시킨 서구식 천문 관측기구로서, 서양의 평면 구형 아스트롤라베의 중국판이라 할 수 있었다. 이는 남극에서 바라본 동지선 이북의 천구를 적도면에 평면 투영한 것인데, 특정 위도에서만 활용 가능한데다 취득 정보가 많은 만큼 활용법이 복잡하였다. 《혼개통헌도설》은 이와 같은 혼개통헌의 제작법과 사용법을 소개한 책자였다. 그러므로 이 책은 중국에서 전통적인 우주론의 양대 산맥으로 많은 논쟁을 벌여온 혼천설과 개천설을 통합한 저술이라 할 만하다. 책의 서문에서 이지조는 개천설과 혼천설의 통합은 당시 전래된 서양의 지구설(地球說)을 통해서 가능하며, 그것을 평면 위에 구현한 천문 관측기구가 바로 혼개통헌이라고 주장했던 것이다.

《혼개통헌도설》은 17세기 중반 이후 다른 서학서들과 함께 조선에 유입되면서 알려지기 시작하였다. 김만중(金萬重, 1637~1692)은 《서포만필》(西浦漫筆)에서 "명의 만력 연간(1573~1620)에 서양의 지구설이 나타나서 혼천·개천설이 비로소 하나로 통일되었으니, 역시 한 쾌사(快事)"라고 하였는데, 이는 《혼개통헌도설》을 두고 언급한 것이었다. 그만큼 이 책이 지구설에 입각하여 혼천설과 개천설의 어려운 뜻을 잘 통하도록 해석하고 설명했던 것이다. 김만중

개천설
중국 주(周)나라 때의 우주관으로, 하늘은 둥글고 땅은 네모다 하여 천원지방(天圓地方)이라고 표현하였다. 제1 단계는 천지가 모두 평행인 평면인데, 땅은 정사각형이고 하늘은 원형이라 하였다. 제2 단계는 천지는 모두 곡면이며 북극지방이 약간 불룩하게 솟은 삿갓 모양으로, 지상 8만 리(30,000km)를 덮고 있다는 것이다. 그러나 춘분과 추분에 밤과 낮의 길이가 같아지는 것을 설명할 수 없는 등 많은 결점이 있어서 혼천설이 등장한 이후 이론적으로 밀리게 되었다.

혼천설
달걀의 껍질이 흰자를 둘러싸고 있듯이 우주도 하늘이 땅을 둘러싼 모습으로 되어 있다는 주장으로, 이전의 개천설에 비해 훨씬 진보된 우주론이다. 하늘은 그 모습이 둥글고 끝없이 일주운동(日周運動)을 한다 하여 혼천(渾天)이라 하였다.
이 주장의 기원은 확실하지 않으나, 후한(後漢) 장형(張衡)의 저서 《혼천의주》(渾天儀註)에서 비롯된 것으로 보인다. 이후 중국에서는 대부분 혼천설을 지지하였다. 우리나라의 경우에도 삼국시대에 이 설이 도입된 이후 조선 초기까지 정통적 우주론으로 자리 잡았다.

은《혼개통헌도설》을 비롯한 서양의 천문 역법서를 통해 서양 천문학 지식을 이해하고 수용하였다.

서호수(徐浩修, 1736~1799)의《사고》(私稿)에 수록된 그의 소장도서 목록 가운데에는《혼개통헌도설》의 해설서로 추정되는《혼개통헌도설집전》(渾蓋通憲圖說集箋) 4책이 포함되어 있다. 서호수는 정조 14년(1790) 사신으로 북경에 갔을 때 청의 옹방강(翁方綱, 1733~1818)에게 이 책의 서문을 부탁하였다. 서호수는 관상감 제조를 역임하였고, 천문역산학과 수학에 해박한 지식을 지니고 있었다. 그랬기에《혼개통헌도설》을 정확히 이해하고 이러한 저술을 남길 수 있었을 것이다.

정조 때에는《혼개통헌도설》의 원리에 입각하여 해시계를 만들기도 하였다. 현재 보물 841호로 지정된 혼개일구(渾蓋日晷)가 그것이다. 혼개일구는 혼개통헌과 같이 천구상의 천정점(天頂點)인 한양의 북극 고도에서 바라본 황도를 지평면에 평면 투영하여 절기선과 시각선을 그린 것이다. 이 해시계의 명문에 "한양의 북극 출지 고도는 37도 39분 15초이고, 시헌력에서 황도와 적도의 거리는 23도 29분이다. 건륭 50년 을사년(1785, 정조 9) 중

《혼개통헌도설》의 원본은 리치 신부의 스승이자 독일 출신의 예수회원인 클라비우스가 저술한《아스트롤라비움》(Astrolabium)으로, 서양 고대의 천체 운동을 관측하는 기구인 평면 구형 아스트롤라베(Astrolabe)의 원리를 소개한 것이다.

추에 만들었다"(漢陽北極出地三十七度三十九分十五秒, 時憲黃赤大距二十三度 二十九分, 乾隆五十年乙巳仲秋立)라고 한양의 북극 고도와 제작 일시가 기록되어 있어, 관상감에서 정식으로 만든 궁궐용이었던 것으로 추측된다.

3)《치력연기》(治曆緣起)

서광계와 롱고바르디 신부가 명 말기에 편찬한 서양 역법에 의거해 중국에서 역법(曆法)을 고친 연혁을 기록한《치력연기》는《숭정역서》(崇禎曆書)의 일부로 편입되었다. 《치력연기》는 1645년 북경에서 간행된 직후 조선에 전해져 지식인들에게 서양과학의 우수성을 인식시켰다. 중국의 역법은 명 말기에 이르러 일식과 월식을 예측하는 데 자주 오류를 범하였다. 이에 서광계가 서양 선교사를 천거하면서 서양 역법을 번역하자고 건의했지만, 실행되지 못하였다. 그 후 1629년 5월 1일의 일식 때 흠천감에서는 기존의 대통력(大統曆)과 회회력(回回曆)에 의거하여 그 시간을 추산하였지만 오류를 범하였고, 반면 서광계는 서양 역법에 의거해 일식 시간을 정확히 예측하였다. 이에 황제는 서광계에게 역법 개정의 책임을 맡겼고, 서광계는 역국(曆局)을 만들어 롱고바르디, 테렌츠 등의 선교사와 함께 역법 개정사업에 착수하였다.

> **대통력**
> 명 때의 역법. 원(元)나라 때 곽수경(郭守敬)이 만든 수시력(授時曆)을 1384년(홍무 17) 누각박사(漏刻博士) 원통(元統)이 약간 수정하여 만들었다.
> 1년을 365.2425일로 하는 역법은 수시력과 같으며, 100년마다 1만분의 1씩을 줄이는 소장법(消長法)을 수시력에서 뺀 것이 차이점이다.
>
> **회회력**
> 중국 원나라 때 전래된 아라비아의 천문서(天文書)로, 그 내용은《명사》(明史)에 실려 있으며, 더 자세한 것은 명 말기 패림(貝琳)이 개정하고 증보한《칠정추보》(七政推步)에 실려 있다.

이 사업은 서양 천문 역법서의 번역과 새로운 천문 관측기구의 제작 등으로 구체화되었다. 서광계는 1631년부터 1632년까지 번역한 서양 천문 역법서를 세 차례에 걸쳐 황제에게 올렸고, 1633년 서광계가 사망한 이후 그의 천거로 역법 개정사업의 책임자가 된 이천경(李天經, 1579~1660)은 1634년 두 차례에 걸쳐 천문 역법서를 황제에게 올렸다. 《치력연기》는 숭정 2년(1629) 역법 개정사업이 착수된 시점부터 명이 멸망하기 직전인 숭정 17년(1644) 1월까지 역법을 고쳐 바로잡은 일과 관련된 사항들을 정리하였으며, 서술 방식은 당시 황제에게 바친 문서를 날짜순으로 편집한 형식으로 되어 있다.

이 책이 조선에 처음 전래된 때는 인조 9년(1631)으로, 당시 중국에 사신으로 다녀온 정두원이 가져온 물품 가운데 서양인 선교사 로드리게스 신부가 선물한 《치력연기》 1권이 포함되어 있었다. 한편 이익은 《성호사설》(星湖僿說)에서 로드리게스 신부와 정두원의 교류를 소개하면서 당시 조선에 전래된 물품의 종류를 언급하였는데, 여기서에서도 《치력연기》를 확인할 수 있다(《星湖僿說》4, 萬物門, 陸若漢).

《치력연기》는 당시 명에서 진행된 역법 개정사업이 서양의 천문 역법을 근거로 이루어졌음을 서술하고 있기에, 이를 접한 당시 조선의 지식인들에게는 서양과학의 우수성을 인식시키는 계기가 되었을 것으로 짐작된다. 시헌력(時憲曆)으로 대표되는 서양 천문 역산학에 대한 일부 지식인들의 적극적인 지지는 이에 힘입은 바가 컸다. 이러한 서양과학의 우수성에 대한 인식은 서학서(西學書)에 대한 긍정적인 인식으로 이어졌으며, 그 결과 남인 계열의 일부 지식인들이 유교의 가치와는 전혀 다른 서양 종교인 천주교를 수용할 수 있는 토대가 마련되었던 것이다. 현재 규장각에는 편자 미상으로 되어 있는 9책의 《치력연기》와 8책의 중국본 《치력연기》가 소장되어 있다.

4) 《기하원본》(幾何原本)

마테오 리치 신부가 번역하고 서광계가 기술한 《기하원본》은 서양 산학서(算學書)로, 1607년 북경에서 6권으로 간행되었다. 원본은 기원전 300년경에 활동한 그리스의 수학자 유클리드(Euclid)가 지은 《기하학 원본》(Stoicheia)이고, 번역 대본은 리치 신부의 스승인 클라비우스가 15권으로 편찬한 라틴어본 《유클리드 기하학》(Euclidis elementorum libri)이었다. 리치 신부는 그 가운데에서 핵심 부분만을 추려 6권으로 번역하였다. 이 책은 1607년 초간된 이래 여러 차례 거듭 간행되면서 중국 기하학의 발전에 많은 영향을 미쳤고, 1629년 이지조가 편찬한 《천학초함》(天學初函)과 1781년에 완성된 《사고전서》(四庫全書)에도 수록되었다. 책의 내용은 삼각형·선·원의 내외형(內外形)·비례·선면(線面)의 비례 등으로 되어 있는데, 각 권마다 먼저 계설(界說, 定理)과 공론(公論, 公理)을 제시한 뒤 설제(設題, 해설)에서 그 내용을 풀이하는 순서로 되어 있다.

이익이 《기하원본》에 대해 논평하였던 사실로 미루어 보아 그 이전에 이 책이 이미 조선 사회에 소개되었음을 알 수 있다. 또한 이가환(李家煥, 1742~1801)·이벽(李檗, 세례자 요한, 1754~1786)·정약전(丁若銓, 1758~1816)도 일찍부터 이 책을 접했거나 그 내용에 대해 토론했던 것으로 나타나며, 홍대용(洪大容, 1731~1783)도 이 책을 보았을 것으로 추측된다. 한편 1784년에는 이승훈

《천학초함》
예수회가 중국에 진출한 이후 서양 선교사들이 저술한 서학서들이 흩어져 있어 서학에 대한 연구가 쉽지 않자 이지조가 이를 모아 체계적으로 정리하여 간행한 총서. 이편(理編)에는 천주교의 교리, 서양 학문의 개요, 세계의 인문지리 등을 소개한 책 10종을, 기편(器編)에는 과학 기술에 관한 책 10종을 담고 있다. '초함'이라고 한 것으로 보아 2함, 3함 등 후속편을 예정하고 있었던 것으로 보이나, 이지조의 사망으로 이 작업이 중지된 것으로 여겨진다.

이 북경의 선교사들로부터 이를 다시 얻어 와서 널리 전하였으며, 현재 3권 2책의 필사본이 규장각에 소장되어 있다.

5) 《태서수법》(泰西水法)

이탈리아 출신의 예수회 선교사인 우르시스 신부가 편찬한 이 책은 오송(吳淞)과 서광계가 필기하였고, 무림(武林)과 이지조가 고쳐 1612년에 모두 6권으로 완성하였다. 이 책은 서광계의 《농정전서》(農政全書, 1639)에 수록되었고, 청대(淸代)의 대표적인 종합 농서인 《수시통고》(授時通考, 1742)에도 채록되었다. 또한 우르시스 신부의 다른 저서인 《간평의설》(簡平儀說)·《표도설》(表度說)과 함께 《천학초함》에 수록되기도 하였다. 따라서 여러 경로를 통해 조선에 소개될 수 있었다.

《태서수법》은 그 제목으로도 알 수 있듯이 물을 모으고 저장하는 방법을 기록한 책이다. 강물을 끌어오는 데 사용하는 수차인 용미차(龍尾車), 우물과 개천의 물을 끌어오는 데 사용하는 옥형차(玉衡車)와 항승차(恒升車), 수고(水庫)를 이용하여 비와 눈을 저장해서 사용하는 방법, 높은 곳에 우물을 만들 때 샘물의 원천을 찾는 법, 우물을 뚫는 방법, 수질의 고하를 판단하는 방법, 그리고 물로 병을 치료하는 방법, 물의 성질〔水性〕에 대한 내용 등을 담고 있다.

용미차는 아르키메데스(Archimedes, 기원전 290/280?~212/211)가 발명한 것으로, 가늘고 긴 원통 속에 나사 모양으로 깊은 홈을 판 축(軸)의 한쪽 끝을 비스듬히 물속에 넣고 인력으로 원통을 회전시키면 아래쪽의 물이 나사 모양으로 된 홈의 빈 곳을 따라 올라오도록 만든 강물을 퍼 올리는 기구(Archimedes screw)이다. 옥형차는 실린더와 피스톤을 이용하여 우물과 개천의 물을 퍼 올리는 압축식 펌프(force pump)이다. 반면에 항승차는 옥형차처럼 우물 물을 퍼 올리는 피스톤식 펌프이지만, 원리는 옥형차와는 약간 달랐다. 즉 옥형차가 압축식 펌프였다면, 항승차는 흡입식 펌프(suction pump)였다. 한편 수고는 물을 저장하는 곳인데, 구(具)·제(齊)·착(鑿)·축(築)·도(塗)·개(蓋)·주(注)·읍(挹)·수(修) 등 아홉 가지 절차에 따라 만들어 사용하고 보수할 수 있도록 자세하게 서술하였다.

당시 중국인들은 서양 학문에서 측량(測量)·넓이 계산[步算]이 제일이고, 그 다음이 기묘한 기구[奇器]의 제작이라고 생각하였다. 따라서 당시 소개된 서양의 여러 기구들은 교묘한 기술을 자랑하여 눈과 귀를 즐겁게 하는 것이라며 평가절하하였던 것에 비해, 물의 저장과 관리에 대한 '수법'은 일반 생활에 절실한 것이라 간주하였다. 따라서《태서수법》은 당시 수리(水利)를 강구하는 사람들이 반드시 참고해야 할 서적으로 평가받았다.

일찍이 이익은 천하의 이로움 가운데 물을 잘 다스리고 이용하는 것보다 큰 것이 없다고 전제하면서, 물을 끌어오는 공은 모두 수차에 달려 있다고 하였다. 특히 서양에서 출현한 용미차는 그 이로움이 매우 넓고 큰데, 우리나라에서는 아직까지 이것을 알지 못한다고 한탄하였다(《星湖僿說》 2, 天地門 2, 水利). 또 정약용(丁若鏞, 요한, 1762~1836)은 물을 잘 이용하는 데 있어서 수차만한 것이 없으며 수차 제도로는《태서수법》보다 좋은 것이 없다는 안정복의 말을 인용하였다(《牧民心書》 7, 戶典六條, 勸農). 이는 이익의 학문적 전통이 계승되고 있음을 보여 주는 것이다.

이후 서명응(徐命膺, 1716~1787)의《본사》(本史), 서호수(徐浩修, 1736~1799)의《해동농서》(海東農書), 박지원(朴趾源, 1737~1805)의《과농소초》(課農小抄)

등에 《태서수법》의 여러 수차들이 소개되면서, 당시 지식인들 사이에서 이에 대한 논란이 벌어지기도 하였다. 서양식 수차의 효용성에 의문을 제기하는 이들이 등장하였던 것이다. 서양식 수차의 문제점에 대한 인식은 이후 이 기구의 개량에 대한 논의로 발전하였는데, 하백원(河百源, 1781~1845)이나 최한기(崔漢綺, 1803~1879)가 수차에 대해 논의한 것에서 그러한 사실을 찾아볼 수 있다.

6) 그 밖의 과학기술서와 과학기기

중국을 왕래하는 사신들을 통하여 서적들만 조선에 소개된 것은 아니었다. 그들은 서적 외에도 천리경·자명종·서양 화포 등을 비롯한 각종 서양 기기도 가지고 왔다. 리치 신부는 1601년 북경에 와서 명의 만력제(萬曆帝, 神宗, 1572~1620)에게 거주 허가를 받을 때 세계지도·천주상(天主像)·천주성모상(天主聖母像) 등과 함께 여러 가지 서양기기들을 선물하였다. 이 중에서 가장 주목을 끈 것은 밤낮을 가리지 않고 매 시각마다 자동으로 종을 울려 시간을 알려 주는 자명종이었다. 리치 신부는 자명종 수리 기술자로 북경에 머물 수 있었으며, 이를 계기로 성당을 지어 중국 선교의 거점을 마련하였다.

이러한 자명종은 1631년 진주사(陳奏使)로 북경에 갔던 정두원을 통하여 조선에 소개되었는데, 그는 자명종에 대하여 그저 "한 시간마다 스스로 울린다"고 간단히 언급하는 데 그쳤다. 그러나 인조 14년(1636) 북경에 갔던 김육(金堉)은 자명종이 기계적으로 돌고 스스로 시간을 알리는 것에 감탄하여 관심을 기울이게 되었다. 그 무렵 경상도 밀양의 솜씨가 뛰어난 기술자

〔巧匠〕인 유흥발(劉興發)이 일본에서 자명종을 구입하여 연구한 다음, 그 원리를 이용하여 시계를 만들기도 하였다.

한편 조선에서는 서양식 자명종 원리를 이용하여 혼천시계(渾天時計)도 제작하였다. 또한 효종 4년(1653)에는 시헌력(時憲曆)을 이용하는 보루각(報漏閣)의 물시계〔漏器〕를 새 역법에 맞게 개조하였다. 이후 혼천시계의 정확성을 높이기 위한 노력을 거듭한 결과 4년 뒤에는 최유지(崔攸之, 1603~1673)가 혼천의(渾天儀, 璇璣玉衡)를 제작하여 실용화하였다. 또 현종 10년(1669)에는 이민철(李敏哲, 1631~1715)과 송이영(宋以穎, ?~?)이 각각 이것을 개조하였는데, 송이영이 만든 것은 서양식 자명종의 원리와 특징을 잘 살펴서 물 대신 추(錘)를 시계장치의 동력으로 이용하여 정확한 시간을 측정하였다. 이처럼 조선에 소개된 자명종은 단순한 호기심의 대상으로 그친 것이 아니라 개량되면서 지속적으로 활용되었던 것이다.

정두원이 로드리게스 신부에게 받은 선물 가운데에는 《천리경설》(千里鏡說)과 《원경설》(遠鏡說)이 있었는데, 이것들은 망원경의 제조법과 사용법 및 효용 가치를 해설한 서적이었다. 《천리경설》은 샬 폰 벨 신부가 당시 중국에서 사용되던 서양의 망원경 제조법과 그 실용적인 가치를 설명한 것으로, 1626년 북경에서 간행되었다. 1609년 갈릴레오는 이 망원경을 천문 관측에 처음으로 사용함으로써 근대 천문학의 발달을 촉발시켰다. 그러나 조선에서는 천문 관측에 실제로 사용되지는 못하였다. 다만 정두원이 "천문을 자세히 관측할 수 있으며, 또한 100리 밖의 적군 진지 가운데 미세한 물체까지 자세히 볼 수 있다"고 기록한 데에서 알 수 있듯이 천문 관측뿐만 아니라 군사적 용도로도 사용할 수 있음을 인식하는 데 그치고 말았다.

정두원은 이 밖에도 서양 화포와 《홍이포제본》(紅夷砲題本)도 가지고 왔는데, 이 책은 샬 폰 벨 신부가 제작한 홍이포의 제작법과 조작법을 설명한 것이다. 정두원은 서양 화포가 조선의 전통적인 화포〔碗口〕보다 우수하다고 판단하여 수행원이었던 정효길(鄭孝吉)로 하여금 제작법 및 조작법을 익히도록 하였으며, 귀국해서는 인조가 보는 앞에서 직접 발포를 시연하기도 했다.

2. 지도와 지리서

1) 〈곤여만국전도〉(坤與萬國全圖)

17세기 초를 전후한 시기부터 중국을 왕래하는 사신 등을 통해 조선에 소개되어 당시 지식인들의 관심을 끌기 시작한 한역서학서에는 천주교나 천문・역법・과학 기술뿐만 아니라 지도와 지리에 관한 것도 포함되어 있었다. 그 가운데 가장 먼저 알려진 것이, 리치 신부가 제작하고 이지조가 6폭으로 1602년 북경에서 판각・간행한 〈곤여만국전도〉였다. 이 지도를 조선에 소개한 사람은 선조 36년(1603) 북경을 다녀온 사신 이광정과 권희(權憘, 1547~1624)였다. 〈곤여만국전도〉는 당시 여러 차례 판각을 거듭하여 수천 부를 인쇄・배포하였으나, 수요를 충족시킬 수 없었다. 그래서 판토하 신부는 리치 신부의 세계지도를 확대 보완하여 〈양의현람도〉(兩儀玄覽圖)를 제작하였다. 현재 숭실대학교 박물관에 소장되어 있는 〈양의현람도〉는 이응시(李應試)가 1603년 이지조 본(李之藻本)을 증보해서 8폭으로 판각한 것이며, 서울대학교 박물관에 소장되어 있는 최석정(崔錫鼎) 발문의 〈곤여만국전도〉는 리치 신부의 것을 8폭으로 확대한 사본이다.

〈곤여만국전도〉는 중국에서처럼 조선 지식인들에게도 많은 영향을 주었다. 특히 이수광은《지봉유설》(芝峯類說)에서 유럽(歐羅巴國)과 리치 신부의 두 저서《천주실의》와《교우론》을 소개했을 뿐만 아니라, 그가 제작한 세계지도〈곤여만국전도〉에 대해서도 다음과 같은 평가를 곁들여 서술하였다.

> 만력 계묘년(선조 36년, 1603)에 내가 부제학으로 있었을 때 북경에 갔다가 돌아온 사신 이광정 · 권희가〈구라파국여지도〉1건 6폭을 본관(本館, 홍문관)에 보내왔는데, 북경에서 얻어온 것이었다. 그 지도를 보니 대단히 정교하고, 서역에 특히 상세하다. 중국 지방과 우리나라 8도, 일본의 16주에 이르러서도 지리적인 멀고 가까움과 크고 작음이 아주 섬세하여 빠진 것이 없다. 이른바 구라파국은 서역의 가장 먼 곳이어서 중국으로부터 거리가 8만 리나 된다. 옛날부터 중국과는 통하지 않았으나, 명(明)에 이르러 다시 조공을 바치기 시작하였다. 지도는 그 나라 사신 풍보보(馮寶寶, 리치 신부의 한자 이름인 利瑪竇의 잘못된 표기)가 만든 것인데, 끝 부분에 서문을 지어서 기재하고 있다. 그 문자가 바르고 숙련되어 우리나라의 글과 다름이 없으니, 처음으로 보는 신서(信書)가 동문(同文)인 것은 귀하게 여겨야 할 것이다.…구라파의 경계는 남쪽으로 지중해에, 북쪽으로 빙해(氷海)에, 동쪽으로 대내하(大乃河, 다뉴브 강)에, 서쪽으로 대서양에 이른다. 지중해는 즉 세상의 중심이라는 데에서 나온 이름이다(《지봉유설》2, 諸國部 外國).

위 내용에 등장하는〈구라파국여지도〉란 이지조가 1602년 북경에서 간행한 세계지도인〈곤여만국전도〉를 가리킨다. 따라서 제작된 이듬해에 곧바로 조선에 소개되었다는 사실을 알 수 있다. 이 지도가 소개됨으로써 당시까지 중국 · 여진 · 일본 · 인도(天竺)에 국한되어 있던 조선인들의 세계 인식의 지평이 유럽까지 확대될 수 있었다.

정두원을 수행하여 북경에 갔던 이영후도 〈곤여만국전도〉를 보고 천하의 중심인 중국과 견줄 수 있는 나라가 중국의 바깥 지역[中國之外]에 있음을 알고는 대단히 놀랐다. 그는 로드리게스 신부에게 보낸 서한에서 자신이 지금까지 믿어 온 화이론적 세계관에 큰 충격을 받았다고 고백하면서, 서양 역법의 정밀한 추산(推算) 방법을 검토하고 중국 역법의 잘못을 알게 되었다고 전했다. 그러나 동양의 전통적인 개천설이나 혼천설과 전혀 다른 우주론인 12중천설에 대해서는 이해하기 어렵다면서 뒷날 가르침을 줄 것을 요청하였다.

이에 로드리게스 신부는 세계의 모든 나라가 세계의 중심이라고 밝히며 화이론적 세계관의 잘못을 지적하면서, 조선도 중국처럼 이 지도를 통하여 세계를 넓게 이해할 수 있기를 희망한다고 전하였다. 끝으로 자신들이 황제의 칙명으로 역법을 고쳐 바로잡고자 노력하고 있지만, 자세한 내용은 짧은 편지 속에서 풀이할 수 없으므로 훗날 만나서 논의하자고 답신하였다. 그러나 이전부터 발발한 농민봉기가 1632년 화북(華北) 지역까지 확대되면서 두 사람의 만남은 끝내 이루어지지 못하였다.

리치 신부는 중국이 온 천하의 중심이면서 가장 발달한 문화를 가지고 있다는 의식이 강한 중국 사대부들의 관심을 얻어 선교하는 데 도움을 받고자 중국을 중심에 둔 세계지도인 〈곤여만국전도〉를 만들어 한자로 간단한 설명을 덧붙였다. 그런데 이 지도는 하늘은 둥글고 땅은 네모나다는 천원지방설(天圓地方說)에 근거한 유교문화권의 전통적인 세계관에 젖어 있던 중국 지식인들에게 엄청난 충격을 주었다. 겨우 인도를 포함한 아시아 일부 지역만 표기된 세계지도만을 보아 온 그들로서는 놀라지 않을 수 없었던 것이다. 이 지도에는 세계가 5대주(五大洲)로 이루어져 있다. 아시아[亞細亞洲]에는 100여 개 나라가 있는데 중국은 그 가운데 하나에 불과하며, 유럽[歐羅巴洲]에도 70여 개 나라가 있는데 이탈리아[意大里亞]는 그 가운데 하나였다. 또한 아프리카[利未亞洲]에도 100여 개 나라가 있으며, 아메리카[亞墨利加洲]는 더욱 커서 남과 북의 2개 주가 연이어 있고, 마지막으로 마젤라니카(墨瓦蠟泥加, Magellanica)가 있었다.

세계의 중심에는 중국이 있고 그 주변에는 동이(東夷)·서융(西戎)·남만(南蠻)·북적(北狄) 등 네 이민족[四夷]이 있다고 믿었던 중국의 지식인들은 이 지도를 통해 지구가 둥글다고 인식하게 되었다. 뿐만 아니라 '하늘은 커다란 원[大圓]이고 땅은 작은 원[小圓]이기 때문에 작은 원은 커다란 원 가운데에 있다'(地以小圓 處天大圓之中, 李之藻,〈序〉,《職方外紀》)는 것을 인식하게 됨으로써 천원지방설에 대한 믿음도 근본적으로 뒤흔들렸다. 동시에 세계가 당시의 중국인들이 생각했던 것보다 훨씬 광대하다는 점을 깨닫게 되었다. 말하자면 리치 신부의 이 세계지도는 중국인들에게 지구구체설과 5대주설을 인식시킴으로써 천원지방설에 근거한 화이적 세계관과 우주론에 대한 인식을 바꾸는 계기를 제공하였던 것이다.

〈곤여만국전도〉가 17세기 초 조선에 소개되면서 일부 지식인들은 새로운 세계관에 눈뜨기 시작하였다. 이수광이 이 지도를 소개하면서 유럽을 언급한 데에서 알 수 있듯이 세계에 대한 인식의 지평이 넓어지고 있었다. 이를 통하여 중국이나 조선도 세계의 수많은 나라들 가운데 하나일 뿐이라는 인식, 즉 종래의 중화적 세계관을 극복할 수 있는 계기가 마련되었다. 또한 〈곤여만국전도〉에 기술된 각 지역의 민족·생산품에 대한 지지적(地誌的) 기록을 통해 천원지방설에 근거한 전통적인 세계관에서 지구구체설에 입각

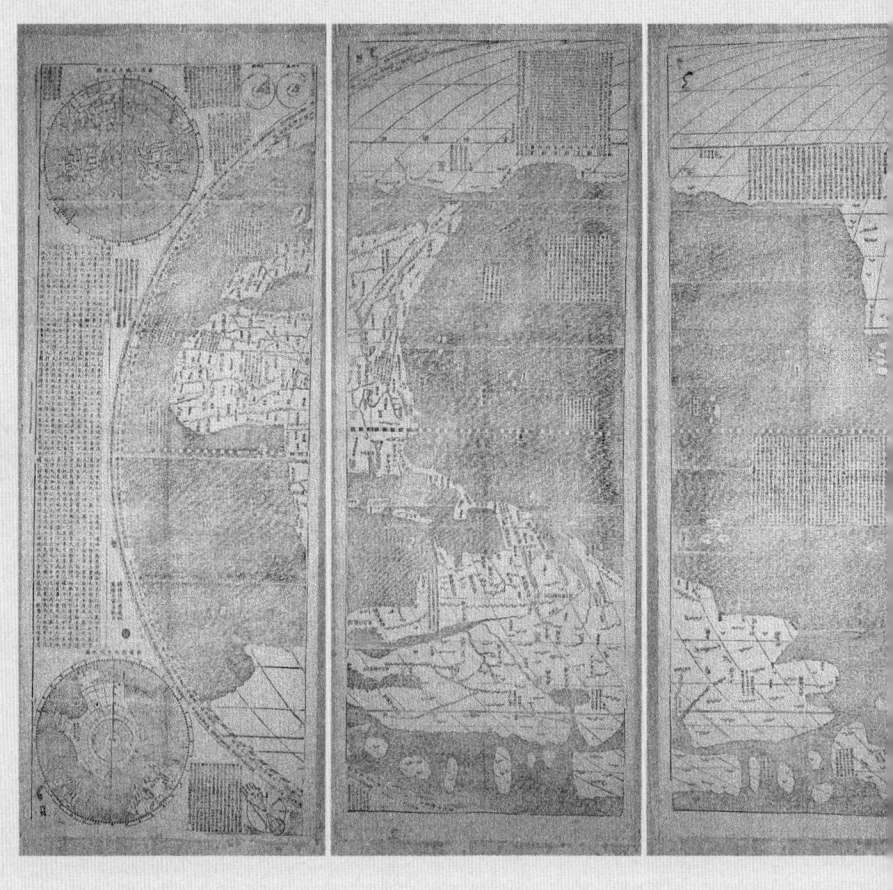

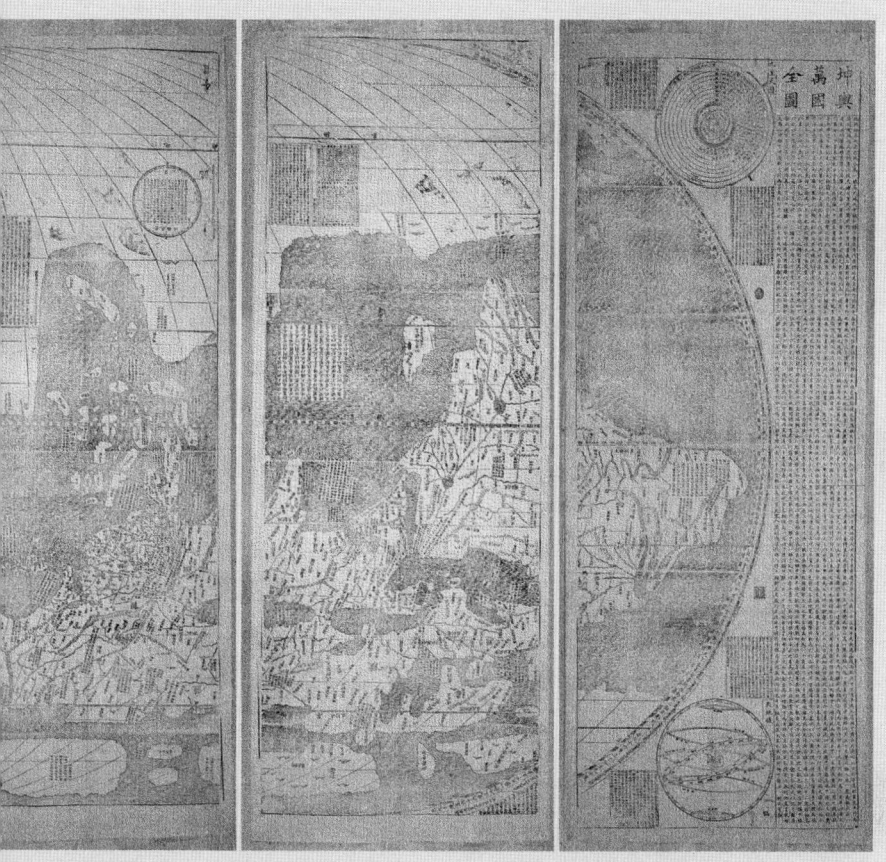

〈곤여만국전도〉. 지도와 지리에 관한 한역서학서 가운데 가장 먼저 알려졌으며, 리치 신부가 제작하고 이지조가 6폭으로 1602년 북경에서 판각·간행하였다. 이 지도를 조선에 소개한 사람은 선조 36년(1603) 북경을 다녀온 사신 이광정과 권희였다. 〈곤여만국전도〉는 중국에서처럼 조선 지식인들에게도 많은 영향을 주었다. 특히 이수광은 《지봉유설》에서 유럽과 리치 신부의 두 저서 《천주실의》와 《교우론》을 소개했을 뿐만 아니라, 〈곤여만국전도〉에 대해서도 평가를 곁들여 서술하였다.

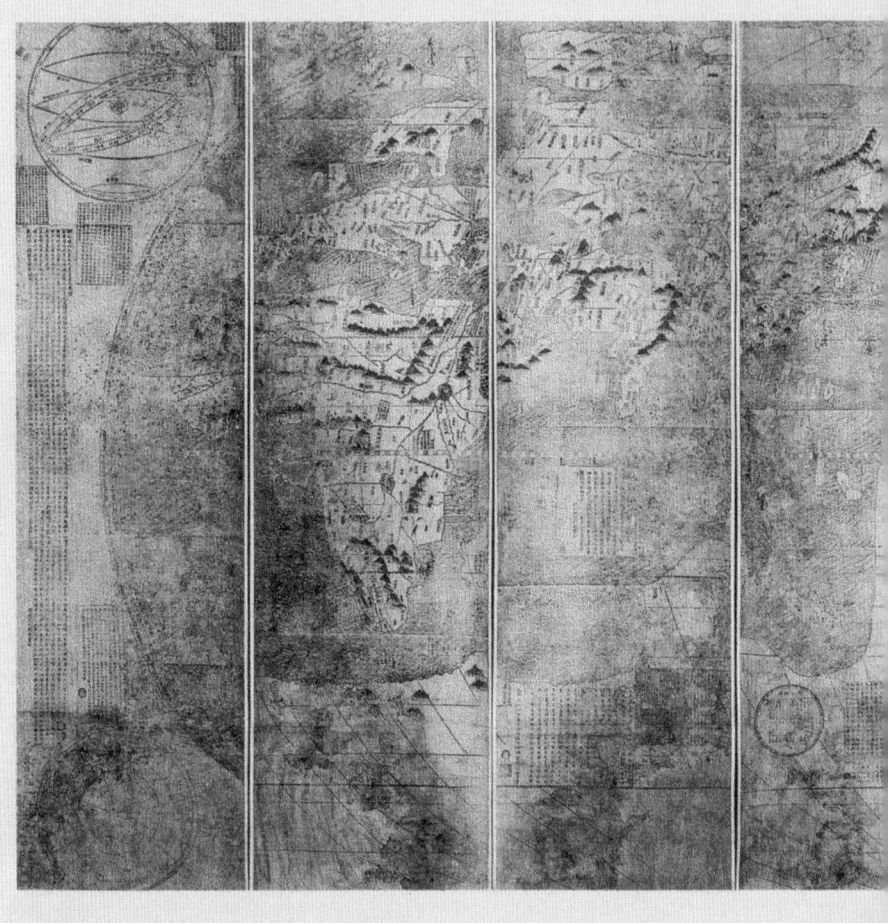

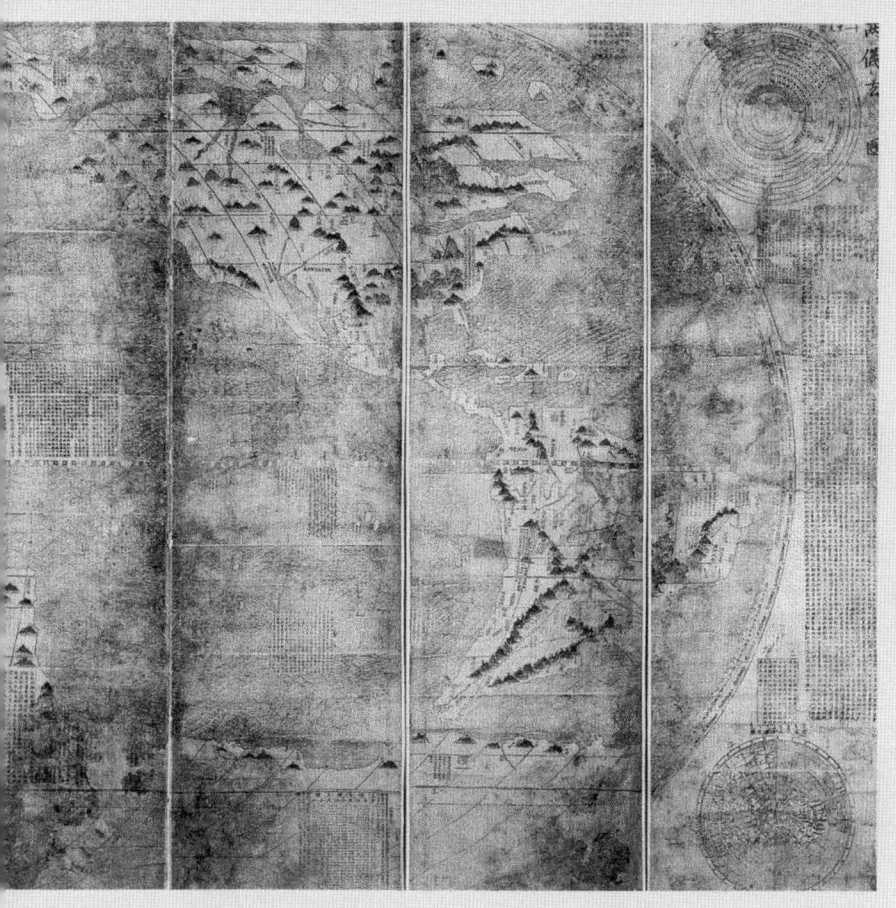

〈양의현람도〉. 당시 중국의 지식인들에게 큰 영향을 끼쳤던 〈곤여만국전도〉는 판각을 거듭하여 수천 부가 인쇄·배포되었으나, 수요를 다 충족시킬 수 없었다. 이에 판토하 신부가 리치 신부의 〈곤여만국전도〉를 확대 보완하여 이 지도를 만들었다.

한 근대적 세계관으로 전환되기 시작하였다.

한편 〈곤여만국전도〉나 〈양의현람도〉처럼 여러 쌍으로 되어 있는 병풍 지도와는 다르게 단열도법(斷裂圖法)으로 제작된 세계지도인 〈지구12장원형지도〉(地球十二長圓形地圖)가 조선에 소개되기도 했다. 이 지도는 샬 폰 벨 신부가 제작한 것으로, 지구의(地球儀)를 제작할 때 사용되는 세계지도였다. 그는 《혼천의설》(渾天儀說)을 저술할 때 이 지도를 수록하였는데, 소현세자가 샬 폰 벨 신부에게서 이를 받아 조선에 소개하였다.

2) 《직방외기》(職方外紀)와 《서학범》(西學凡)

17세기 조선 지식인들에게 세계에 대한 지리적 인식을 넓혀 준 또 다른 책은 예수회 선교사인 알레니 신부가 1623년에 펴낸 세계 인문지리서 《직방외기》이다. 이 책의 제목은 천하의 지도를 맡아보며 각지에서 들어오는 공물을 담당하였던 관청인 '직방' 의 관할에서 벗어난 나라들에 관한 기록이란 뜻으로, 당시 '중국적 세계질서' 에 속하지 않은 나라들을 소개하는 지리서였다.

총 220쪽에 달하는 《직방외기》에는 세 편의 서문과 두 편의 소언(小言)이 수록되어 있다. 서문에서 책의 제목을 직방외기라고 붙이게 된 이유와 간행 과정을 밝힌 다음, 우주의 무한한 공간에 존재하는 모든 것은 창조주에 의해 만들어졌다는 신앙적인 입장을 강조하였다. 그리고는 중국이 아시아의 1/10, 아시아가 세상의 1/5에 지나지 않는데, 중국인들은 중국만이 세계의 중심이라는 중화사상에 사로잡혀 있다고 비판하였다. 본문에서는 우선 남극과 북극·적도와 황도를 설명하고, 계절의 변화·천체의 전환에 따른 천문의 변화와 지도의 경도·위도에 대해 설명하였다. 이어 세계를 아시아·유럽·아프리카·아메리카·사해(四海) 등 다섯 지역으로 구분하여 상세히 설명하였는데, 아시아를 제외하고 유럽·아프리카·아메리카의 시작 면에 세 쪽을 펼친 정도 크기의 해당 지역 상세 지도를 한 장씩 붙여 이해를 도왔다.

이 책은 페르비스트(F. Verbiest, 南懷仁, 1623~1688)의 《곤여도설》(坤輿圖說, 1672)과 함께 당시 중국뿐만 아니라 조선과 일본의 지식인들에게도 중국 중심의 세계관을 변화시키는 데 결정적인 역할을 하였다. 이 책은 간행된 직후 조선에 소개되어 지식인들의 관심을 불러일으켰는데, 인조 8년(1630) 북경에 갔던 정두원이 이듬해에 귀국할 때 각종 서양 과학기기와 함께 가지고 왔다는 기록이 있다. 또한 이익은 〈직방외기발〉(職方外紀跋)을 저술하여 논평하였고, 그의 제자 신후담(愼後聃, 1702~1761)은 《서학변》(西學辨)에서 이 책의 내용을 체계적으로 비판하였다. 이런 점으로 미루어 보아 《직방외기》는 전래 초기부터 학자들 사이에 널리 알려져 논쟁의 중심에 있었음을 알 수 있다.

한편, 알레니 신부는 유럽의 학문과 교육 제도를 소개하기 위하여 《서학범》을 저술하여 1623년 북경에서 간행하였다. '범'(凡)은 개요 또는 개론이란 뜻으로, 이 책이 간략하게 서술된 소책자임을 의미한다. 그 내용은 중세 유럽의 대학 교육 과정과 교수 내용, 졸업 후의 고시(考試) 임용과정을 차례로 설명하는 형태로 되어 있다. 먼저 문과·이과(理科)·의과·법과·교과(敎科)·도과(道科) 등 6개의 교과와 각각의 학문적 특징을 소개하고, 이어서 초학(初學) 과정·철학 과정·전문 과정으로 이루어진 교육 과정을 설명하였다. 또한 알레니 신부는 이 책에서 유럽에서는 국왕이 이러한 학교를 여러 곳에 설립하였으며, 학생들을 잘 대우하여 학문의 부흥을 도모하고 있으므로 교육 활동이 활발하다고 지적하였다.

《서학범》은 그 후 1629년에 간행된 이지조의 《천학초함》에 다시 수록되었으며, 1784년 봄 북경에서 귀국한 이승훈이 이 책을 조선에 가져온 것이 확실하므로 《서학범》도 이때 조선에 소개되었다고 볼 수 있다. 황사영(黃嗣永, 알렉시오, 1775~1801)의 〈백서〉(帛書)에 기록된 "이가환(李家煥)의 집에 《직방외기》와 《서학범》이 보관되어 있었다"는 내용도 이를 뒷받침해 준다. 그러나 조선의 지식인들이 유럽의 학문과 교육 제도에 대해 알게 된 것은 《서학범》보다는 《직방외기》의 영향이 더 컸을 것으로 생각된다.

3) 지도와 지리서가 끼친 영향

조선후기 사회에 소개된 지도와 지리서는 〈곤여만국전도〉와 《직방외기》 외에도 많이 있었다. 이러한 지도와 지리서들을 통하여 새로운 세계에 대한 지식을 접하게 되었음에도 불구하고 조선 사회의 많은 지식인들은 여전히 전통적인 화이론에서 벗어나지 못한 채, 새로운 세계관을 있는 그대로 수용하지 못하고 있었다. 그런 가운데에서도 천원지방설을 부정하고 지구설을 받아들이는 지식인이 나타났는데, 김만중이 대표적인 인물 가운데 한 명이었다. 그는 다음의 기록에서 볼 수 있는 것처럼 지구설을 확신하였다.

오직 서양의 지구설은 땅으로써 하늘에 기준을 삼아 지구를 360도로 구획하였다. 위도는 남·북극의 높고 낮음을 나타내고, 경도는 일식과 월식을 증험하니, 그 이치가 확실하고 그 서술한 기록이 정확하다. 단지 믿지 않을 수 없을 뿐만 아니라 믿지 않는 것을 용납할 수도 없다. 지금 학사(學士)나 대부(大夫)라는 자들이 혹시 그 땅의 생김새가 둥글다면 생물들이 둥근 고리(環)에 매달려 살

⟨표 2⟩ 조선후기에 유입된 지도와 지리서

서명	저자	간행 연도	소개자	소개 시기	출전
양의현람도	판토하		황윤중	1601	어우야담
구라파국여지도			이광정	1603	지봉유설
지구12장원형지도	샬 폰 벨				
세계지도			허균	1610	국조보감
서양국풍속기			정두원	1631	국조보감
서양국풍속설			정두원	1631	국조보감
만국전도			정두원	1631	국조보감
개계도			한흥일	1645	인조실록

조선후기 사회에 소개된 지도와 지리서들을 통하여 새로운 세계에 대한 지식을 접하게 되었음에도 불구하고 조선 사회의 많은 지식인들은 여전히 전통적인 화이론에서 벗어나지 못한 채, 새로운 세계관을 있는 그대로 수용하지 못하고 있었다. 그런 가운데에서도 '천원지방설'을 부정하고 '지구구체설'을 받아들이는 지식인이 나타났는데, 대표적인 인물 가운데 한 명이 김만중이었다.

특히 김만중은 17세기 인물이면서도 서양 선교사들이 전해 준 지구구체설을 확신하고 받아들였다. 조선의 지식인들은 점차 종래의 화이론에 입각한 중국 중심적 세계질서에 회의를 품기 시작했다. 그러나 이 과정에서 유교의 전통적인 세계관·우주론과의 갈등과 대립도 필연적으로 수반되었다.

수 있을 것인가 하고 의심하겠지만, 이것은 우물 안 개구리이거나 (겨울을 모르는) 여름벌레와 같은 소견이라 하겠다(《서포만필》하).

이처럼 김만중은 17세기 인물이면서도 서양 선교사들이 전해 준 지구설을 확신하고 받아들였다. 그는 '땅이 하늘을 따라서 회전하면 사람들이 거꾸로 매달리게 되지 않을까 하는 의심이 바로 지구설의 이치와 부합된다'(地若隨天輪轉 人將疑於倒懸 正與地球一理)고까지 하였다. 어쨌든 17세기 초부터 조선 사회에는 그동안 알려지지 않았던 서양 세계의 종교와 윤리, 그리고 과학 기술과 지리 상황까지도 선교사들의 지도와 서적을 통해 알려지기 시작하였다. 그에 따라 조선의 지식인들은 종래의 화이론에 입각한 중국 중심적 세계질서에 회의를 품기 시작하였다. 그렇지만 이 과정에서 유교의 전통적인 세계관·우주론과의 갈등과 대립도 수반되었다.

3. 천주교 교리서

1) 《천주실의》(天主實義)와 《교우론》(交友論)

《천주실의》는 예수회 소속 중국 선교사인 리치 신부가 한문으로 집필한 교리서이다. 서양식 제목을 "하느님에 대한 진실된 토론"(De Deo Verax Disputatio)이라고 한 데에서 알 수 있듯이 이 책은 하느님과 천주교에 대해 설명한 호교론 입장의 교리서이다. 《천주실의》의 편술 시기와 판각 연도에 대해서는 연구자마다 의견이 조금씩 다르지만, 편술된 시기를 1593~1596년 무렵으로 간주하고 있다. 《천주실의》 초고본이 중국 학자들의 주목을 받게 되어 사본이 일부 사대부 사이에 유포되면서 그 이름이 알려졌고, 이에 판각을 권하는 중국 학자들의 권유로 1595년 호남성 남창(南昌)에서 간행되었다고 한다. 그러나 1601년 리치 신부가 북경 체류 허가를 얻어 선교 활동을 시작한 뒤 그와 친교가 있었던 풍응경(馮應京)이 《천주실의》 수초본(手草本)을 얻어 보고 세례를 받은 후 판각을 계획하였다. 하지만 사정이 여의치 않아 지연되면서 그 기간에 일부 내용을 수정·보완하여 1603년 북경판 《천주실의》가 간행되었다. 리치 신부가 북경에 도착한 지 2년 만이었다.

오늘날 접할 수 있는 판본 서두에 "만력 29년 맹춘곡단 후학 풍응경 근서"(萬曆二十九年 孟春穀旦 後學馮應京謹書)라는 서문이 있어 1601년에 판각된 것이라는 주장도 있으나, 리치 신부가 직접 쓴 "만력 31년 계묘년(1603) 7월 16일 이마두[마테오 리치]가 쓰다"(萬曆三十一年 歲次癸卯七月旣望利瑪竇書)라는 〈서〉(序)와 〈인〉(引)이 실려 있는 판본이 1603년에 간행된 북경 제1판본 《천주실의》이다. 북경 제1판이 간행된 후 북경의 지식인들 사이에 《천주실의》가 급속히 유포되면서 천주교를 믿는 이들이 나타나자, 1604년 제2판본이 예수회 동양 순찰사인 발리냐노 신부의 주선으로 광동성(廣東省) 소주(韶州)에서 간행되었다. 그 후 1607년 리치 신부의 충직한 협력자였던 중국인 학자 이지조에 의해 제3 판본이 항주(杭州)에서 판각·간행되었다.

리치 신부는 유교·불교·도교를 터득하고 있는 중국 선비[東土]와 그리스도교 문화와 스콜라 철학의 전문적인 교양을 갖춘 서양 학자[西土]의 대화·토론 형식으로 이 책을 구성하였다. 상·하 2권 8편에 걸쳐 174항목에 이르는 문제를 깊이 있게 다룬 이 책은, 천주교 서적이기는 하지만 그리스도교 및 서양 사상과 유교 및 동양 사상이 만나는 '서학서'인 동시에 스콜라 철학과 유교 철학이 만나는 '철학서'이기도 하다. 그런 까닭에 판각 직후부터 동아시아 문화권에 속하는 여러 나라에서 주목을 받았다.

이 책에서 리치 신부는 먼저 천지창조, 하느님, 영혼불멸, 천당지옥, 착한 사람에게 상을 주고 악한 사람에게 벌을 주는 일, 하느님의 아들이 사람으로 태어난 일[爲化] 등 천주교 교리의 기본 문제를 풀이하였다. 그런 다음에 도교·불교가 실속없이 헛된 가르침이며, 유학의 '이'(理)도 만물의 참된 근원이 아니고 오직 하느님의 가르침만이 구원을 가져다줄 수 있다고 밝혔다. 마지막으로 유학의 옛 고전에도 이런 내용이 밝혀져 있음을 들어 하느님에 대한 신앙을 배우고 따라야 한다고 가르치고, 천주교 신자가 되기 위한 절차를 알려 주는 것으로 마무리하였다.

리치 신부는 《천주실의》의 증보판 간행이 뒤로 미루어졌을 때, "중국은 마치 죽어 가는 환자와 같이 아주 큰 죄악 속에 빠져 있다. 현재 그 중병을 고칠 수 있는 것은 오직 이 책뿐이다"라고 했을 정도로 이 책에 대한 기대와 자부심이 대단하였다. 실제로 서광계나 이지조 등 중국 천주교회 초기의 평신도들 다수가 《천주실의》를 읽고 세례를 받았을 정도로 이 책은 설득력이 있는 호교서였다. 말하자면 중국에서 천주교 선교가 효과를 거둘 수 있는 계기를 마련해 준 동시에, 중국 사회에서 서학(西學)을 연구하는 학문 활동이 시작되도록 한 책이라고 할 수 있다.

이처럼 《천주실의》는 중국 지식인들 사이에서 큰 주목을 받았고, 많은 유명 인물들이 천주교를 믿도록 하는 데 영향을 끼쳤다. 이어 한자 문화권에 속하는 여러 나라로 급속하게 전파되어 전통 사회 지식인들의 서학에 대한 관심과 천주교 신앙 운동을 촉진하는 계기를 조성하였으며, 한편으로는 유럽 사회에서 아시아에 대한 관심과 흥미를 환기시키기도 하였다. 《천주실의》는 1603년 북경 제1판이 간행된 후 10년이 지나기도 전에 조선·일본·

몽고 등 한자 문화권 내의 여러 나라로 급속하게 전파되었다.

조선에서도 이수광이 《천주실의》를 읽고 〈천주실의 발문〉(天主實義跋文)을 지은 후 필사본이 나돌자, 《천주실의》를 읽은 다음 자신의 저서에 이에 관한 글을 수록하는 학자들이 늘어났다. 그렇지만 17세기에는 천주교의 교리를 체계적으로 비판하는 데까지는 이르지 못했다. 그러다가 18세기 중엽에 단순한 지적 호기심의 차원을 넘어서 학문적 입장에서 《천주실의》를 연구하고 이 책의 내용에 관해 깊이 있는 글을 남기는 학자들이 나타났는데, 홍유한·안정복·신후담·이헌경 등이 그러하였다.

《천주실의》 내용에 대한 이해가 축적되면서, 천주교의 이질성과 위험성을 문제삼는 움직임과 천주 신앙을 받아들이고 실천하려는 움직임이 나타나기 시작하였다. 이익의 〈천주실의발〉(天主實義跋) 이래 신후담의 《서학변》, 안정복의 《천학문답》(天學問答), 홍정하의 《실의증의》(實義證疑) 등에서 《천주실의》를 비판하고 배격하였다.

이와 달리 이 책은 18세기 중엽 이후 이벽·이승훈·권철신(權哲身, 암브로시오, 1736~1801) 등을 중심으로 천주교 신앙 공동체가 설립되는 데에 결정적인 영향을 미쳤다. 말하자면 《천주실의》에 대한 이해를 바탕으로 전개된 보유론적 서학운동의 결과로 18세기 후반에 천주교 신앙 공동체가 등장할 수 있었던 것이다. 조선 천주교회가 설립된 뒤에는 한문을 가까이할 수 없는 서민층을 위해 《천주실의》를 한글로 번역하여 필사본으로 유포시키기도 하였다.

한편, 리치 신부는 서양인들의 우정과 마음의 작용에 대한 개념을 간결한 대화체로 서술한 윤리서인 《교우론》을 저술하기도 했다. 이 책은 1595년 풍응경과 구여기(瞿汝夔)가 서문을 붙여 남창(南昌)에서 1권 1책으로 간행하였

고, 1603년 북경에서 재판되었으며, 1629년 이지조가 편찬한《천학초함》과
《사고전서》(四庫全書) 잡가류(雜家類) 편에도 수록되었다. 그리고 1885년
이탈리아의 마체라타(Macerata)에서 이탈리아어로 번역·간행되었다. 이 가
운데 북경판은 이수광의《지봉유설》에 그 이름이 나타나는 것으로 보아 간
행 직후 조선에 소개되었던 것으로 보인다. 이익도 자신의 서한에서《교우
론》의 내용을 언급하였다. 뿐만 아니라 이 책은 1784년 이승훈이 북경에서
돌아오면서 다시 조선에 소개되어 초기 천주교 신자들에게도 많은 영향을
끼쳤다.

2)《칠극》(七克)

스페인 출신의 예수회 선교사인 판토하 신부가 중국에서 선교하면서 한
문으로 저술한 그리스도교 수양서이다. '칠극'이란 제목으로 알 수 있듯이
죄의 근원이 되는 일곱 가지 뿌리인 칠죄종(七罪宗), 즉 오만·질투·탐
욕·분노·식탐·음욕·나태를 덕행(德行)으로 극복함으로써 자신을 이겨
야 한다는 함축적 의미를 지니고 있다.《칠극》은 1614년 중국 북경에서 7권
437면으로 출간되었고, 1629년《천학초함》총서에도 수록되었다. 이후 북
경·상해·대만 등지에서 완본이나 4권·2권의 요약본 등으로 판을 거듭하
며 간행되었다.

《칠극》은 한 권에 하나의 죄를 다루었는데, 권마다 제목을 두고 그 아래에
제목 풀이를 달아 저술 목적을 이끄는 말[導論]로 삼아 정의하였다. 본문에
서는 먼저 해당 죄에 관하여 성찰한 다음에 그 죄의 극복 방법을 제시하였
다. 즉《칠극》의 각 권은 그 전반부에서는 죄의 근원인 사악(邪惡)의 본질을

밝히고, 후반부에서는 그 악을 극복할 수 있는 방법으로서의 덕성(德性)을 제시하였던 것이다. 특히 판토하 신부는 성서와 성인, 동·서양 인물의 사상과 교훈을 풍부하고 흥미롭게 인용하면서 유교 용어로 설명하였다. 이를 통해 그는 당시 유학자들에게 그리스도교적 수양론을 이해시키고, 나아가 보유론적 역할을 강조하고자 했던 것이다.

광해군 때 허균이 《칠극》을 중국에서 가지고 왔다는 기록이 유몽인의 《어우야담》에 실려 있는 것으로 보아, 이 책은 출간 직후 조선에 소개되어 널리 알려졌던 것으로 보인다. 이익은 《성호사설》에서 "《칠극》은 곧 우리 유교 [吾儒]의 극기설(克己說)로, 여기에는 자신의 욕심을 누르고 예(禮)로 되돌아가는 데 크게 도움되는 것이 있다"라고 긍정적으로 평가하였고, 정약용도 리치 신부와 판토하 신부의 저술을 함께 논하였다. 요컨대 《칠극》은 리치 신부의 《천주실의》와 함께 초기 한국 천주교회사에서 가장 자주 언급된 주요 한역서학서라고 할 수 있다. 또한 일찍부터 한글로 번역되어 많은 사람들, 특히 천주교 신자들의 신앙생활에 커다란 영향을 끼친 수양서였다.

3) 《영언여작》(靈言勺)

《영언여작》은 이탈리아 출신의 예수회 중국 선교사인 삼비아시(F. Sambiasi, 畢方濟, 1582~1649) 신부가 구술한 것을 중국인 학자 서광계가 받아쓴 책이다. 이 책은 천주교의 입장에서 '아니마'(anima, 亞尼瑪, 靈魂)에 관하여 논한 글로, 중세 스콜라 철학의 영혼론을 소개하였다. 삼비아시 신부는 모든 사람들이 이 세상에 사는 동안 하느님을 알고 섬기다가 죽은 뒤에는 하느님 나라에서 영복을 누리게 하고자 이 책을 저술하였다고 그 목적을 밝혔는데,

1624년 상해에서 상·하 2권으로 간행되었다. 이후《영언여작》은 이지조의 《천학초함》에 포함되어 널리 읽혔다.

삼비아시 신부는 서문에서 아니마를 '영혼' 또는 '영성'으로 번역한 뒤, 아니마를 철학에서 가장 가치 있고 존귀하다고 하였다. 그렇기 때문에 모든 학문의 뿌리이자 으뜸이며, 누구나 힘써야 할 '자기 자신을 아는 것'〔認己〕 도 먼저 자신이 지닌 아니마의 존엄성과 본성을 인식하는 것이라고 하였다. 이에 사람들이 늘 아니마의 능력과 아름다움을 생각한다면, 세상만사에 마음을 두지 않고 영원히 존재하는 하느님 나라의 일에 몸과 마음을 다할 것이며, 또 아니마의 학문을 익히게 되면 자신을 알고 하느님을 알아 하느님 나라의 복을 누리게 되리라고 하였다.

《영언여작》이 언제 조선에 전해졌는지 현재로서는 알 수 없다. 다만 신후담이 1724년에 저술한《서학변》에서 이 책의 내용을 소개하면서 비판했던 점으로 보아, 1724년 이전에 소개되어 널리 읽혔던 것으로 생각된다.

4)《주교연기》(主敎緣起)

총 163장, 326쪽에 이르는 방대한 분량의 천주교 교리서로, 예수회 선교사 샬 폰 벨 신부가 저술하였다. 이 책의 저술 시기는 흔히 1643년으로 알려져 있지만, 책 내용 가운데 '명계'(明季), 즉 명 말엽이라는 표현이 있는 것으로 보아 1644년 이후로 보아야 하지 않을까 한다.《주교연기》는 그리스도교의 기본 교리인 창조주 하느님의 존재와 그 속성, 천지 창조, 하느님의 우주에 대한 다스림, 인간 영혼의 존재와 불멸성, 천당과 지옥의 존재와 의의, 인간의 죄를 속죄하기 위한 구세주 하느님의 육화·수난·부활·승천 등을 주요 내용으로 하고 있다.

《주교연기》의 더 큰 가치는 이 책이 교리서일 뿐만 아니라, 보유론 입장을 강조하고 반(反)성리학적 이론을 체계적으로 구축하여 중국 천주교회의 호교론적(護教論的) 저술을 대표하였다는 점이다. 샬 폰 벨 신부는 중국에서 원시 유교가 지녔던 종교적 가르침은 시간이 흐르면서 상실되거나 망각되었고, 경우에 따라서는 불완전하거나 더 이상 적절하지 않은 형태로 남게 되었다고 보았다. 그러므로 천주교는 바로 이 점을 보완하는 역할을 할 수 있다고 여겼다. 그는 유교의 오륜(五倫)을 그리스도교의 십계명(十誡命)과 똑같은 것으로 보았다. 그리고 그리스도교의 본질과 선교사로서의 자신의 임무를 설명하면서 충·열·절·효(忠烈節孝) 등 유교에서 지향하는 덕목이 결국은 하느님이 인간에게 기대하는 덕목임을 강조하였다. 그렇게 함으로써 이 둘이 근본적으로 동일한 선(善)을 추구하고 있으며, 천주교가 유교를 보완하는 종교임을 간접적으로 표현하였다. 그렇지만 성리학의 기본 이론인 태극(太極)·이기(理氣)·음양(陰陽)·오행(五行)에 관해서는 비판하였다.

《주교연기》는 대개 이해하기 어렵고 뜻이 분명하지 않은 성리학 이론을 알기 쉽게 소개·설명한 후 그것을 하나씩 객관적이고 과학적으로 분석·비판하는 형식을 갖추었다. 서술은 단순하지만 명확한 표현의 한문을 구사하여 서양 선교사들의 반성리학 저술 가운데 가장 탁월한 저술로 꼽히고 있다. 정조 15(1791) 5월 진산사건을 계기로 같은 해 11월 홍문관에 소장되어 있던 서양서 24종을 불태울 때 이 책이 포함되어 있었던 점으로 미루어 보아 조선에 일찍 도입되어 있었다고 여겨진다.

5) 《척죄정규》(滌罪正規)

이 책은 예수회 중국 선교사인 알레니 신부가 1628년에 저술한 한역 천주교 교리서이다. 알레니 신부는 신학·지리 등과 관련된 서적들을 많이 저술하였는데, 그의 저서들은 중국뿐만 아니라 조선에도 전해져 지식인들이 새로운 세계관을 형성하는 데 큰 영향을 끼쳤다. 《척죄정규》는 1791년 다른 천주교 서적들과 함께 소각되었지만, 1801년 신유박해 때 한신애(韓新愛, 아가타,?~1801)의 집에서 두 권이 압수되기도 했다. 이로 미루어 보아 이 책은 늦어도 정조 6년(1782) 이전에 소개되어 폭넓게 읽혔음을 알 수 있다. 《척죄정규》라는 제목에서 알 수 있듯이 지은 죄를 씻기 위한 고해성사를 잘 받을 수 있는 방법을 설명하고 있는데, 성찰(省察)·통회(痛悔)·개과(改過)·고해(告解)·보속(補贖)에 관한 내용으로 구성되어 있다.

현재 한국교회사연구소에는 《척죄정규》의 한문본과 한글본이 소장되어 있다. 한문본은 1849년의 중간본(重刊本)과 1900년본으로, 1~4권이 한데 묶여 1책으로 되어 있다. 한글본은 필사본으로, 1·2권과 3·4권을 묶어 2책으로 된 것도 있고, 한문본과 같이 한데 묶여 1책으로 되어 있는 것도 있다. 1책으로 되어 있는 한글본의 맨 뒷장에 '신사년('정사년'의 오류) 1917년경 10월 책주 정가다리나'라는 표기가 있는 것으로 보아 신자들이 1917년 무렵까지 《척죄정규》를 꾸준히 읽었음을 알 수 있다.

6) 《주제군징》(主制群徵)

샬 폰 벨 신부가 한문으로 쓴 교리서로, 그가 저술한 다섯 종류의 서적 가

《척죄정규》는 성찰·통회·개과·고해·보속으로 구성되어 있으며 고해성사를 잘 받을 수 있는 방법을 설명한 책이다. 한글본 맨 뒷장에 1917년 '책주 정가다리나'라는 표기가 있는 것으로 보아 조선에 들어온 이래 신자들에게 꾸준히 읽혔음을 알 수 있다.

운데 첫 번째 저서이다. 그가 서안(西安)에서 활동할 때(1627~1630) 저술하여 1629년에 상·하 두 권으로 간행하였다. 전체적으로 '하느님이 (우주를) 다스리는 수많은 증거'〔主制群徵〕라는 책의 제목이 시사하는 대로 우주 만물의 존재를 통해 창조주인 하느님을 증명하는 내용으로 이루어져 있다.

상권에서는 자연계의 모든 존재와 현상을 통해 하느님의 존재를 입증하고, 하권에서는 피조물인 인간의 위대함과 한계, 그리고 인간을 다스리는 창조주에 대하여 해설하였다. 샬 폰 벨 신부는 이 저서에서 천문학과 의학·물리학·생물학에 대한 해박한 지식을 기초로 수많은 존재의 실체와 자연 현상을 과학적으로 설명하였고, 이를 통해 '우주 만물에 대한 창조주 하느님의 다스리심'이라는 일관된 신학적 입장을 드러냈다. 그렇지만《주제군징》의 더 큰 의의는 이 책이 교리서일 뿐만 아니라 동시에 반성리학적 이론을 드러내어 서술함으로써 중국 천주교회의 선교 입장을 밝힌 대표적인 저서였다는 점이다.

샬 폰 벨 신부의 70회 생일 축문에서 위예개(魏裔介, 1616~1686)는《주제군징》이 "학문을 좋아하는 중국의 선비들에게 두루 알려지고 또한 읽히고 있다"라고 하였는데, 실제로 20세기 초엽까지 중판을 거듭하며 중국뿐만 아니라 조선의 학자들 사이에서도 널리 읽혔다. 이 책은 17·18세기의 진보적 유학자들이 서양의 과학 지식을 이해하고 습득하는 데 중요한 계기를 제공했는데, 특히 자연 과학에 관심이 많았던 이익·안정복·홍대용 등은《주제군징》을 꼼꼼이 읽고 일부 이론을 자신의 글에 인용하기도 하였다. 천주교 신앙 공동체가 설립된 이후 이 책은 더욱 널리 읽혔는데, 정조 15년(1791) 11월 홍문관에 소장된 24종류의 서양서적을 불태울 때《주제군징》도 포함되어 있었다.

7) 《삼산논학기》(三山論學記)

알레니 신부가 한문으로 저술한 천주교 교리서로, '삼산'은 중국의 복주(福州)에 있는 지명이다. 초판은 흔히 1625년 항주(抗州)에서 간행된 것으로 알려져 있으나, 내용을 살펴보면 알레니 신부가 복주에서 선교할 당시인 1627년에 저술하여 그 이후에 간행한 것으로 여겨진다. 이 책은 초판이 간행된 이래 널리 읽히면서 1694년에 북경에서 재판이 간행되었고, 이후 여러 차례 중간되었다.

이 책의 내용은 알레니 신부가 1624년에 알게 된 복당(福堂) 섭향고(葉向高)에게 자신의 자(字)인 '사급'(思及)의 의미를 기리는 시를 받고 나서 천주교 교리에 대해 문답한 것을 차례로 정리한 형식으로 되어 있다. 주요 내용은 천주교와 불교 교리의 차이점과 하느님의 유일성, 착한 사람에게 상을 주고 악한 사람에게 벌을 주는 일(賞善罰惡), 천지창조, 예수가 세상에 태어나 십자가에 못박혀 죽음으로써 인류를 죄악에서 구원한 일(降生救贖) 등 천주교의 4대 교리에 대한 설명이다.

《삼산논학기》가 언제 조선에 소개되었는지는 확실하지 않다. 그러나 영조 8년(1732) 북경에 사신으로 다녀온 이의현(李宜顯, 1669~1745)이 이 책을 얻어 왔다는 기록이 나타나며, 1801년의 신유박해 때 천주교와 관련하여 처형된 소북(小北) 출신의 강이천(姜彛天, 1769~1801)도 "자신의 집에 이 책이 소장되어 있었는데, 1791년에 소각해 버렸다"라고 자백하였다. 그러므로 이 책은 적어도 1732년 이전에 전래되어 일부 지식인들 사이에서 읽혔음을 알 수 있다.

8) 《기인십편》(畸人十篇)

마테오 리치 신부가 저술한 천주교 교리 해설서로, 책 제목의 '기인'(畸人)이란 성격이나 말·행동 따위가 보통 사람과 다른 별난 사람[奇人]을 가리킨다. 이 책은 이지조가 서문을 붙여 1608년 북경에서 상·하 두 권으로 간행하였으며, 나중에 《천학초함》과 《사고전서》에 수록되었다. 권말 부록으로 서양 음악에 관한 내용을 다룬 〈서금곡의팔장〉(西琴曲意八章)이 수록되어 있다.

내용은 상권 6편·하권 4편으로 구분되어 있는데, 각 편은 서광계를 비롯하여 리치 신부와 친분이 있던 중국 학자들이 천주교의 중요한 교리인 죽은 뒤의 심판·현세와 본향(本鄕, 하느님 나라)·사욕 억제 등에 대해 질문하면, 리치 신부가 여기에 답하면서 중국의 전통 신앙과 미신 및 유교·불교의 교리를 토론하거나 비판하는 형식을 취하고 있다.

조선에서는 영조 33년(1757) 안정복이 이익에게 보낸 서한에 이 책에 관한 언급이 처음으로 나타나는데, 당시 안정복은 이 책의 내용을 강하게 비판하였다. 정조 8년(1784) 이승훈이 북경에 갔다가 돌아올 때 가지고 온 《천학초함》에도 수록되어 있었으며, 김건순(金建淳, 요사팟, 1776~1801)도 1801년 신유박해 이전에 이를 보았다고 하였다. 그러므로 조선에 소개된 이후 초기 천주교 신자들에게 많은 영향을 주었음을 알 수 있다.

9) 《변학유독》(辯學遺牘)

이 책은 리치 신부가 불교의 교리를 비판하고 천주교의 교리를 설명·옹호하기 위해 편찬한 호교서이다. 1609년 북경에서 간행된 후 여러 차례 중간되었으며, 훗날 《천학초함》과 《사고전서》에도 수록되었다. 내용은 리치 신부가 명 말엽의 관리이자 유명한 불교 신자였던 우순희(虞淳熙), 그리고 유학자였다가 승려가 된 주굉(袾宏, 蓮池和尙, 1535~1615)과 주고받은 편지 3편으로 구성되어 있으며, 끝에는 이지조의 발문이 수록되어 있다. 전편에는 우순희가 리치 신부에게 보낸 편지와 리치 신부의 답장 등 2편이 있고, 후편에는 리치 신부가 주굉의 사천설(四天說) 내용을 비판한 편지 1편이 있다. 책의 제목을 천주교 교리를 변호한 편지를 의미하는 '변학유독'이라고 붙인 것은 바로 이러한 이유 때문이다.

《변학유독》이 언제 조선에 전래되었는 지는 정확하지 않다. 다만 안정복이 이 책을 읽고 1757년에 스승 이익에게 편지를 보내 책의 내용을 논평한 기록이 있는 것으로 보아 분명히 그 이전에 전래되었을 것이다.

10) 《성경직해》(聖經直解)

포르투갈 출신의 예수회 선교사인 디아즈 신부가 저술한 복음 해설서인 이 책은 1636년 북경에서 8책 14권으로 간행되었다. 그 뒤 신자들 사이에 널리 전해져 1642년과 1790년에는 북경에서, 1866년과 1915년에는 토산만(土山灣)에서 다시 간행되었다. 전례력에 따라 연중 주일과 축일에 읽히는 복음을 한문으로 번역하고 필요한 부분에는 주해(註解)를 붙여 차례로 설명하였는데, 한문으로 저술된 최초의 신약성서 관련 서학서이다.

내용은 주일의 복음과 예수·성모·천사·사도·성인들의 축일에 해당되는 성서 말씀으로 이루어져 있다. 본문은 주일과 축일이 각각 하나의 장

(章)처럼 구분되어 있고, 각 장은 해당 주일이나 축일의 복음 구절을 풀이한 본문과 그 성서 구절을 읽은 후에 묵상을 준비하는 잠(箴)으로 구성되어 있다. 그리고 해당 성서 내용이나 주일과 축일의 의미도 요약되어 있다. 한편 각 장의 본문마다 여러 성서 구절을 큰 글자로 표기하고 이에 대한 주해의 내용을 2행의 협주 형태로 부기하였는데, 이러한 부분을 하나의 절(節)로 이해할 수 있다. 아울러《성경직해》는 단순한 복음서의 번역이 아니라 저자의 중국 문화에 대한 충분한 이해나 그동안의 사목 경험을 바탕으로 저술되었다는 점에서 의의를 찾을 수 있다.

조선에서는 신앙 공동체 창설 직후에 전래되어 한글로 번역되기 시작하였다. 이러한 사실은《사학징의》(邪學懲義)에서《성경직해》가 언급된 점으로 확인할 수 있다. 또한《성호경》(聖號經, 天主聖經新註謄出)도《성경직해》의 한 부분이었던 것 같고, 1790년대 초에 최창현(崔昌顯, 요한, 1759~1801)이 번역하였다는《주일과 축일의 성경》도《성경직해》의 한글 역본을 의미하는 것으로 생각된다. 한편, 현재 남아 전하는 한글 필사본《셩경직해광익》도 이 무렵에 이미 편찬되었을 것으로 추정되는데, 이 책은 그 뒤에도 계속 필사되면서 1892년 이래 9권으로 간행되는 한글 활판본《셩경직해》의 대본이 되었다. 필사본《셩경직해광익》은 비록 4복음서에 한정된 것이기는 하지만 한글로 번역된 성서의 효시라고 할 수 있다.

《셩경직해》와《셩경직해광익》의 내용과 구성은 큰 차이가 없어 거의 같다. 다만《셩경직해》는《셩경직해광익》의 내용 가운데에서 성서의 구절들을 더욱 맞갖게 번역하고, 일부 구절을 줄이거나 어려운 부분을 풀어 이해하기 쉽게 편찬한 것이 다를 뿐이다. 이 두 책의 내용은 중국에서 활동하던 예수회 선교사 디아즈 신부가 저술한 한문본《성경직해》에서 성서의 본문·주해·잠(箴) 등을 취하고, 마이야 신부의 한문본《성경광익》(聖經廣益)에서 마땅히 행해야 할 덕목[宜行之德]과 당연히 힘써서 해야 할 기도[當務之求]를 취하여 구성한 것이다. 따라서 활판본《성경직해》와 필사본《성경직해광익》은 천주교가 박해를 받던 시기의 신자들이 성서 내용을 어떻게 이해하고 익혔는지 연구하는 데 필요한 자료일 뿐만 아니라 그 시기의 한글이나 성서의 국역사(國譯史)를 연구하는 데도 아주 중요한 자료이다.

11)《수진일과》(袖珍日課)

포르투갈 출신의 예수회 선교사 디아즈 신부가 편찬한 한문 기도서로, '수진'이란 휴대하기 쉬운 소형이라는 의미이고, '일과'는 일상적으로 매일 바치는 기도라는 뜻이다. 따라서 이 책은 몸에 지니기 편리하도록 수진본으로 만든 연중 기도서라고 할 수 있다. 1638~1659년 사이에 처음 간행된 듯하며, 상·중·하 3권으로 구성된 1823년의 중간본이 현재 전해지고 있다.

《수진일과》가 편찬될 당시 중국에서 널리 읽히던 기도서는 1602년 소주(韶州)에서 간행된 롱고바르디(N. Longobardi, 龍華民, 1565~1655) 신부의《성교일과》(聖敎日課)였다. 이 책은 그 후 내용이 증감되는 가운데 여러 차례 다시 간행되었고, 1755년에는 개정본으로 상·하 2권의《총독회요》(總牘匯要)가 간행되었다.《총독회요》의 상권은《성교일과》에 있는 내용이지만, 하권은 대부분《성교일과》에 없는 내용이었다. 한편《총독회요》는《성교일과》의 1638년 개정본을 대본으로 했는데, 디아즈 신부는 1638년의 개정 작업에 참여하였다. 그가 편찬한《수진일과》는《성교일과》와 편제가 다를 뿐만 아니라,《총독회요》하권의 내용들이 수록되어 있다. 따라서《수진일과》는

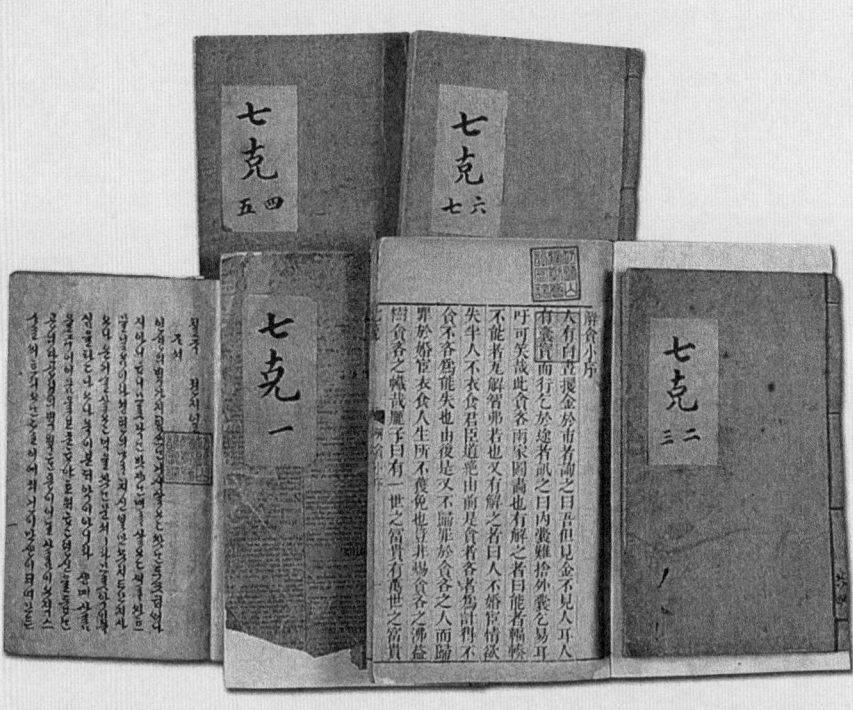

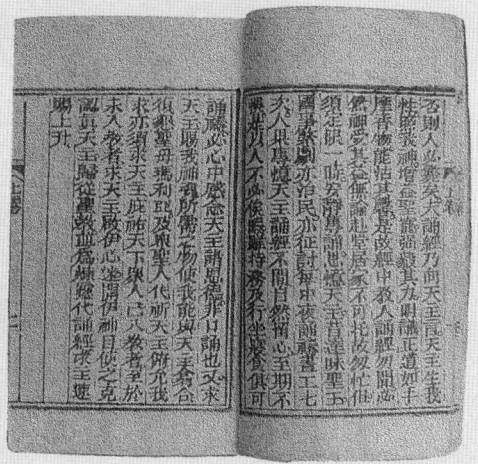

예수회 선교사들은 선교와 함께 서양의 과학·문화의 소개에도 힘썼다. 그러한 근본적인 동기는 천주교의 신앙 체계를 담은 서양 문화를 중국 사회에 소개·전달함으로써 중국인의 의식 세계를 확대시키고, 결국에는 신앙을 받아들이도록 하려는 데에 있었다. 이러한 목적하에 선교사들은 역법·지리학·수리법·기하학·철학·음악·미술 등에 이르는 다양한 서양의 과학과 문화를 중국 사회에 소개하였다(사진 왼쪽부터 《성세추요》, 《칠극》, 《수진일과》, 《성경광익》).

《성교일과》의 1638년 개정본이거나, 아니면 디아즈 신부가 《성교일과》의 개정 작업에 참여한 뒤 이를 토대로 편찬한 기도서로 여겨진다.

《수진일과》의 상권에는 기도하기를 권하는 말[誦經勸言]·날마다 아침 점심 저녁에 종을 세 번 칠 때마다 드리는 기도[三鍾經]·아침 기도와 저녁 기도[早晚課]·믿음, 소망, 사랑의 세 가지 덕을 바라는 기도[三德誦]·여미사규정(與彌撒規程)·아침 기도에 대한 소개[早課小引] 등이 수록되어 있고, 중권에는 예수성호도문(耶蘇聖號禱文)·성심규정(聖心規定) 등이 소개되어 있으며, 하권에는 천주예수수난시말[天主耶蘇受難始末]·선종을 도와주는 방법[助善終引]·임종 기도[臨終禱文], 6가지 주요 기도문[要理六端]·신자로서 지켜야 할 네 가지[聖敎會四規]·은사요지(恩赦要知)·축일표[永瞻禮表] 등이 수록되어 있다. 조선에는 18세기 후반에 전해져 한문본과 함께 내용 중의 일부를 한글로 번역하여 사용하였는데, 이에 대한 기록이《사학징의》와《벽위편》에 남아 있다.

12)《성년광익》(聖年廣益)

이 책은 프랑스 출신의 예수회 선교사인 마이야(J. de Mailla, 馮秉正, 1669~1748) 신부가 1738년에 번역하여 저술한 다음, 쾨글러 신부 등의 교열을 받아 북경에서 12권으로 간행한 성인전(聖人傳) 묵상서이다. 저자인 마이야 신부는 이 책 외에도《성경광익》·《성세추요》등을 집필하면서 중국의 구어체인 백화문(白話文)을 사용함으로써 어문일치운동, 즉 '백화운동'(白話運動)에 노력한 인물로 평가받고 있다. 그 중에서도《성년광익》은 프랑스의 크루아세(P. Croiset)가 지은《전기》(Vies)를 바탕으로 저술한 것이다.

이 책의 내용은 서(序)에 이어 소인(小引)과 묵상 방법을 설명한 수편(首編) 외에 모두 12편, 즉 1개월을 한 편으로 하고 춘하추동 사계절을 각각 3편으로 구성하였으며, 매일 하나의 전기를 읽을 수 있도록 365명의 성인 전기를 수록하였다. 그리고 각 전기 내용은 먼저 모범이 될 만한 말들을 제시해 주는 '경언'(警言), 성인의 행적을 전해 주는 '성전'(聖傳), 그리고 성인전 한 편을 읽은 후 마땅히 실천해야 할 덕목〔宜行之德〕과 당연히 해야 할 기도〔當務之求〕로 구성되어 있다.

이 책이 언제 조선에 소개되었는지는 분명하지 않다. 다만 《추안급국안》(推案及鞠案)의 황사영 문초 기록에 이가환이 이벽의 권유에 따라 《천학초함》 가운데 몇 편과 《성년광익》을 읽었다는 진술이 기록되어 있는 것으로 볼 때, 그 이전에 소개되어 읽히고 있었음을 알 수 있다. 실제로 《사학징의》를 살펴보면, 당시 압수된 여러 교회 서적 가운데 한글 번역본 성인전이 상당수 포함되어 있었음을 알 수 있다.

한편 마이야의 《성년광익》과는 다른 저자 미상의 한문본 《성년광익》(전 4권)이 중국에서 간행되었는데, 이 책도 각 권을 춘하추동 사계절로 나눈 뒤 각각을 다시 3편으로 구성하였다. 그러나 그 내용은 서로 매우 다르며, 후자에는 성인전에 이어 마땅히 실천해야 할 덕목만이 수록되었다. 이 《성년광익》도 후에 조선에 소개되어 한글로 번역되었다. 이 책의 한글 번역본(전 12권)은 현재 한국교회사연구소에 소장되어 있다.

13) 《성세추요》(盛世芻蕘)

프랑스 출신의 예수회 선교사인 마이야 신부가 저술한 한문 교리서로서, '추요'(芻蕘)의 본래 의미는 '고루하고 진부하다'라는 뜻이다. 그렇지만 이 책에서는 하층민들도 일상에서 쉽게 이해할 수 있는 어투와 문체로 썼다는 의미로 사용되었다. 마이야 신부는 먼저 머리말 '인애인언'(仁愛引言)에서 이 책을 저술한 목적에 대해 설명하였다. 그리고 본문에서는 하느님[天主]의 존재·천지 만물의 창조·원죄와 구속·영혼의 불멸성·선악과 상벌·미신과 이단의 금지와 배척 등 주요 천주교 교리를 각각의 내용에 따라 소원(溯源)·구속(救贖)·영혼(靈魂)·상벌(賞罰)·이단(異端) 등 다섯 편으로 구성하였다.

1733년 북경에서 5권으로 간행된 이래 여러 차례 중간되면서 널리 읽혔으며, 1863년 상해 토산만에서 4권으로 재편집하여 간행된 이후에도 다시 여러 차례 간행되었다. 이처럼 《성세추요》가 신자들에게 널리 읽힌 이유는 책 속에 담겨 있는 교리 내용이 중요한 까닭도 있지만, 저자가 머리말에서 밝힌 것처럼 누구나 쉽게 읽을 수 있는 어투와 문체를 사용하였기 때문이다.

《성세추요》가 조선에 소개된 시기가 언제인지는 분명하지 않으나, 이승훈이 1784년 봄에 북경을 다녀오면서 가져온 서학서들 가운데 이 책이 들어 있었던 것만은 확실하다. 그 후 정약용·이기경(李基慶, 1756~1819) 등도 이 책을 읽었으며, 황사영도 이 책에 대해 알고 있었다. 또한 척사론자인 홍정하는 1791년 무렵 《증의요지》(證疑要旨)를 저술하여 이 책의 내용을 비판하였고, 주문모 신부는 이 책을 정약종(丁若鍾, 아우구스티노, 1760~1801)이 저술한 한글 교리서 《주교요지》와 비교하였다. 1801년의 신유박해 때 천주교 신자들로부터 압수했던 서적들 가운데도 이 책의 이름이 나타난다.

14) 《진도자증》(眞道自證)

이 책은 프랑스 출신의 예수회 선교사 샤바냑(É. de Chavagnac, 沙守信, ?~1717) 신부가 저술한 천주교 교리서이다. 그는 1701년 중국에 입국하여 복음을 선포하다가 사망하였는데, 이 책은 그가 세상을 떠난 다음해인 1718년에 예수회 선교사인 에르비외(J.-P. Hervieu, 赫蒼壁儒良子棋, 1671~1746) 신부가 〈정진도자증기〉(訂進道自證記)를 첨가하여 북경에서 4권 2책으로 처음 간행되었다. 그리고 1796년에는 북경교구장 구베아(A. de Gouvea, 湯士選, 1751~1808) 주교의 감준을 받아 중간되었고, 그 후에 상해의 토산만에서 여러 차례 중간되었다.

이 책에는 천주교의 주요 교리에 대한 해설과 불교에 대한 비판, 그리고 중국인들이 천주교에 대해 품고 있는 의문점을 규명한 내용 등이 실려 있다. 1권에서는 하느님·삼위일체·천지 신인 만물 조화설 등 성리(性理), 즉 천성(天性)을 다루고 있다. 그리고 2권에서는 원죄·구원 등 사도(事道)를, 3권에서는 증거를 들어 의심을 풀어 주는 박의인거(駁疑引據)를, 마지막으로 4권에서는 천주교를 설명하고 있다.

한편 이 책은 1784년 북경에 다녀온 이승훈에 의해 조선에 소개된 것으로 추정되며, 조선에 도입된 이후 이벽·권일신·정약용 등 초기 천주교회 지도자들을 비롯하여 많은 지식인들이 읽었던 것으로 보인다. 이들 가운데 《진도자증》을 비판한 대표적인 인물은 안정복과 홍정하였다. 안정복은 《천학문답》에서 《진도자증》을 주로 윤리적인 면에서 비판하였고, 홍정하는 〈진도자증증의〉(眞道自證證疑)를 통해 《진도자증》을 조목조목 비판하였다. 이러한 비판들은 당시 서학에 관심 있는 인사들이 그만큼 이 책을 가까이하였다는 사실을 보여 준다.

15)《만물진원》(萬物眞原)

《만물진원》은 이탈리아 출신의 예수회 중국 선교사 알레니 신부가 저술한 한역서학서이다. 초판본은 중국 항주(杭州)에서 출판되었지만 연도는 알 수 없고, 1628 · 1694 · 1791년에 북경에서, 그리고 1906년과 1924년에는 토산만에서 각각 간행되었다. 한편 강희제(康熙帝, 1661~1722) 때에는 만주어로 번역되었다.

이 책은 자연과학에 대해 서술하고 있으나, 본질적으로는 천주교의 교리를 설명한 호교서이다. 말하자면 천주교의 입장에서 자연과학을 설명한 것으로, 주된 내용은 하느님이 만물의 근원이시라는 것이다. 총 11장으로 나뉘어 있는데, 1~5장에서는 만물에는 모두 시작이 있으며 사람 · 만물 · 천지 · 원기(元氣) · 이(理) 등은 스스로 어떤 능력을 지니지 못한다고 하였다. 후반부 6~10장에서는 하느님이 천지 만물을 만들고 다스린다는 것을 설명하였으며, 11장에서는 하느님이 우주에 존재하는 모든 존재의 근원이 된다는 점을 거듭 밝히고 있다.

저자는 이기론(理氣論)을 중심으로 하는 유교의 논리를 반박하면서 천주교의 입장에서 논지를 펼쳤는데, 다른 많은 한역서학서와 함께 유교 문화권의 인식 체계를 변화시키는 데 적지 않은 영향을 주었다. 이에 대해 영조 때의 홍정하는 〈만물진원증의〉(萬物眞原證疑)에서 오행사상(五行思想)을 바탕으로 이 책의 내용을 비판하였다.

이 책이 조선에 소개된 시기는 명확하지 않다. 홍낙안(洪樂安, 1752~?)에 따르면 진산사건 당시 예산(禮山)의 촌민에게서 한글로 번역되거나 등사한 책이 나왔는데, 그 가운데 《만물진원》이 있었다고 한다. 김건순도 1801년의 공초(供招)에서 1789년 삼전동 사람〔三田洞人〕에게서 《만물진원》을 얻어 보았다고 자백하였다. 그러므로 이 책은 1789년 이전에 이미 조선에 소개되었고, 곧 한글로 번역되어 널리 읽혔음을 알 수 있다.

16) 《성교절요》(聖敎切要)

천주교의 주요 기도문과 칠성사(七聖事) 등의 교리를 설명한 한역서학서인 《성교절요》는, 1695년 중국에 입국한 아우구스티노 수도회의 오르티즈(Hortis Ortiz, 白多瑪) 신부가 저술하여 1705년에 간행한 뒤 여러 차례 중간되었다. 모두 24편 가운데 23편에서 성호경·주님의 기도·성모송·신경 등 주요 기도문을 풀이한 다음, 십계명·교회 사규·칠성사 등 주요 교리를 비롯하여 복음 삼덕·사추덕·성령 칠은·칠죄종·칠극·진복팔단 등 천주교의 주요 덕목을 설명하였다.

이 책의 한문본은 1784년 봄에 이승훈이 북경에서 돌아오면서 가지고 온 것으로 추정된다. 왜냐하면 교회 설립 초기에 조선 신자들이 북경에 보낸 서한에 이 책과 비슷한 이름이 나타나며, 이기경의 《벽위편》에 수록되어 있는 정인혁(鄭仁赫, 타대오, ?~1801)의 문초 기록에 "권일신이 기유년(1789) 봄에 최필공에게서 이 책을 빌려 보았다"라는 기록이 나타나기 때문이다.

한글본 《성교절요》는 1865년에 서울의 목판 인쇄소에서 제4대 조선교구장 베르뇌(S.F. Berneux, 張敬一, 1814~1866) 주교의 감준으로 간행되었으며, 이어 활판본으로 여러 차례 중간되면서 널리 읽혔다. 그러나 이 한글본은 한문본을 그대로 번역한 것이 아니라 한문본에서 칠성사 부분만을 발췌하여 번역한 것으로, 신자들에게 성사에 대한 가르침과 이해를 높여 주기 위해 간행하였다. 한문본이 한글로 번역된 것은 1789년경으로 여겨지는데, 현재 남아 전하는 한글 번역 필사본 가운데 쿠랑(M. Courant, 1865~1935?)의 《조선서지》(朝鮮書誌)에도 소개된 1837년본(한국천주교순교자박물관 소장)이 현존하는 가장 오래된 책〔最古本〕이다.

17) 《성경광익》(聖經廣益)

예수회의 중국 선교사인 마이야 신부가 저술한 복음 해설서로, 연중 주일과 축일 복음을 설명하였다. 이 책은 한문으로 저술된 최초의 신약 관련 서학서(西學書) 가운데 하나로, 1740년 북경에서 상·하 2권 2책으로 간행된 후 널리 읽히면서 여러 차례 중간되었다. 첫머리에는 묵상의 의미와 여러 가지 묵상 방법들을 소개하였고, 본문은 주일과 축일의 성서 구절이 각각 하나의 장(章)으로 구성되어 있다. 본문의 각 장은 다시 그날의 성서 구절을 서술한 부분, 성서 구절을 요약해서 묵상 자료를 제시해 주고 묵상 후 '마땅히 실천해야 할 덕목〔宜行之德〕', 묵상을 끝마치고 '당연히 힘써 해야 할 기도〔當務之求〕' 등 세 부분으로 구분하였다. 그렇지만 주해나 잠(箴)은 없다.

조선에는 천주교 신앙 공동체 설립 직후에 소개되어 1790년대 초 최창현 등에 의해 한글본 《성경광익》으로 번역되거나 필사되었으며, 《사학징의》에도 《성경광익》의 이름이 나타난다. 또 현존하는 한글 필사본 《성경직해광익》도 이 무렵에 이미 편찬되었을 것으로 추정되는데, 이 책은 한문본《성경광익》에서 '마땅히 실천해야 할 덕목'과 '당연히 힘써 해야 할 기도' 부분만을 취하고, 디아즈 신부의 한문본《성경직해》(聖經直解)에서 성서의 본문·주해·잠 등을 취했다. 한글본《성경직해광익》은 훗날 한글 활판본《성경직해》의 대본으로 사용되었다. 따라서 한문본《성경광익》은 19세기 박해시대 신자들의 성서 이해는 물론 한글 필사본《셩경직해광익》과 활판본《셩경직해》의 이해, 성서를 한국어로 번역하는 과정 등을 살펴보는 데 중요한 자료이다.

18)《성교천설》(聖教淺說)

《성교천설》은 천주교의 기본 교리를 자세히 소개하면서 신앙을 받아들이도록 권하기 위하여 저술된 한역서학서로, 모두 4권 4책으로 간행되었으나, 저자와 간행 연도를 알 수 없다. 내용은 하느님의 존재를 이해시키고자 한 '인진주'(認眞主), 삼위일체를 이해시키고자 한 '식기성삼'(識己性三), 선행과 악행 및 하느님이 주는 상벌을 이해시키고자 한 '상선벌악'(賞善罰惡), 예수 그리스도의 생애와 행적을 알려 주는 '감강생'(感降生)으로 구성되어 있다.

정조 15년(1791) 홍낙안의 진술에 "충청도 예산 일대에서《성교천설》이 압수되었다"라는 기록이 있는 것으로 보아, 이 책이 당시 이미 조선에 소개되었음을 알 수 있다. 또한《사학징의》에 실린 압수된 책 목록에《성교천설》이 있는 것으로 미루어 보아, 교회 설립 초기에 조선에 소개되어 한글로 번역되었음이 분명하다.

〈표 3〉 조선에 소개된 천주교 교리서

서명	저(편·역)자	간행 연도	소개자	소개 시기	출전
천주실의	마테오 리치	1603	이수광	1601~1613	지봉유설
교우론	마테오 리치	1595	이수광	1613	지봉유설
칠극	판토하	1614	허균		어우야담
영언여작	삼비아시	1624		1724 이전	서학변
주제군징	샬 폰 벨	1629	이의현	1732	도곡집
삼산논학기	알레니	1627	이의현	1732	도곡집
기인십편	마테오 리치	1608		1757 이전	순암집
변학유독	마테오 리치	1609		1757 이전	순암집
성경직해	디아즈	1636		1762 이전	지나역사회모본
달도기언	바뇨니	1636		1782 이전	외규장각형지안
도해고적기	투데슈니			1782 이전	외규장각형지안
매괴경 15단	페레이라			1782 이전	외규장각형지안
비록휘답	바뇨니	1636		1782 이전	외규장각형지안
성수기언				1782 이전	외규장각형지안
수신서학	바뇨니	1630		1782 이전	외규장각형지안
영혼도체설	롱고바르디			1782 이전	외규장각형지안
외천애인극론				1782 이전	외규장각형지안
수진일과	디아즈			1784	벽위편
성경광익	마이야	1740			사학징의
성교천설				1791 이전	정조실록
성기백언	로	1632		1791 이전	외규장각형지안
수난시말 1권	판토하			1800 이전	사학징의
야소수난도문	판토하			1800 이전	사학징의
염주묵상규정 1권	롱고바르디			1800 이전	사학징의
주년주보성인단	페레이라	1701		1800 이전	사학징의
진복직지 2권	루벨리	1638		1800 이전	사학징의
천신도문	디아즈			1800 이전	사학징의
천주교요	중국 예수회			1800 이전	사학징의

서명	저(편·역)자	간행 연도	소개자	소개 시기	출전
인회약		1633경		1782 이전	외규장각형지안
재극	로			1782 이전	외규장각형지안
재가서학	바뇨니	1624		1782 이전	외규장각형지안
주교연기총론	샬 폰 벨	1643		1782 이전	외규장각형지안
진복훈전총론	샬 폰 벨			1782 이전	외규장각형지안
진정서상	샬 폰 벨			1782 이전	외규장각형지안
척죄정규	알레니			1782 이전	외규장각형지안
천주강생	알레니	1635		1782 이전	외규장각형지안
언행기략					
천주성교시말론	바뇨니	1640경		1782 이전	외규장각형지안
태서인신개설	테렌츠			1782 이전	외규장각형지안
환우시말	바뇨니	1637		1782 이전	외규장각형지안
회죄요지	알레니			1782 이전	외규장각형지안
비학경어	바뇨니			1782 이전	외규장각형지안
동유교육	바뇨니			1782 이전	외규장각형지안
여학고언	바뇨니			1782 이전	외규장각형지안
성년광익	마이야	1738		1784 이전	황사영 백서
십계	소에리오	1631		1784	이전순암집
성세추요	마이야	1733	이승훈	1784	정조실록
천주성교일과	롱고바르디	1602	이승훈	1784	한국천주교회사
이십오언	마테오 리치	1604	이승훈	1784	황사영 백서
진도자증	샤바냑	1718	이승훈	1787	천학문답
만물진원	알레니	1628		1789 이전	추안급국안
교요서론	페르비스트	1670		1789 이전	추안급국안
성교절요		1705		1789 이전	벽위편

제2절 서학과 천주교에 대한 유학자들의 반응

서양의 그리스도교 신학·철학·천문학·세계지리 등에 관한 한역서학서들을 접한 조선 지식인들의 반응은 한결같지 않았다. 일부 내용에 대해서는 긍정적인 태도를 표명했으나, 또 다른 면에서는 비판적인 태도를 취하였던 것이다. 이수광은 예수회 선교사가 제작한 세계지도를 접하고는 매우 놀라워하였지만, 마테오 리치 신부와 《천주실의》에 대해 객관적으로 소개하는 데 그쳤다. 반면에 유몽인은 비판적인 태도를 보였다. 그는 천주교에는 이치에 합당한 말이 많지만[語多有理], 천당·지옥설과 성직자들이 혼인을 하지 않는 것[不事婚娶] 때문에 유교의 종지(宗旨)에 어긋나는 사교(邪敎)가 세상을 어지럽히는 이치를 모면할 수 없다[左道惑世之理]고 비판하였다(《어우야담》, 〈서교〉[西敎]).

유몽인의 경우처럼 천주교의 우주론을 알게 된 대부분의 지식인들은 중국의 유학자들과 마찬가지로 철학적·신학적 의미를 지닌 예수회의 주장을 무시하거나 배척하였다. 그럼에도 불구하고 서학에 관한 관심이 더욱 확산되는 18세기 중엽에 이르러서는 지식인이라면 누구나 한역서학서를 서재에 갖추어 두고 가까이할 정도로 유행하였다. 특히 성호학파(星湖學派)의 소장학자들을 중심으로 서학에 대한 학문적 관심이 크게 고조되고 있었다.

그렇지만 그들도 서학에 대한 인식은 서로 달랐다. 서학을 전면적으로 배격해야 한다는 주장이 제기되었는가 하면, 서양의 과학 기술은 수용할 수 있지만 그들의 종교와 윤리는 배격해야 한다는 주장도 있었다. 이와는 달리 성호학파 가운데에서도 권철신이 이끄는 이른바 '녹암계'(鹿菴系)의 신진 학자들은 서학을 전면적으로 수용함으로써 보유론적 입장에서 천주교 신앙을 받아들여 자생적인 신앙 공동체를 탄생시켰다.

1. 정두원(鄭斗源, 1581~?)

정두원은 인조를 도와 친명배금(親明排金)에 앞장섰던 인물로, 인조 2년 (1624)에는 관향사(館餉使)로 조선 조정에 후금(後金)을 치도록 강요하던 명의 모문룡(毛文龍, 1576~1629)에게 군량을 조달하였다. 그리고 인조 5년(1627)에 발발한 정묘호란 때에는 임진강의 군량 수송을 담당하였다. 이런 그가 인조 8년(1630) 진주사로 명에 가게 되었다. 그런데

> **관향사**
> 조선후기에 지방의 군량(軍糧)을 관리하던 벼슬. 인조 1년(1623)에 설치하여 초기에는 전국적으로 파견하였으나, 이후 평안도 지역에 치중하여 파견되었고 평안 감사가 겸임하였다.

당시는 여진족의 후금이 요동 지방을 점령하고 있어서 육로로 갈 수 없었기에 서해를 건너 산동반도의 등주(登州)를 거쳐 북경으로 갔다.

이듬해 2월 귀국길에 오른 정두원은 등주에서 예수회 선교사 로드리게스 신부를 만나 그에게서 천리경(千里鏡)·서양 화포(西砲)·자명종(自鳴鐘)·염초화(焰硝花)·자목화(紫木花) 등과 많은 한역서학서를 받아 귀국하였다. 그 내용은 《국조보감》(國朝寶鑑)에 다음과 같이 자세하게 기록되어 있다.

> 진주사 정두원이 명의 서울에서 돌아와 서양 화포·염초화·천리경·자명종·자목화 및 각종 도서 등을 올렸다. 임금은 그 뜻이 적을 방어하기 위한 것이라 하여 한 자급(資級)을 특별히 올려 주려다가 사간원의 계사(啓辭)로 취소하고 말았다. 정두원이 먼저 와 보고하기를, '서양이라는 나라는 중국과는 9만 리나 떨어진 거리에 있어 3년을 와야 명의 서울에 올 수 있습니다. 육약한(陸若漢)은 바로

이마두(利瑪竇)의 친구로서 자기 나라에 있으면서 화포를 만들어 말썽을 부리던 홍이(紅夷)·모이(毛夷)를 섬멸하였습니다. 게다가 천문과 역법에는 더욱 정통하다는 것입니다. 그가 광동(廣東)에 와서 화포로 오랑캐 무리를 토벌하자고 청하자 황제는 그를 가상히 여기고 그에게 교관(敎官)을 맡겨 등주(登州)의 군영으로 보냈으며, 빈사(賓師)의 예로 대우하였습니다. 그리고 흠천감(欽天監)에서 역서를 만들면서도 전적으로 (육)약한의 말대로 한다는 것입니다. 하루는 약한이 신을 찾아왔는데 나이가 97세라는데도 정신이 깨끗하고 기상이 거침없어서 마치 신선 같았습니다. 신이 화포 1문을 얻어 우리나라에 가 바치고 싶다고 했더니, 그는 즉석에서 허락하고 아울러 그 밖의 다른 서적들과 기물들을 주기에 그것들을 뒤에다 적습니다.

치력연기(治曆緣起) 1책, 천문략(天文略) 1책, 이마두 천문서(利瑪竇天文書) 1책, 원경설(遠鏡說) 1책, 천리경설(千里鏡說) 1책, 직방외기(職方外記) 1책, 서양국풍속기(西洋國風俗記) 1책, 서양국에서 바친 신위대경소(神威大鏡疏) 1책, 그리고 천문도(天文圖)남북극(南北極) 2폭, 천문(天文) 광수(廣數) 2폭, 만리전도(萬里全圖) 5폭, 홍이포(紅夷砲) 제본(題本) 하나였습니다.

천리경은 천체 관측뿐만 아니라 적군 진영 속의 미세한 물건을 100리 밖에서도 관측할 수 있는 물건으로 그 값이 은화 300~400냥이 가는 것이라고 하였습니다. 일구관(日晷觀) 1대는 시각을 맞추고 동서남북을 정하며 해와 달의 운행을 알아보는 데 쓰이며, 자명종은 12시간마다 저절로 소리가 나는 것입니다. 화포는 불심지를 쓰지 않고 화석(火石)으로 쳐서 불이 저절로 일어나는 것인데, 우리나라 조총(鳥銃) 두 발을 쏠 시간에 4~5발을 쏠 수 있어 빠르고 잽싸기가 귀신과 같으며, 염초화는 바로 염초를 굽는 함토(土)이고, 자목화는 바로 목화로서 빛이 붉은 것입니다' 하였다(《국조보감》35, 인조 9년 7월).

정두원은 로드리게스 신부를 명의 황제가 인정할 정도로 천문·역산(曆算)과 총포 제조에 뛰어난, 고결한 정신과 수려한 외모를 지닌 신선과 같은 인물로 인조에게 보고하였다. 정묘호란 이후 후금과의 전쟁에 대비하여 전력 증강에 몹시 애쓰고 있던 인조는 천리경·홍이포(紅夷砲)·염초화 등에 관심을 보였다. 그래서 정두원의 공을 높이 평가하여 지위를 한 자급 올려 주고자 하였으나, 승정원과 사간원(司諫院)에서 "기이하기만 하고 실용성이 적다"라는 이유로 반대함으로써 수포로 돌아갔다. 인조의 각별한 관심에도 불구하고 정두원이 가져온 물건은 제대로 활용되지 못하였고, 책들도 누가 읽었는지 또 어떻게 되었는지조차 알 수 없게 되고 말았다.

다만 정두원을 따라 명에 갔던 39명 가운데 역관 이영후는 로드리게스로부터 받은 《천문략》과 《치력연기》 등과 같은 책들을 읽고 나서 그와 서신 교환을 하였다. 그는 유교사회의 전통적인 개천설이나 혼천설과 전혀 다른 우주관인 12중천설(十二重天說)을 비롯한 서양의 역법 등에 관한 의문점을 가르쳐 주기를 바라는 편지를 썼던 것이다. 그가 특히 충격을 받은 것은 《만국지도》의 5대주설(五大洲說)이었다. 그는 자신이 믿고 있던 화이적(華夷的) 세계관에 대한 충격을 솔직하게 고백하였다. 그러나 1632년 손원화(孫元化)의 부대에서 반란이 일어나면서 이들 사이의 교류는 단절되었다.

그런데 정두원이 로드리게스를 만나고 돌아온 지 22년 뒤에 조선은 서양의 역산법을 공식적으로 채택하였다. 김육이 예수회의 천체력과 이로부터 도출된 방식이 믿을 만하다고 주장하여 샬 폰 벨 신부가 제작한 시헌력(時憲曆)을 채택했던 것이다. 이를 위해 김육은 인조 24년(1646)부터 몇 차례의 시도 끝에 마침내 효종 4년(1653) 천문학관(天文學官) 김상범(金尙范, ?~1655)을 북경에 파견하여 뇌물을 써가며 흠천감에서 시헌력을 배우게 하였으며,

그 결과 조선 정부는 그가 작성한 시헌력을 사용하기로 결정하였다.

이처럼 별다른 논쟁 없이 서양의 역법을 받아들인 것은 서양의 문물이 당시 유교가 지배하는 조선 사회의 가치와 양립할 수 있는지에 대해 거의 염려하지 않았음을 보여 준다. 다시 말해서 17세기의 중국이나 조선에서는 어느 누구도 서양인의 우수한 기술이 자신들의 가치관이나 왕조의 안정을 위협한다고 생각하지 않았던 것이다. 흔히 조선이 중국보다 유교 이념에 더 집착했다고 알려져 있지만, 17세기의 조선에서 반서양(反西洋)을 외치는 사람들은 없었다.

그렇지만 조선 정부는 서양의 역산법에 대해서는 논의하면서도 서양의 종교나 우주론에 대해서는 공식적으로 거의 언급하지 않았다. 18세기에 들어서서도 천문학을 신학이나 형이상학적 의미가 배제된 수학 공식의 문제로 계속 간주하였다. 서양 역법[시헌력]을 채택한 지 반 세기가 지난 뒤에도 예수회 선교사들이 제시하는 그리스도교의 우주론을 인정하지 않았던 것이다.

2. 김육(金堉, 1637~1692)

17세기 초부터 소개되기 시작한 한역서학서와 서양 문물들은 일부 지식인들과 천문·역산 관련 종사자들의 주목을 받았다. 그런 가운데 이를 조선 사회에 활용하려는 움직임이 일어났는데, 특히 서양 역법을 도입하려는 시도가 두드러졌다. 인조 23년(1645) 봉림대군이 귀국할 때 샬 폰 벨 신부는 봉림대군을 수행하는 호행재신(護行宰臣) 한흥일(韓興一, 1587~1651)에게 서양 역산서《개계도》(改界圖)와《칠정력비례》(七政曆比例)를 선물하였는데, 한흥일은 귀국 후 이것들을 인조에게 바쳤다. 그러면서 그는 아래의 기록에서 볼 수 있듯이 샬 폰 벨 신부의 시헌력을 연구하도록 건의하였고, 이를 인조가 받아들이면서 처음으로 시헌력을 채택하기 위한 연구가 시작되었다.

> 달력을 반포하여 백성들에게 농사철을 알려 주는 일은 제왕으로서 가장 먼저 해야 할 일입니다. 그런데 원나라 곽수경(郭守敬)이 역서(曆書)를 고쳐 만든 지가 거의 4백여 년이나 되었으니, 지금 당연히 바로잡아야 합니다. 그리고 또한 탕약망(湯若望)이 만든 역서를 보니 더욱 고쳐 바로잡아야 하겠기에, 감히 《개계도》 및 《칠정력비례》 각 1권씩을 바칩니다. 해당 관원으로 하여금 살펴 헤아려 결정하도록 해서 역법(曆法)을 밝히도록 하십시오"(《인조실록》 46, 인조 23년 6월 갑인).

이처럼 중국에서 정착되기 시작하던 서양 역법이 천문관측기기와 한역 천문·역서 등의 형태로 조선 사신들이나 인질로 갔다가 돌아오는 소현세자·봉림대군 등을 통하여 조선에 소개되어 관상감 종사자들의 강한 흥미를 유발시켰던 것이다. 그리하여 이들이 서양 역법에 근거하여 종래의 역법을 수정하고자 건의하기 시작하였다. 인조도 한흥일이 가져온 《신력효식》(新曆曉式)을 보고는 관상감 관원에게 명하여 그 법을 따져 보라고 하였다. 한흥일의 건의는 조선에서 시헌역법을 연구하고 시헌력을 도입하는 계기를 만들었던 것이다.

그렇지만 조선에 소개된 한역 서양 역법서만으로 시헌력을 제대로 이해하고 파악할 수 있는 단계까지 이르기는 어려웠다. 또한 문헌 자료들만으로는 어렵고 까다로운 서양 역산법을 스스로 배우고 익혀 터득할 수 없었다. 따라서 중국에서 더 많은 관련 자료들을 구하는 한편, 관상감 관원이 직접 중국에 가서 서양 역법 전문가들에게서 역산법을 전수받을 수밖에 없었다. 이 문제의 해결을 위해 직접 나선 사람은 당시 천문 역산의 책임을 지고 있던 관상감 제조 김육이었다. 그는 원나라 때 곽수경(郭守敬)·허형(許衡) 등이 제정한 수시력(授時曆)이 정교한 책력이지만 세월이 오래 지남에 따라 천체 운행의 오차가 많이 벌어졌기 때문에 책력을 고쳐야 한다고 하면서, 다음과 같이 건의하였다.

> 서양의 책력이 마침 이러한 시기에 나왔으니 이는 참으로 책력을 고칠 기회입니다. 다만 한홍일이 가지고 온 책은 의논만 있고 입성(立成)은 없어서 이 책을 지을 수 있는 사람이라야만 이 책을 알 수 있지, 그렇지 않고서는 10년을 탐구하더라도 그 깊은 원리를 알 수 없습니다. 중국이 병자·정축 연간(1636~1637)에 이미 역법을 고쳤으므로 내년의 새 책력은 반드시 우리나라의 책력과 크게 다를 것입니다. 새 책력 가운데 만약 잘 맞아떨어지는 것이 있다면, 마땅히 옛 것을 버리고 새것을 만들어야 합니다. 그런데 다른 나라가 책력을 만드는 일은 곧 중국에서 금지하는 일입니다. 비록 사람을 보내어 배움을 청할 수는 없다 하더라도, 이번 사행 때 관상감 관원[日官] 한두 사람을 데리고 가서, 역관으로 하여금 흠천감에 탐문하여 최근 몇 해 사이에 책력을 만드는 자료[縷子]를 알아내고, 그 법을 미루어 생각해서 의심나고 어려운 곳을 풀어 온다면 거의 추측하여 알 수 있을 것입니다(《인조실록》 46, 인조 23년 12월 병신).

김육은 이듬해 사은 겸진주부사(謝恩兼陳奏副使)로 북경에 갈 때 관상감 관원 두 명을 데리고 가서 샬 폰 벨 신부로부터 새 역법에 관해 배우도록 조치하였다. 그렇지만 당시 흠천감 출입을 엄격하게 규제하고 있었기 때문에 직접 방문하여 배울 기회를 얻을 수 없었다. 그래서 김육은 새로운 역법에 관한 서적을 몇 종류 구입하여 김상범에게 주어 연구시키는 것으로 만족할 수밖에 없었다.

사정이 이렇다 보니 조선으로서는 새로운 역법에 관한 서적들을 밀무역으로라도 도입하고자 했다. 사은사로 북경에 간 이경석(李景奭, 1595~1671)은 《시헌력》을 구할 수도, 샬 폰 벨 신부를 만날 수도 없었다. 그런데 이경석은 호란 때 포로로 잡혀가 그곳에 살고 있던 이기영(李奇英)이 산술(算術)에 대한 지식이 있는데다 중국말까지 익숙하다는 것을 알게 되었다. 이기영은 관상감 관원 이응림(李應林)의 아들이었던 것이다. 이에 이경석은 이기영에게 샬 폰 벨 신부로부터 역법을 배우도록 한 다음, 훗날 그의 아버지를 보내 배운 내용을 전해 받을 수 있도록 조처하였다. 그리고는 백금(白金) 수십 냥을 주어 모두 140~150권이나 되는 역법서들을 샬 폰 벨 신부에게서 사들여 가져올 수 있도록 조치하였다(《인조실록》 47, 인조 24년 6월 무인).

인조 26년(1648)에는 천문학정(天文學正)으로 재직하고 있던 송인룡(宋仁龍)을 북경에 파견하여 시헌력의 산법(算法)을 배워오게 하였다. 그는 당시 청이 역서(曆書)를 사사로이 배우는 것을 매우 철저하게 금지했기 때문에, 겨우 한 차례만 샬 폰 벨 신부를 만나 필담으로 일전행도법(日 行度法)에 관하여 문답을 교환할 수 있었을 뿐, 제대로 배울 수 없었다. 대신 그로부터 《누자초》(縷子草) 15권과 성도(星圖) 10장을 구해서 귀국하였다.

김육은 효종 2년(1651)에 김상범을 다시 북경으로 파견하였다. 그는 적지 않은 뇌물을 뿌린 뒤에야 흠천감에 출입하면서 시헌역법(時憲曆法)을 익힐 수 있었다. 주요 내용을 파악한 그는 귀국한 다음 이를 바탕으로 여러 달 동안 추산한 끝에 시헌력을 제작할 수 있었으며, 마침내 효종 5년(1654)부터 사용하기 시작함으로써 시헌력이 채택되었다. 관상감에서는 이 시헌력을 보다 정확하게 제작하기 위해 김상범을 또다시 북경에 파견했으나, 그는 도중에 병으로 사망하였다.

한홍일·김육·김상범 등의 노력으로 조선 정부는 시헌력을 자체적으로 제작할 수 있었다. 비록 새로운 역산법을 완전히 터득해서 제작한 것은 아니었지만, 당시 사용하고 있던 대통력(大統曆)의 오차를 수정할 수 있어서 민생 안정에 크게 이바지하였다. 이 시헌력의 채택은 17세기에 한역서학서를 통해 수용한 서양 문물들 가운데 가장 주목되는 성과였다.

3. 김만중(金萬重, 1637~1692)

한글소설 《구운몽》·《사씨남정기》의 작가로 잘 알려진 김만중은 현종·숙종 때 활동했던 서인(西人)의 핵심 인물 가운데 한 사람이었다. 이러한 그가 중국에 와 있던 서양 선교사들에 대해 다음과 같이 소개하였다.

서양사람 이마두(利瑪竇)가 만력 연간(1573~1619)에 배를 타고 동쪽으로 넘어왔는데, 그의 자명종과 안경을 모든 사람들이 보물로 여겼다. 그들의 이른바 천주교는 다만 이지조(李之藻)·서광계(徐光啓) 등 몇 사람만이 좋아하였다. 숭정(崇禎) 황제 때 탕약망(湯若望) 등에게 명령하여 역법을 수정하도록 하면서부터 천주교가 중국에 매우 보급되었다. 불교의 시초도 아마 이와 같았을 것이라 생각된다(《서포만필》하).

동시에 그는 이전까지 혼천설이나 개천설이 서로 막혀 통하지 못했는데,

서양의 '땅이 둥근 공처럼 생겼다는 학설〔地球說〕'에 비로소 전체를 알게 되었다고 하면서 서양 역법을 높이 평가하였다. 김만중은 정두원이 가지고 왔던 《이마두 천문서》(利瑪竇天文書)의 일부를 보았던 것으로 여겨지는데, 그것은 이지조가 1607년에 편찬한 《혼개통헌도설》이다. 아래의 기록에서도 알 수 있듯이 그는 중국에서 한역된 《혼개통헌도설》(渾蓋通憲圖說)에 관심을 보였을 뿐만 아니라 그 내용을 긍정적으로 수용하고 있었다.

> 명의 만력 연간에 서양의 지구설이 나타나서 혼천·개천의 두 주장이 비로소 통하여 하나로 되었으니, 역시 시원스러운 일〔快事〕이라 하겠다. 생각건대 고금에 하늘〔天〕을 논한 자들을 비유하면 코끼리를 어루만져 보고 각각 일부분만 알았는데, 서양 역법에 이르러서 비로소 전체를 알게 되었다(《서포만필》 하).

당시 유학자들 가운데에는 예수회 선교사들이 제시한 천문학과 우주론 사이의 연계성을 인정한 사람들도 있었다. 그럼에도 불구하고 다음 단계로 나아가서 예수회 선교사들이 전하는 신앙을 받아들인 사람은 거의 없었는데, 공개적으로 서양의 우주론을 지지한 사람 가운데에는 김만중이 있었다. 그는 전통적인 혼천설이나 개천설보다 서양의 지원설(地圓說)이 더 일관성이 있고 설득력이 있으므로 이를 믿을 수밖에 없다고 했다. 아울러 지원설만큼이나 지전설(地轉說)도 타당하다고 보았다. 그렇지만 김만중은 예수회 선교사들의 천문학과 우주론에 감탄하면서도, 서양과학의 유용성이 서양 종교에 호감을 갖게 만들지는 않는다고 하였다. 그는 그리스도교를 단지 불교의 한 갈래로 보았을 뿐이었다.

4. 이이명(李頤命, 1658~1722)

17세기 초부터 조선에 소개된 서학은 처음에는 조선의 학문과 사상에 별다른 영향을 끼치지 못했다. 앞서 언급했던 바와 같이 서양의 세계지도와 지리서, 그리고 천문도가 전해졌음에도 불구하고 김만중이 지원설을 주장했을 뿐, 대부분의 유학자들은 여전히 하늘은 둥글고 땅은 네모나다는 천원지방설(天圓地方說)을 고집하면서 유럽의 자연과학적 세계관을 받아들이기 위한 노력을 기울이지 않았다. 그런 가운데 정부 차원에서 서양 역법에 근거한 시헌력을 채택하여 새로운 역서를 만들기 위해 노력하고 있었다.

18세기 조선의 역법 발전에 영향을 끼친 이는 예수회 소속의 쾨글러 신부였다. 그는 강희제의 명령으로 북경에 와서 1725년부터 흠천감정(欽天監正)이 되어, 세상을 떠나기 전까지 29년 동안 역정(曆政)에 종사했다. 조선 사신으로 그를 처음 만난 인물은 경종 즉위년(1720년)에 숙종의 사망 사실을 알리러 고부주청사(告訃奏請使)로 간 이이명이었다. 그는 유례를 찾기 어려울 정도로 당쟁이 치열하게 벌어졌던 숙종 때 활동했던 노론의 지도자 가운데 한 사람이었으나, 양전(量田)·국방 문제 등에 관심이 많았던 실학적인 성향을 지닌 유학자이기도 했다.

이이명은 쾨글러 신부와 수아레스 신부를 만나자, 그들에게 천주교의 가르침(天主之學)과 천체 운행·기후 변화의 학술(曆數之術)에 대해 질문했다. 그러나 그들의 대답을 분명하게 이해할 수 없어서 뒤에 다시 만날 것을 약속하고 헤어졌다. 그 뒤 이이명은 이들에게 항성과 행성의 운행을 계산하는 방법에 관한 많은 지식을 알려 줄 것을 요청하는 편지를 보냈다. 그런데 편지에서 서양인 신부의 전문지식을 높이 평가했지만, 그들의 우주론과 지리

이론까지 믿는 것은 아니라고 했다. 그는 하늘이 둥글며 한가운데가 높고 가장 자리가 낮다는 사실에는 동의했지만, 지구가 둥글다는 주장에는 동의하지 않았던 것이다.

두 신부에게 리치 신부와 알레니 신부의 저술이 매우 흥미롭다고 말했던 점으로 보아 아마도 두 신부는 이이명에게 천문학 서적과 함께 천주교 관련 서적들도 주었던 것 같다. 그런데 아래의 글에서 볼 수 있듯이 그는 자신이 알고 있는 천주교 윤리에 대하여 조금도 반대하지 않았다.

> 이마두·애유략(艾儒略, J. Aleni) 등 여러 선생들의 저서들을 통하여 천주교의 요지를 알 수 있었습니다. 오, 세상의 낙도지사(樂道之士)로 하여금 모두 그대 나라의 선교하는 신부들과 같은 바람을 드러냈다면, 영원히 전하는 성현의 가르침이 어찌 전해지지 않았겠습니까. 서양 선교사[西士]의 고심하는 바는 귀신도 감동시킬 만합니다. 대개 천주교에서 상제(上帝)에게 제사 지내며[對越] 인간의 본성을 회복하려고 힘쓰는 것은 우리 유교의 가르침과 크게 다르지 않습니다. 그러니 도교의 청정(淸淨)이나 불교의 적멸(寂滅)과는 같이 논할 수 없습니다(李頤命,《疎齋集》書牘 與西洋人蘇霖載進賢).

이처럼 이이명은 천주교가 유교와는 같은 차원에서 비교할 만하지만 도교나 불교와는 비교할 수 없을 정도라고 하면서, 서양 선교사들의 선교 노력과 사명 의식을 높게 평가하였다. 그렇지만 천주교의 가르침을 무조건 인정했던 것이 아니라 유교 가치에 도움이 되는 천주교의 가르침만 칭찬하였다. 그리고 서양 선교사들이 자신을 유교에서 천주교로 인도하려는 것에 대해서는 다음과 같이 이의를 제기하였다.

당신들이 말하는 천주의 강림은 석가모니의 탄생 이야기와 비슷합니다. 천당과 지옥에 관한 당신들의 가르침은 과연 말이 되는 것일까요? 이런 어처구니없는 말로써 천하를 변화시키기는 지극히 어려운 일입니다(李頤命,《疎齋集》書牘 與西洋人蘇霖載進賢).

요컨대 그는 예수와 석가모니의 탄생 이야기가 비슷하고, 천주교의 지옥설은 불교의 인과응보설에서 취한 것으로 간주했던 것이다. 이처럼 그는 종교를 도덕, 그리스도교의 우주론을 천문학으로부터 분리시킴으로써 서양 역법의 정확성이 그리스도교 신학의 참됨을 입증한다는 예수회 선교사들의 주장을 거부했던 것이다.

5. 이익(李瀷, 1681~1763)

17세기에는 국가적 차원에서 서양 역법을 제외한 서학을 받아들이는 데에 적극적이지도 않았지만, 한역서학서들에 대해 어떠한 제재를 가하지도 않았다. 이러한 분위기는 18세기 전반까지 그대로 유지되었다. 그런 가운데 성호학파를 중심으로 천주교와 서학에 대한 연구를 심화시키면서 '수용'과 '비판'이라는 두 갈래 경향이 드러나기 시작하였다. 이러한 움직임의 단서를 제공한 유학자가 바로 성호 이익이었다.

숙종 6년(1680) 이른바 '경신환국'으로 서인(西人)들이 집권하면서 남인들이 정계에서 대거 축출당할 때 그의 부친 이하진(李夏鎭, 1628~1682)도 평안도 운산(雲山)으로 유배되었다. 이익은 그곳에서 이하진의 다섯째 아들로 태어났다. 아버지가 유배지에서 사망한 뒤 그는 형들에게서 배우면서 성장하였다. 청소년 시절 자신에게 글을 가르쳐 준 둘째 형 이잠(李潛)마저 1706년 당쟁으로 죽으면서, 일찌감치 과거 응시를 단념하고 오직 선산이 있는 경기도 광주 첨성리(瞻星里, 지금의 경기도 안산시 성포동)에서 학문 연구에만 전념하였다.

이익의 학문은 청남(淸南)의 지도자였던 허목(許穆, 1595~1682)과 윤휴(尹鑴, 1617~1680)의 영향을 많이 받았다. 그렇지만 그들에게 직접 가르침을 받아 답습한 것이 아니라 그들의 학문을 혼자서 이해하고 실천함으로써 학문적 일가를 구축하였다. 그가 문하생들에게 진리를 스스로 터득하고[自得], 그에 맞는 행위를 함께 나란히 힘쓰는[知行竝進] 학문 연구 방법론을 강조했던 점도 그의 체험에서 비롯된 것이었다.

이익은 경학(經學)을 비롯하여 역사·예론·시부(詩賦)·병법·천문·지리·서학·양명학·수학·회화 등에 이르기까지 두루 섭렵하였는데, 이러한 학문적 편력은 그가 저술한《성호사설》에 잘 나타나 있다. 그는 현실과 동떨어진 헛된 이론이나 말[空理空談]에 묻혀 새로운 것을 잘 받아들이지 않는 교조적 유교의 틀에 얽매이지 않고, 열린 연구 태도를 추구하였다. 그러했기 때문에 당시 이단으로 간주되던 서학이나 양명학에 대해서도 학자적 입장에서 분석하고 비판하되, 무조건 배척하지 않았던 것이다. 성호학파의 일부가 천주교를 받아들인 것도 이익의 개방적인 연구 태도와 연구 방법에 힘입은 바가 적지 않았을 것이다.

이익은 서학에 대해서도 남다른 관심을 보였다. 그가 읽은 한역서학서가

> **경학**
> 유교 경전의 뜻을 해석하거나 저술하여 널리 퍼트리는 학문. 조선 초기 권근(權近)의 학문 속에는 오경 중심의 경학과 사서 중심의 이학(理學)이 공존하는 현상을 드러냈다. 권근을 분수령으로 그 이전의 경학은 오경 중심인 데 비해, 그 뒤의 경학은 사서 중심의 이학의 테두리 속에서 이루어졌다. 성리학 전성기의 경학의 주제는 주로 사서, 그 중에서도 특히 《대학》을 중심으로 한 것이 주종을 이루었다. 그러나 조선후기에 와서 이른바 실학의 시대로 접어들면서 경학의 연구 범위는 다시 크게 확대되었다.

20여 종류나 되었는데, 천문·역산을 비롯하여 지리와 지도, 과학 기술, 그리고 천주교에 이르기까지 무척 다양하였다. 그렇지만 그는 서학을 똑같이 인식했던 것이 아니라 과학 기술에 관한 것과 천주교에 관한 것으로 구분하였다. 그리고 전자에 대해서는 높게 평가하였지만, 후자에 대해서는 비판적인 태도를 표명하였다.

이익은 서양과학에 감탄하면서, 땅이 공처럼 둥글다는 학설〔地圓說〕을 의심할 여지가 없는 것으로 믿었다. 그는 서양 역법이 매우 정확하여 성인(聖人)이 다시 태어나도 따를 것이라고 말할 정도로 서양 역서에 감탄을 금치 못했다. 다만 서양 역서가 현상의 세계만을 다루고 있어서 천체 현상의 배후에 숨겨진 의미를 이해하지 못한다는 단서를 달았다. 즉, "인간의 역서이지 하늘의 역서가 아니므로" 인간의 운명을 점치는 음양가(陰陽家)들은 구식 역서를 따르는 것이 낫다고 보았던 것이다. 이익은 서양 역법이 탁월하다고 하여 거기에 점성술적이거나 형이상학적 의미를 부여하지는 않았던 것이다.

이익은 자연철학의 문제에 관해서는 가장 합리적이라고 여겨지는 것에 찬동하였다. 그가 말한 합리성이란 성리학 창시자들의 말에 철저하게 집착하는 것을 의미하지 않았다. 예를 들어 그는 조석(潮汐)을 증발작용의 결과로 보는 정이(程頤, 1033~1107)의 설명에 따르지 않고, 달의 인력이 그러한 현상을 일으킨다는 서양 선교사들의 설명을 믿었다. 그렇다고 해서 서양 선교사들의 과학에 대한 주장을 아무런 비판 없이 동의하지도 않았다. 이익의 철학에서 '합

> **정이**
> 북송(北宋) 중기의 유학자로, 호는 이천(伊川)이다. 그는 형 정호(程顥)와 함께 주돈이에게 배웠고, 형과 함께 '이정자'(二程子)라 불리기도 하는데 정주학(程朱學)의 창시자로 알려졌으며, '이기이원론'(理氣二元論)을 수립하여 큰 업적을 남겼다. '경'(敬)을 중요하게 여겨 '거경궁리'(居敬窮理)에 힘썼다. 이와 같은 연구 방법은 주자(朱子)에 의하여 집대성되었다.

리성'이란 유교 경전의 도덕적 본뜻[敎義]과 일치하며, 감각적 경험이 동시에 성립하는 것을 의미하였다. 이익은 서양 선교사들이 감각적인 현상에 대하여 유교 전통보다 나은 설명을 제시할 경우 이를 기꺼이 받아들였다. 그러나 그들의 한역서학서가 유교의 윤리 규범과 도덕적 실천에 개입하려고 하자, 이익은 그들에게서 등을 돌리고 말았다.

이익은 예수회 선교사들이 보여 준 과학적 업적에 경의를 표했지만, 그렇다고 하여 천주교를 받아들이지는 않았다. 이익은 윤리와 신학에 관한 서양 선교사들의 서적을 탐독하고는 선교사들이 지키고 있는 높은 수준의 도덕적 태도에 좋은 인상을 받았다. 그러나 천주교의 교리에 대해서는 그만큼 감명 받지 않았다. 그는 선교사들의 저술에 나오는 하느님과 영혼의 존재에 대한 설명을 "모래와 자갈"로 표현하고, 이것만 제거되면 그 글들이 유가(儒家)의 입장과 같아질 것이라 보았다. 유교의 전통에서 보면 우주론과 종교는 도덕에 종속되어 있으므로 이를 계승한 이익 자신의 도덕 규범은 서양의 우주론으로부터 아무런 영향을 받지 않았다. 그리고 이익의 눈에는 재능 있는 기술자로만 보이는 서양 선교사들이 자신들의 신(神)을 숭배하라고 이익을 설득시킬 수는 없었다. 결국 이익에게는 예수회 선교사들이 전해 준 유럽의 자연과학을 통한 '가치관의 코페르니쿠스적 전환'은 일어나지 않았다.

예를 들면, 《천문략》에 대한 이익의 평가가 그러하였다. 그는 《천문략》에서 드러나는 종교적인 요소는 무시하고 아리스토텔레스(Aristoteles, 기원전 384~322)의 우주론만을 받아들였다. 예수회 선교사들의 본래 목적인 천주교의 가르침이 제외된 내용만 수용하였던 것이다. 이처럼 우주론의 이론과 천문학의 실제가 분리되었기 때문에 천문학에서 천주교 신앙으로 나아가는 과정에서 조선인들이 첫걸음을 내딛도록 설득하는 데에는 서양 선교사들이 예상했던 것보다 더 많은 시간이 필요하였다. 유교의 전통 속에서 서양 우주론에 대한 의심과 서양 천문학에 대한 호감이 공존했던 것이다.

이익은 《천주실의》와 《칠극》을 읽고 분석하여 자신의 천주교에 대한 인식을 보다 구체적으로 제시하였다. 그는 〈천주실의 발문〉[跋天主實義]에서 천주(天主), 즉 하느님은 유교의 상제(上帝)와 같은데, 공경하고 섬기며 두려워하면서 믿는 것은 불교의 석가와 같다고 하였다. 또한 리치 신부가 중국에 와서 불교를 배척하였지만, 천주교 역시 천당·지옥설로 말미암아 불교처럼 환망함에 빠진다고 하였다. 그리스도교의 신이 일정한 지역에만 내려와서 자비를 베푼다면 공평하지 못할뿐더러 한 하느님이 두루 온 세상을 돌아다닌다는 것도 불가능하며, 유럽에 있었다는 기적도 마귀의 짓이 아니라는 보장이 없는데 이러한 기적으로 사람들을 어지럽힌다고 지적하였다. 그리고 《칠극》에 대해서는 유교에서 밝히지 못한 내용이 있다는 점을 들어 좋게 평가하면서도 하느님과 마귀에 대한 이야기가 섞여 있음을 흠잡았다.

이러한 지적에 따르면, 이익은 천주교를 매우 부정적으로 보았다고 할 수도 있을 것이다. 그렇지만 다른 한편으로는 천주교의 교리를 이해하고자 노력한 시도도 없지는 않았다. 그는 천주교의 신(神)이 선진유교(先秦儒敎)에 보이는 상제(上帝)와 합치되는 것으로 이해하였고, 세상의 교화에 헌신하는 서양 선교사들을 높이 평가하였다. 다만 천주교의 교리가 유교의 심성설(心性說)과 다르고 천당·지옥설로 말미암아 끝내는 불교와 같이 '환망한 것'이라고 보았다. 그럼에도 불구하고 그는 천주교를 악을 없애고 덕을 쌓아 세상을 교화시키는 데 실질적인 쓸모가 있다고 인식하였다.

그렇기 때문에 아래의 기록에서 엿볼 수 있듯이 자신의 제자인 신후담(慎後聃, 1702~1761)이 천주교를 배척하는 태도를 보이자 만류하는 동시에 천주교에 대하여 보다 깊이 고찰해 보라고 권유하기도 했던 것이다.

> 윤유장(尹幼章)에게서 들어보니 자네는 천주학을 배격함에 온 정력을 다하고 있다는데,…천주학은…불교도가 세상을 어지럽히고 사람들이 정신을 차리지 못하도록 속이는 것과는 다르다. 서양에서 중국까지는 약 8만 리인데, 그들 서양 선교사들은 이 먼 길을 항해해 오면서 조금도 미련을 갖지 않았고, 중국에 도착해서 관직과 작록(爵祿)도 사용한 채 오직 그들의 도(道)를 알뜰하게 드러내는 데 힘써 이를 천하에 펴고자 한다. 그들의 도량이 넓고 크며 생각하는 바가 깊고 넓음을 볼 때 충분히 세상의 악착스러운 것을 깨칠 만하다고 나는 생각한다.
>
> 사람들은 그들이 멀리 찾아온 것은 거짓된 가르침을 펴 세상을 두루 빠지게 하려는 데 있다고 하지만, 나는 그렇지 않다고 생각한다. 천주학의 천주설(天主說)에 어두운 자는 놀라겠지만, 경전에 실려 있는 '상제·귀신의 학설'〔上帝鬼神之說〕로서 본다면 서로 부합되는 바도 있다. 이 점이 중국 학자가 '천주의 학설'〔天主之說〕을 물리침에 있어 서양 학자에게 끌렸던 까닭인 것이다. 그러므로 자네가 오늘날 천주학을 물리치고 있는 것도 아직 그에 대한 깊은 고찰이 없기 때문이 아닐까 두렵다(《하빈집》(河濱集) 2, 內篇 紀聞 星湖紀聞).

> **윤유장**
> 유장(幼章)은 윤동규(尹東奎, 1695~1773)의 자(字)이다. 그는 이익의 문인으로 과거 시험에 대한 미련을 버리고 독서와 진리 탐구에 몰두했으며, 일찍부터 사람들이 자기 나라의 역사〔國史〕에 어두운 것을 개탄하고는 자수(水)·열수(洌水)·패수(浿水)·대수(帶水)의 《사수변》(四水辨)을 저술했다. 뿐만 아니라 상위(象緯)·역법(曆法)·지리·강역(疆域)·의방(醫方) 등에도 막힘이 없었다.

이처럼 이익은 천주교에 대해 비판적인 입장을 견지하면서도, 신후담이나

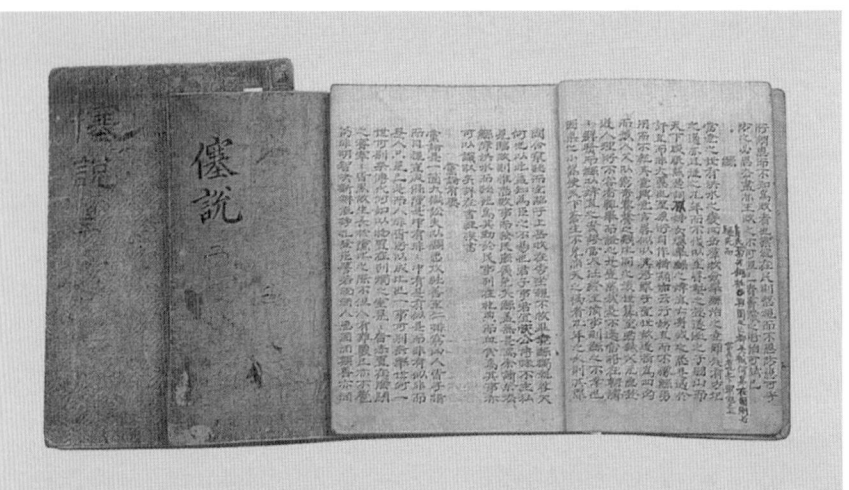

이익이 저술한 《성호사설》. 이익은 교조적인 유교의 틀에 얽매이지 않고 열린 연구 태도를 취하였다. 때문에 서학이나 한역서에 대해 무조건 배척하기보다는 새로운 학문으로 받아들이고자 하였다.

안정복처럼 적극적으로 배척하지 않았다. 그러했기 때문에 일부 제자들로부터 천주교를 옹호한다는 오해를 불러일으키기도 했다. 그래서 안정복은 이러한 오해를 무마하기 위하여 〈천학고〉(天學考) 끝부분에 스승 이익이 천주교를 옹호하지 않았으므로 모함해서는 안 된다는 내용의 글을 싣기도 했다.

그렇다고 해서 안정복이 천주교에 호의적이었다는 것은 아니다. 그도 《천학문답》(天學問答)에서 천주교의 기본 교리를 유교의 입장에서 격렬하게 논평하면서, 유교만이 정학(正學)임을 천명하였다. 그는 스승 이익에게 올린 편지에서 "서학서를 보건대 그 학설이 정밀하고 확실하나 결국은 이단의 학설〔異端之學〕"이라고 하였다(《순암집》 2, 서(書) 성호 선생에게 올리는 별도의 편지, 정축).

실제로 안정복은 1757년 이익에게서 하늘과 땅에 관한 서양인의 말은 믿지만 "구라파의 천주설은 내가 믿을 바가 아니다"(歐羅巴天主之說 非吾所信)라는 내용이 들어 있는 편지를 받았다. 요컨대 이익은 천주교를 수용하지는 않았지만, 그렇다고 해서 무조건 배척한 것도 아니었다. 그저 새로운 사상으로 이해해 보려고 했을 뿐이었다.

6. 홍대용(洪大容, 1731~1783)

북학파(北學派)의 대표적인 인물 가운데 한 명이었던 홍대용은 12세 때부터 김원행(金元行, 1702~1772)의 문하에 들어가 공부를 배우던 중 20세 때 윤증(尹拯, 1629~1714)의 문집을 읽고는 노론과 소론의 분당에 관해 송시열(宋時烈, 1607~1689)을 비판한 적이 있었다. 이에 스승 김원행이 크게 꾸짖자, "큰 의문이 없으면 큰 깨달음도 없다"라고 대답하였다. 이처럼 그의 연구 태도는 합리주의를 바탕으로 교조화한 유교에 대한 회의와 문제 제기에서부터 출발했다. 이러한 그의 태도는 학문적 관심 영역을 자연과학 · 수학 · 천문학 · 양명학 등으로 확대시켰고, 그 과정에서 박지원(朴趾源, 1737~1805) · 박제가(朴齊家, 1750~1805) 등과 교류하였다. 특히 천문학에 대한 그의 관심과 열정은 남달랐다.

영조 41년(1765) 그의 숙부 홍억(洪檍, 1722~1809)이 중국 북경으로 가는 사신단의 서장관으로 가게 되자, 그는 자제군관(子弟軍官)의 신분으로 따라갔다. 물론 견문을 넓히고자 하는 목적도 있었겠지만, 그보다는 서양 선교사들이 머물고 있는 천주당에 설치된 천문기기들을 직접 관찰하고자 하는 바람이 컸다. 그리하여 제일 먼저 남당(南堂)을 찾아가 흠천감정 할러슈타인(August von Hallerstein, 劉松齡, 1703~1774) 신부의 안내를 받아 파이프 오르간 · 자명종 · 혼천의 · 망원경 · 요종(鐘) 등을 구경했을 뿐만 아니라 시원경(視

遠鏡)으로 태양을 관찰하고 흑점에 관해 관심을 보이기도 하였다.

그가 할러슈타인 신부와 서학 및 천주교에 관해 나눈 대화를 기록한 〈유포문답〉(劉鮑問答)을 보면, 홍대용의 서학에 관한 관심은 '이'(理)의 측면인 서양 종교나 윤리, 즉 천주교에 있었던 것이 아니라 '기'(器)의 측면인 서양 과학과 기술에 있었음을 알 수 있다. 그렇다고 하더라도 천주교에 대한 관심이 없었던 것은 아니었다. 그들의 대화 가운데에서 천주교에 관한 내용을 옮겨 보면 다음과 같다.

홍대용 : 무릇 사람이 어려서 배우고 장성해서 행함에는 임금과 어버이로서 존귀함을 삼는 것인데, 들으니 '서양 사람들은 그 존귀한 것을 버리고 따로 높이는 것이 있다' 하는데, 그것은 어떠한 학문입니까?

할러슈타인 신부 : 우리나라의 학문은 이치가 매우 기이하고 깊습니다. 선생께서는 어떠한 것을 알고자 합니까?

홍대용 : 유교에서는 오륜(五倫)을 숭상하고, 불교에서는 공적(空寂)을 숭상하며, 도교에서는 청정(淸淨)을 숭상합니다. 당신 나라에서는 어떤 것을 숭상하는지 듣고자 합니다.

할러슈타인 신부 : 우리나라의 학문은 사람들에게 사랑하라고 가르칩니다. 하느님을 높이되 우주에 존재하는 모든 것들[萬有]의 위에 숭배하고, 남을 사랑하되 자기 몸처럼 합니다.

홍대용 : 사랑이란 무엇을 말합니까? 특히 그런 사람이 있습니까?

할러슈타인 신부 : 공자가 '하늘과 땅에 제사지내는 예[郊社之禮]는 상제(上帝)를 섬긴다' 라는 것이 그것이고, 도교에서 말하는 옥황상

제는 아닙니다.…《시경》(詩經)의 주(註)에서 '상제는 하늘을 주재(主宰)한다'라고 말하지 않았습니까.

그런데 홍대용은 《을병연행록》(乙丙燕行錄)에서 청의 황제와 후비(后妃)가 미사 봉헌을 부탁한 기록을 할러슈타인 신부가 자신에게 내보이며 자랑한 것에 대해 "그가 비록 나이가 많고 천문 역상(曆象)에 소견이 높으나, 비위를 맞추거나 환심을 사려고 아첨하는 일을 스스로 낮추어 외국 사람에게 자랑하고자 하니, 매우 비루하고 천박스러워 먼 곳의 오랑캐[夷狄] 습속을 벗어나지 못한 일"이라고 평가하였다.

뿐만 아니라 《건정필담》(乾淨筆談)에서는 서양 선교사들이 "하늘과 역법을 논함에 그 법도가 매우 높아 이전에 아직 발명하지 못한 것을 발명하고 있으나, 그 서양의 학[천주학]은 우리 유교의 상제(上帝) 이름을 훔쳐다가 불가(佛家)의 윤회설로 장식하였으니, 천박하고 비루하며 가소롭다. 그런데도 중국에 와서 보니 이를 숭상하는 자가 많다"라고 하면서, 천주교를 배척하였다. 서양의 기술에 관해서는 "당송(唐宋) 이전에는 있지 않은 것이었다"라고 극찬했던 반면, 천주교에 대해서는 '오랑캐' 또는 '가소로운 것'으로 배척했던 것이다.

〈유포문답〉
흠천감정 할러슈타인 신부와 부정(副正) 고가이슬(A. Gogeisl, 鮑友管) 신부를 만나 필담으로 주고받은 천주교와 천문학의 이모저모를 기록한 것으로, 조선시대 서양 문물에 관한 가장 상세한 기록 가운데 하나이다.

《을병연행록》
홍대용이 청에 다녀온 일을 기록한 필사본 기행문집으로 8책으로 구성되어 있으며, 《연행록》이라고도 한다. 홍대용이 영조 41년(1765) 11월 서장관으로 임명된 숙부 홍억을 수행하여 이듬해 4월에 돌아올 때까지의 기록이다. 날짜를 따라 자기 생활에서 일어난 일까지 자세히 기록하였으며, 특히 서양의 문물을 접한 홍대용 자신의 감상이 잘 묘사되어 있다. 한편, 순한글 궁체로 쓴 〈연행기〉(燕行記)가 있는데, 이것은 홍대용이 자신의 어머니를 위하여 지은 책으로, 훨씬 풍부한 내용을 담았다.

이처럼 홍대용은 북경의 남당을 방문하여 그곳의 신부들과 자연과학과 천주교에 관해 대화를 나누었지만, 천주교의 신(神)과 윤리에 대해 배우기보다는 서양인 신부들의 천문관측 기구를 보고 천체 구조에 대한 그들의 견해를 듣는 데 더 관심이 많았다. 유교의 전통에 깊이 몰입해 있던 그로서는 서양과학과 천주교 신앙을 논리적으로 연결시킬 수 없었던 것이다.

7. 박제가(朴齊家, 1750~1805)

북학파의 대표적인 인물 가운데 한 명인 박제가는 청의 문물과 서학을 이해하고 수용할 것을 적극적으로 주장하였으며, 이용후생에 바탕을 두고 조선의 정치·사회·경제 개혁을 강조하였다. 그는 승정원 우부승지(右副承旨)를 지낸 박평(朴玶)의 서자로 태어났다. 12세 때 부친을 여의고 신분적 차별을 받으면서 어렵게 공부하다가 19세 무렵부터 박지원을 스승으로 따르며, 이덕무(李德懋, 1741~1793)·유득공(柳得恭, 1749~1807)·이서구(李書九, 1754~1825) 등 북학파 학자들과 가까이 살면서 교류하였다.

29세 때인 정조 2년(1778) 사은사(謝恩使) 채제공(蔡濟恭, 1720~1799)의 종사관으로 이덕무와 함께 북경에 가서 이정원(李鼎元)·반정균(潘庭筠) 등 청의 학자들과 서학에 관하여 의견을 주고받는 한편, 천주당을 방문하여 서양 선교사들로부터 서양 과학 기술에 대한 지식을 배웠다. 귀국 후에는 중국을 다녀온 경험을 바탕으로 《북학의》(北學議)를 저술하였고, 이때부터 본격적으로 이용후생을 위한 북학(北學)을 주장하면서 정치·사회·경제 개혁을 주장하였다.

박제가는 네 차례에 걸쳐 북경을 왕래하면서 견문을 넓히는 동시에 청의

박제가는 북학파의 대표적인 인물로 청의 문물과 서학을 이해하고 수용할 것을 적극적으로 주장했으며, 이를 위해 선교사를 초빙해야 한다고 건의했다. 그러나 종교로서 천주교를 받아들이는 것은 전혀 다른 것으로 배제했다(박제가의 〈의암관수도〉).

학자들과 교류하면서 이용후생에 필요한 선진 문물들을 이해하고, 이와 함께 서양 문화의 우수성도 파악하였다. 이 과정에서 구체화된 그의 북학론에는 당연히 서학의 요소도 포함될 수밖에 없었는데, 말하자면 오랑캐(夷)의 문화라도 수용을 주저할 필요가 없다는 것이었다. 이처럼 전통적인 화이론(華夷論)을 극복하고 홍대용이 제시한 바가 있는 '중화(中華)와 이적(夷狄)은 같다'(華夷一也)는 세계관과 문화 인식을 갖게 된 박제가는 마침내 정조 10년(1786) 해외 통상과 서양 선교사의 초빙을 정조에게 건의하기에 이르렀다.

그의 해외 통상론은 그때까지의 쇄국정책을 포기하고, 일본·류구(琉球)·베트남(安南)은 물론 서양과도 문호를 개방하여 그들의 선진 문물을 수

제1장 한역서학서의 도입과 유학자들의 반응 217

용하자는 것이었다. 이를 위해서 서양 선교사를 초빙하여 직접 그들의 과학기술과 이용후생의 방법을 배워야 한다고 역설했던 것이다. 그렇지만 그가 주장하는 서학 수용론에는 천주교의 자유로운 선교까지 포함되어 있지는 않았다. 그는 서양 선교사를 초빙하되, 천주교의 천당지옥설은 불교의 교리와 다를 바 없기 때문에 선교를 엄격히 금지해야 한다고 주장하였다.

바로 이러한 박제가의 주장에서 천문학과 천주교를 떼려야 뗄 수 없는 것으로 융합하려는 서양 선교사들의 노력이 조선에서 실패할 수밖에 없었던 증거를 보다 확실하게 찾아볼 수 있다. 박제가는 정조 9년(1785) '을사추조적발사건'이 발생한 지 1년 뒤에 대담하게도 조정에서 서양 선교사들을 초빙할 것을 공식적으로 건의하였다. 그는 서양인 신부들이 조선에 천문학·수학·총포제조기술·축성술 등을 가르칠 수 있다고 주장하면서 다음과 같이 말했다.

> 비록 그들의 종교가 천당지옥설을 독실하게 믿는 것은 불교와 다름이 없지만, 사람들의 생활을 넉넉하고 윤택하게 하는 방법[器具]은 또한 불교에 없는 것입니다. 그러하오니 그들로부터 여러 가지 기술과 재주[技藝]를 배우고 선교 한 가지만 금지하면 얻는 것이 많다는 계산이 됩니다. 다만 걱정되는 것은 대우하는 데 마땅함을 잃게 되면, 초빙하여도 오지 않을까 염려됩니다(박제가,《북학의》外篇, 通江南浙江商舶議).

그런데 박제가의 이러한 발언에 대해 어느 누구도 비난하지 않았다. 심지어 신유박해 당시에도 박제가는 천주교에 찬동했다는 죄목으로 유배당하거나 처형되지 않았다. 박제가가 이러한 제안을 했을 때 당시 사람들의 마음

속에는 서양의 과학 기술과 서양의 종교 사이에 분명한 구분이 있었던 것이다. 그러기에 신학에서 과학을 분리시키는 유교의 성향으로 인하여 조선인들은 과학 기술을 선교 수단으로 삼으려는 서양 선교사들의 방식에 맹목적으로 따르지 않았던 것이다. 박제가는 순조 1년(1801) 네 번째 북경사행(使行)에서 돌아오자마자, 흉서사건(凶書事件)의 주모자인 윤가기(尹可基)와 친사돈이라는 이유로 함경도 종성(鍾城)에 유배되었다. 그리고 순조 4년(1804)에 고향(鄕里)으로 쫓겨났다가 그 이듬해 3월에 풀려났으나, 곧 사망하였다.

8. 정조(正祖, 1752~1800)

진산사건이 마무리된 직후 홍문관 수찬(修撰, 정6품) 신헌조(申獻朝, 1752~1809)는 '서학'(西學)이라는 용어의 사용을 일체 금지시키고 '양술'(洋術)이라는 용어로 대체시킬 것을 요구하는 상소를 정조에게 올렸다. 정조는 이에 대해 신헌조의 주장이 융통성이 없고 견문이 좁다는 이유로 받아들이지 않았다. 정조는 천주교의 과학은 기(氣)만을 다루고 있을 뿐이며, "기는 이(理)라는 유교의 도덕 가치를 혼란시킬 힘이 없기" 때문에 유학자들은 이를 안전하게 연구할 수 있다고 보았다. 따라서 정조는 서양의 천문학을 '양술'이 아니라 '양학'(洋學)이나 '서학'으로 부른다고 해도 전혀 해악이 없을 것으로 보았다. 그러나 이른바 '사학'(邪學)이라는 천주교 신앙과 천주교의 과학은 반드시 구별되어야 한다는 것을 당연하게 여겼다. 서학과 천주교에 대한 정조의 이러한 인식은 김만중이나 이익·홍대용 등의 생각과 같았다. 이처럼 정조 역시 우주론과 신학 사이에 필연적인 연계성이 있음을 부정하였다는 사실은 왜 조선의 유학자들 가운데 극소수만이 천주교를 믿게 되었는지

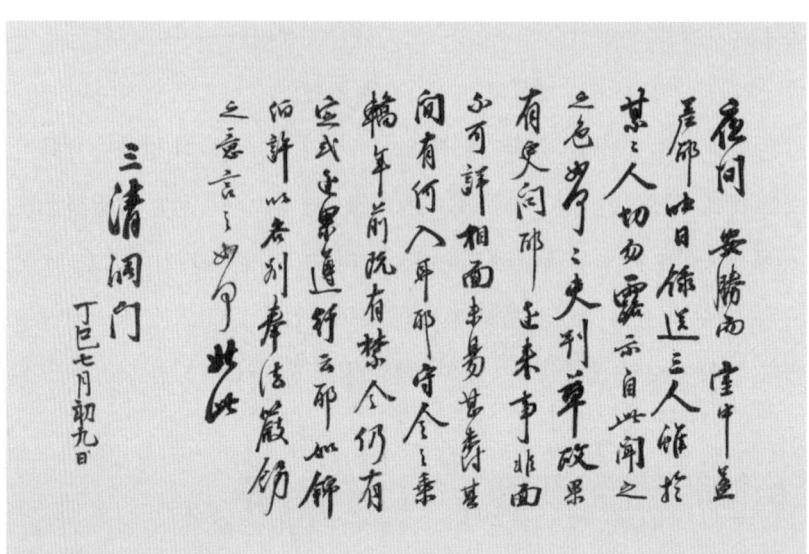

정조의 친필 서한. 정조는 한편으로 서양의 자연과학을 보호하면서도 다른 한편으로는 천주교 신앙을 배척하였다. 정조의 이런 태도는 조선 사회의 주류적 입장에서 취한 결정이었다.

를 부분적으로나마 설명해 준다.

천주교와 유교는 근본적으로 전제가 달랐다. 유럽에서 온 선교사들에게는 당연하게 보인 과학과 종교 사이의 연결고리가 조선의 유교 논리와 마주쳤을 때 끊어지고 말았다. 정조가 한편으로는 서양의 자연과학을 보호하면서도 다른 한편으로 천주교 신앙을 배척한 것은 조선 사회의 주류적 입장에서 취한 결정이었던 것이다.

결국 조선에 천주교를 전파하려는 서양 선교사들의 노력은 일단 실패로 돌아가고 말았다. 물론 그들은 정확한 천체력을 통해 많은 사람들을 우주의 물리적 구조에 대한 자신들의 견해에 따르게 하는 데에는 성공하였다. 그렇지만 그들을 천주교에 대한 종교적 믿음으로 나아가게 하는 데에는 실패하고 말았다.

그리스도교적 우주론에서는 명확한 시작이 있었다. 그리고 우주가 생겨나기 위해서는 그 이전에 우주 존재의 원인이 되는 어떤 것이 존재해야 했다. 그 존재가 바로 하느님이었다. 시간과 공간을 초월해 있으면서 자신의 의지로 시간과 공간을 창조하고 주재하는 조물주가 없다면, 우주가 생성되고 유지되는 데 필수적인 외부의 도움이 결여되는 것이었다.

그러나 유학자들은 그 반대로 생각했다. 유교 세계의 우주는 시간적으로는 열려 있으며, 존재론적으로는 닫혀 있었다. 유학자들에게 세계는 항상 존재해 왔으며, 어느 특정 시점에 무(無)에서 생겨난 것이 아니었다. 그 결과 우주를 있게 한 요인을 우주를 초월한 곳에서 찾는 것은 불필요하다고 보았다. 사실 그들에게 초월해서 찾을 수 있는 것은 아무것도 없었다. 우주는 존재하거나 존재해 왔던 것이며, 따라서 그 자체가 자기근원이었던 것이다.

결론적으로 말하자면, 유교에 토대를 둔 중국과 조선의 문명에 대한 예수회 선교사들의 접근 방식에 중대한 결함이 있었던 것이다. 천주교의 서양(유럽)과 유교의 동양(동아시아) 사이의 틈은 그리스도교에 과학의 옷을 입힌다고 해서 극복될 수 있는 것이 결코 아니었다. 그렇기 때문에 비록 18세기 후반의 15여 년 동안 100여 명 남짓한 양반 사대부들이 천주교를 새로운 신앙으로 받아들였지만, 이는 전체 양반의 수에 비해 극소수에 지나지 않았다. 말하자면 대부분의 양반 지식인들은 천주교에 대하여 여전히 단호한 입장을 취했던 것이다.

참고문헌

1. 단행본

Claude Charles Dallet, *Histoire de L'Église de Corée*, 1874 ; 안응렬 · 최석우,《한국천주교회사》상 · 중 · 하, 한국교회사연구소, 1979 · 1980.

M. Courant,《조선서지》(Bibliographie Coréenne), Paris, 1896.

이능화,《조선기독교급(及)외교사》, 조선기독교 창문사, 1929.

김창문 · 정재선 편,《한국 가톨릭 : 어제와 오늘》, 가톨릭코리아사, 1963.

주재용,《한국 카톨릭사의 옹위》, 한국천주교중앙협의회, 1970.

유홍렬,《증보 조선천주교회사》상, 가톨릭출판사, 1981.

최석우,《한국 천주교회의 역사》, 한국교회사연구소, 1982.

──,《한국 교회사의 탐구》, 한국교회사연구소, 1982.

이원순,《조선 서학사 연구》, 일지사, 1986.

──,《한국 천주교회사 연구》, 한국교회사연구소, 1986.

최소자,《동서문화교류사연구》, 삼영사, 1987.

최동희,《서학에 대한 한국실학의 반응》, 고려대학교 민족문화연구소, 1988.

서종택,《명청예수회사역저제요(提要)》, 북경, 중화서국, 1989.

강재언,《조선의 서학사》, 민음사, 1990.

최석우,《한국 교회사의 탐구》Ⅱ, 한국교회사연구소, 1991.

장정란,《그리스도교의 중국 전래와 동서 문화의 대립》, 부산교회사연구소, 1997.

Donald Baker, *Confucianism Confronts Catholicism in the Late Chosŏn Dynasty* ; 김세윤 역,《조선후기 유교와 천주교의 대립》, 일조각, 1997.

윤민구,《한국 천주교회의 기원》, 국학자료원, 2002.

차기진,《조선후기의 서학과 척사론 연구》, 한국교회사연구소, 2002.

금장태,《조선후기 유교와 서학》, 서울대학교 출판부, 2003.

진미동,《중국과학기술사》(천문학권), 북경, 과학출판사, 2003.

한국가톨릭대사전편찬위원회 편,《한국가톨릭대사전》, 한국교회사연구소, 2006.

2. 논문

이원순,〈직방외기와 신후담의 서양교육론〉,《역사교육》11·12, 1969.

김양선,〈명말청초 야소회사들이 제작한 세계지도〉,《매산국학산고》, 숭전대 박물관, 1972.

박종홍,〈서구사상의 도입 비판과 섭취〉,《한국 천주교회사 논문 선집》제1집, 한국교회사연구소, 1976.

최윤환,〈천주 성교 공과의 원본〉,《논문집》2, 가톨릭대학교, 1976.

금장태,〈조선후기 유학·서학간의 교학 논쟁과 사상적 성격〉,《교회사연구》2, 한국교회사연구소, 1979.

최소자,〈서학 수용에 대한 문제─중국과 한국의 비교시론─〉,《한국문화연구원논총》36, 이화여대 한국문화연구원, 1980.

───,〈17·18세기 한역서학서에 대한 연구─중국과 한국의 사대부에게 미친 영향─〉,《한국문화연구원논총》39, 이화여대 한국문화연구원, 1981.

조화선,〈셩경직히의 연구〉,《한국 교회사 논총》, 한국교회사연구소, 1982.

최석우,〈조선후기 사회와 천주교〉,《한국의 근대화와 기독교》, 숭전대 기독교문화연구소, 1983.

배현숙, 〈조선에 전래된 천주교 서적〉, 《한국 천주교회 창설 이백주년 기념 한국 교회사 논문집》 I, 한국교회사연구소, 1984.

노정식, 〈서구식 지도의 수용과 저항〉, 《대구교육대학 논문집》 20, 1984.

이은성, 〈대리석제(大理石製) 신평일구(新平日晷)와 소현세자〉, 《동방학지》 46·47·48, 연세대 동방학연구소, 1985.

금장태, 〈조선후기 서학의 전래와 조선 정부의 대응책〉, 《차산 안진오박사 화갑기념 동양학논총》, 1990.

최석우, 〈조선후기의 서학사상〉, 《국사관논총》 22, 1991.

이원순, 〈조선 실학지식인의 한역서학지리서 이해〉, 《한국의 전통지리사상》, 민음사, 1991.

김호덕, 〈조선후기 실학파의 천주교 인식—성호학파를 중심으로—〉, 《한국종교연구회보》 3, 1991.

이원순, 〈서학의 도입과 전개〉, 《한국사상사대계》 5, 1992.

──, 〈접촉과 대응의 역사성—조선서학사의 의의—〉, 《역사교육》 51, 1992.

조 광, 〈조선후기 서학사상의 사회적 기능〉, 《한국근현대사논총》, 오세창 교수 화갑기념논총간행위원회, 1995.

정성희, 〈조선후기 시헌력 도입과 그 영향〉, 《한국학대학원 논문집》 10, 한국정신문화연구원, 1995.

鈴木信昭, 〈朝鮮に傳來した漢譯天主敎書—1801年辛酉敎難の時期まで—〉, 《朝鮮學報》 154, 1995.

노용필, 〈조선후기 천주교의 수용과 마테오 리치의 "교우론"〉, 《길현익교

수 정년기념 사학논총》, 1996.

노대환, 〈조선후기의 서학유입과 서기수용론〉, 《진단학보》 83, 진단학회, 1997.

이원순, 〈서양문물의 전래와 반응〉, 《한국사》 31, 국사편찬위원회, 1998.

정성희, 〈서학이 유교적 천문관에 미친 영향〉, 《국사관논총》 90, 2000.

금장태, 〈성호 이익의 서학 인식〉, 《동아문화》 28, 서울대학교 동아문화연구소, 2000.

최소자, 〈조선후기 대청관계와 도입된 서학의 성격〉, 《이대사원》 33, 2001.

이상호, 〈초기 서학의 전래와 유교적 대응〉, 《동양사학연구》 27, 2001.

서종태, 〈성호학파의 양명학과 천주교〉, 《동양철학연구》 27, 동양철학연구회, 2001.

─── , 〈이익과 신후담의 서학논쟁〉, 《교회사연구》 16, 한국교회사연구소, 2001.

안재순, 〈정조의 서학관〉, 《동양철학연구》 27, 동양철학연구회, 2001.

이원순, 〈가톨릭 신앙의 동참과 동아시아 전통사회〉, 《교회사연구》 18, 한국교회사연구소, 2002.

정성희, 〈17·8세기 서양천문학 수용론과 우주관의 변화〉, 《한국사상과 문화》 18, 한국사상문화학회, 2002.

문중양, 〈18세기 말 천문역산 전문가의 과학활동과 담론의 역사적 성격─서호수와 이가환을 중심으로─〉, 《동방학지》 121, 2003.

제2장 조선 천주교회의 설립

제1절 주어사 · 천진암 강학회와 천주교

1. 주어사 · 천진암 강학회에 관한 사료

17세기 초 서학(西學)이 소개된 이후 조선의 지식인들 사이에서 이에 대한 관심이 점차 커져갔다. 18세기 무렵이 되면 "서학서(西學書)가 선조 말년부터 우리나라로 흘러들어 이름난 정승과 학식이 뛰어난 유학자로 이를 보지 않은 사람이 없었으며, 마치 제자백가(諸子百家)의 저서나 도교·불교의 서적과 같이 서재에 갖추어 두고 가까이하였다"(안정복, 〈천학고〉(天學考), 《순암집》(順菴集) 17)라는 기록에서 알 수 있듯이 서학에 관심을 가지는 것은 당시 지식인들 사이에 일종의 유행이었다. 심지어 사도세자조차도 《성경직해》(聖經直解)와 《칠극》(七克)을 읽었을 정도였다. 이러한 가운데 일부 지식인들은 '보유론적(補儒論的) 천주교 신앙'에 눈뜨기 시작하였다. 특히 18세기 후반에 접어들면서 성호학파 가운데에서도 권철신이 이끄는 이른바 '녹암계'(鹿菴系) 신진 학자들의 '주어사(走魚寺)·천진암(天眞菴)' 강학 모임을 통해 드디어 신앙운동으로 전개되기 시작하였다. 즉 조선 사회의 천주교 신앙 공동체가 탄생하게 된 배경이자 선행적 바탕이 이 모임에서 마련되었던 것이다.

주어사와 천진암에서 있었던 강학 모임을 언급한 사료로는 정약용이 작성한 권철신·정약전의 묘지명(墓誌銘)과 달레의《한국천주교회사》를 들 수 있다. 물론 이 외에도《만천유고》(蔓川遺稿)에 수록된 이벽(李檗)의〈천주공경가〉(天主恭敬歌)와 정약종(丁若鍾)의〈십계명가〉, 그리고 작자와 저술 시기가 분명하지 않은《니벽전》도 있다. 그렇지만 이 기록들은 사료로서의 신빙성 문제가 아직 해결되지 못했기 때문에 그대로 이용하기에는 여러 가지 문제점들이 있다.

〈권철신 묘지명〉

세상을 떠난 형님 (정)약전이 폐백(幣帛)을 가지고 가서 공(公, 권철신)을 섬겨 예전 기해년(정조 3, 1779) 겨울에 천진암 주어사에서 학문을 닦고 연구하고 있었다. (그때) 눈 속에 이벽(李檗)이 밤중에 와서 촛불을 켜고 경(經)에 대해 의견을 주고받았는데, 7년 후에 비방이 일어났다(《여유당전서》1,〈시문집〉15 묘지명 녹암 권철신 묘지명).

〈정약전 묘지명〉

권철신이 일찍이 겨울에 주어사에 임시로 머물렀는데, 모인 사람들은 김원성·권상학·이총억 등 여러 사람이었다. 녹암(鹿菴, 권철신)이 스스로 규약을 가르쳤는데, 아침 일찍 일어나 빙천(氷泉)을 두 손으로 떠서 세수하고 양치질을 하고는 숙야잠(夙夜箴)을 외웠다. 해가 뜨면 경재잠(敬齋箴)을, 정오에는 사물잠(四勿箴)을, 해가 지면 서명(西銘)을 외웠는데, 엄정하고 공손하여 법도를 잃지 않았다(《여유당전서》 1, 〈시문집〉 15 묘지명 선중씨 묘지명).

달레의 기록

정유년(1777)에 유명한 학자 권철신은 정약전과 학식을 얻기를 원하는 그 밖의 학자들과 함께 방해를 받지 않고 깊은 학문을 연구하기 위하여 외딴 절로 갔다. 이 소식을 들은 (이)벽은 크게 기뻐하며 자기도 그들 있는 곳으로 가기로 결심하였다. 때는 겨울이라 길마다 눈이 덮여 있었고, 절까지는 100여 리나 되었다. 그러나 그런 곤란이 그렇게도 열렬한 그의 마음을 꺾을 수는 없었다. 그는 즉시 출발하여 사람이 다닐 수 없는 길을 용감하게 걸어갔다. 그의 여행 목적지에 이르는 얼마 안 되는 거리까지 갔을 때 밤이 되었다. 그는 더 오래 기다릴 수가 없어서 내쳐 길을 계속하여 마침내 자정 무렵 어떤 절에 도착하였다.

그러나 자기가 길을 잘못 들었다는 것과 자기가 찾아가는 절은 그 산 뒤쪽 산허리에 있다는 말을 들었을 때 그의 실망이 어떠하였겠는가. 그 산은 높고 눈이 쌓이고 호랑이 굴이 많이 있는 곳이었다. 그래도 상관없다. (이)벽은 승려들을 깨워 자기와 동행하도록 했다. 그는 맹수의 습격을 막아내기 위하여 쇠꼬챙이가 달린 몽둥이를 짚고서 캄캄한 밤중에 길을 계속하여 희망하던 목적지에 이르렀다.

(이)벽과 그 일행의 도착은 산속에 파묻힌 고적한 그 절 사람들을 크게 놀라게 하였다. 무슨 까닭으로 이 아닌 밤중에 이처럼 많은 손님들이 찾아들었는지 상상할 수가 없었다. 그러나 얼마 되지 않아 모든 것이 밝혀져서 두려움 뒤에 기쁨이 따랐으며, 그 기쁜 상봉으로 빚어진 심정을 얼마 동안 털어놓느라고 미처 날이 새는 것도 몰랐다.

연구회는 10여 일 걸렸다. 그동안 하늘 · 세상 · 인성(人性) 등 가장 중요한 문제의 해결을 탐구하였다. 예전 학자들의 모든 의견을 끌어내어 한 점 한 점 토의하였다. 그 다음에는 성현들의 윤리서들을 연구하였다. 끝으로 서양 선교사들이 한문으로 지은 철학·수학·종교에 관한 책들을 검토하고, 그 깊은 뜻을 해득하기 위하여 가능한 한 모든 주의를 집중시켰다. 이 책들은 조선 사절들이 여러 차례에 걸쳐 북경에서 가져온 것들이었다. 실은 당시 조선의 많은 학자들이 그러한 책들에 대해서 알고 있었으니, 그 까닭은 연례적인 사신 행차 때에 조선 선비가 따라가서 서양의 과학과 종교에 대해 중국인과 대화를 나누었기 때문이다.

그런데 그 과학 서적 가운데에는 종교의 초보적 개론(槪論)도 몇 가지 들어 있었다. 그것은 하느님의 존재와 섭리, 영혼의 신령성(神靈性)과 불멸성(不滅性) 및 칠죄종(七罪宗)을 그와 반대되는 덕행으로 극복함으로써 행실을 닦는 방법 따위를 다룬 책들이었다. 중국 서적들의 어둡고 흔히는 모순된 학설에 익숙한 그들은 정직하고 진리를 알고자 열망하는 사람들인지라, 천주교의 도리에는 아름답고 이치에 맞는 위대한 무엇이 있음을 이내 어렴풋이 느꼈다.

완전한 지식을 얻기에는 설명이 부족하였으나, 그들이 읽은 것만으로 그들의 마음이 움직이고 그들의 정신을 비추기에 넉넉하였다. 즉시 그들은 새 종교에 대해 아는 것은 전부 실천하기 시작하여 매일 아침 저녁으로 엎드려 기도를 드렸다. 7일 가운데 하루는 하느님 공경에 온전히 바쳐야 한다는 것을 읽은 뒤로는 매월 7일·14일·21일·28일에는 다

칠죄종

다른 죄나 악행을 낳는 근본적인 죄를 의미하는데, 즉 교만(驕慢), 인색(吝嗇), 음욕(淫慾), 분노(憤怒), 질투(嫉妬), 탐욕(貪慾), 나태(懶怠) 등 일곱 가지이다. 이는 하느님과 이웃에 대한 애덕이 부족해서 생기는 결과이기 때문에 애덕과 극기의 정신을 기르도록 해야 한다. 그래서 교회는 칠죄종에 대립을 이루는 일곱 가지 주요 덕목을 만들었는데, '대신덕'(믿음·희망·사랑)과 '사추덕'(현명·정의·용기·절제)이 그것이다. 한편 2008년 교황청 내사원이 밝힌 신(新)칠죄종은 환경파괴, 윤리적 논란 소지가 있는 과학실험, DNA 조작과 배아줄기 세포 연구, 마약거래, 소수의 과도한 축재, 낙태, 소아성애 등이다.

른 일은 모두 쉬고 묵상에 전심하였으며, 또 그날에는 육식(肉食)을 피하였다. 이 모든 것을 아무에게도 말하지 않고, 극히 비밀리에 실천하였다. 그들이 얼마 동안이나 이런 실천을 계속하였는지는 모르지만, 일련의 사실로 보아 그들 가운데 대부분이 그 일에 오랫동안 충실하지 못했음을 짐작케 한다(샤를르 달레 ; 안응렬·최석우 역주,《한국천주교회사》상, 300~302쪽).

2. 강학회의 개최 시기와 장소, 그리고 참석자

달레는《한국천주교회사》에서 정유년(1777, 정조 1)에 강학회가 열렸다고 기록하였다. 반면 정약용은 〈권철신 묘지명〉에서 기해년(1779, 정조 3)에 강학회가 열렸으며, 이 강학 모임이 있은 지 7년 뒤에 비방이 일어났다고 하였다. 여기서 말하는 "비방"이 1785년의 '을사추조 적발사건'(乙巳秋曹摘發事件)이라면, 1779년에 강학 모임이 있었던 것으로 볼 수 있다. 자료의 신뢰성에 여전히 문제가 있기는 하지만, 〈천주공경가〉와 〈십계명가〉에서도 1779년에 강학 모임이 개최되었다고 하였다.

그렇다고 해서 달레가 언급한 1777년의 강학 모임 주장을 오류라고 단정적으로 판단하기는 어렵다. 또 강학 모임이 한 번만 개최된 것이 아니라 해를 두고 여러 차례 이루어졌다고 보는 주장도 있다. 당시 젊은 학자들이 선배 학자를 주빈으로 모시고 자주 강학 모임을 열었다는 사실을 염두에 둔다면, 성호 이익 문하의 소장 학자들이 1779년뿐만이 아니라 1777년에도 산사(山寺)에서 강학 모임을 가졌고, 그때마다 유학과 함께 당시 일종의 유행〔風氣〕이었던 한역서학서를 읽고 의견을 교환했을 것으로 이해할 수도 있다.

실제로 권철신을 중심으로 한 성호학파의 소장 학자들은 주로 사찰 등에서 강학 모임을 열곤 하였다. 이들이 강학의 장소로 자주 이용한 사찰이 외딴 곳이고 권철신의 집에서 가까웠다고 한 점으로 보아 강학회 장소는 경기도 광주와 여주의 경계에 위치한 주어사(경기도 여주군 산북면 하품리 소재)와 천진암(경기도 광주시 퇴촌면 우산리 소재)이었음이 분명하다. 두 곳 모두 권철신의 집이 있었던 양근의 한감개(鑑湖, 경기도 양평군 강상면 대석리), 그리고 이벽과 정약종 형제들이 살았던 광주(경기도 하남시 배알미동)·마재(경기도 남양주시 와부읍 능내리)에서 그다지 멀지 않기 때문이다. 그러나 주어사와 천진암은 앵자산 서쪽과 동쪽 산록에 있던 절이지만, 이후 폐사되어 흔적조차 찾기 어려운 상태이다.

한편 〈정약전 묘지명〉에는 주어사에서 강학 모임을 가졌다고 기록되어 있는 반면, 〈권철신 묘지명〉에는 주어사와 함께 천진암도 기록되어 있다. 이 때문에 강학 모임의 개최 시기와 장소에 대해서는 1777년 주어사에서 열렸다는 주장(최석우·조광)과 1779년 천진암에서 열렸다는 주장(변기영), 그리고 주어사와 천진암을 장소로 한 번만이 아니라 여러 차례 열렸다는 주장(주재용·유홍렬·김옥희·이원순)이 서로 엇갈리고 있다.

이와 관련하여 주목해야 할 강학 모임은 1779년 겨울 주어사에서 개최된 것이다. 이때 눈이 많이 내린 탓에 한감개에 살던 권철신이 앵자산 너머에 있는 천진암까지 가기 어려웠기 때문에 천진암이 아니라 주어사에서 강학 모임을 개최했으리라 여겨진다. 다블뤼(M.N.A. Daveluy, 安敦伊, 1818~1866) 주교의 〈비망기〉에는 "이벽이 강학 소식을 듣고 산속의 한 외딴 절을 찾아갔으나, 강학 장소가 아닌 것을 알고 발길을 돌려 '그 산 뒤쪽의 산허리에 있는 절'을 찾아가야만 했다"라고 기록되어 있다. 그렇다면 이벽은 자신이 평소에 잘 알던 '한 외딴 절'인 천진암을 찾아갔다가 산(앵자봉)을 넘어 강학

권철신을 중심으로 한 성호학파의 소장 학자들은 주로 사찰에서 강학 모임을 열었다. 이들이 강학 장소로 자주 이용한 곳은 경기도 광주와 여주의 경계에 위치한 주어사(경기도 여주군 산북면 하품리 소재)와 천진암(경기도 광주시 퇴촌면 우산리 소재)이었음이 분명하다(앵자봉에서 내려다본 주어사 인근 지역).

장소인 '산 뒤쪽의 산허리에 있는 절' 인 주어사로 갔던 것으로 볼 수 있다. 비록 정약용이 당시의 강학 장소를 '주어사' 라 했다가 '천진암·주어사' 라고 하는 등 혼동을 주고 있지만, 주어사로 보아야 할 것이다.

권철신이 이끄는 이른바 '녹암계' 는 영조 52년(1776)을 전후해서 형성되었다. 김원성(金源星), 이기양(李基讓, 1744~1802)의 아들인 이총억(李寵億), 이존창(李存昌, 루도비코 곤자가, 1752~1801), 홍낙민(洪樂敏, 루카, 1751~1801), 이승훈, 정약전, 정약용, 성호 이익의 외손자인 이윤하(李潤夏, 마태오, ?~1793), 윤유일(尹有一, 바오로, 1760~1795), 이벽, 권상학(權相學, 권철신의 조카) 등이 그들이었다. 이들은 주로 강학을 통해 학문을 배우고 연구하였는데, 이러한 강학 모임은 성호학파 안에서 널리 행해지고 있었고, 주어사 강학 모임 이후

제2장 조선 천주교회의 설립 233

로도 여러 차례 개최되었다.

시간상으로 천주교 신앙 공동체가 탄생한 이후이기는 하지만, 정조 19년 (1795) 충청도 온양에서 가까운 서암(西巖) 봉곡사(鳳谷寺)에서 이삼환(李森煥)을 중심으로 정약용을 비롯한 12명의 학인(學人)들이 함께 모여 '서암강학'(西巖講學)을 가진 적이 있었다. 이때 정약용 등은 이삼환을 주빈으로 모시고 강학·논도(論道)하는 한편 유교 서적을 필사·교정하였으며, 주빈의 질문에 응답하는 등 공동의 관심사에 관해 토론하면서 학문의 즐거움을 나누기도 하였다(《여유당전서》 1. 시문집 〈서암강학기〉).

정약용의 기록에 따르면, 1779년의 주어사 강학 모임에는 권철신을 비롯하여 정약전, 김원성, 권상학, 이총억 등 여러 명이 참석하였다. 그리고 이 모임에 관한 소식을 듣고는 뒤늦게 이벽이 참가하였다. 또한 이들 외에 이승훈이나 정약종·정약용 형제가 강학에 참석했다는 주장도 있다. 어쨌든 주어사에서의 강학 모임에 참가한 인물은 서울과 근기(近畿) 지방에 거주하던 성호학파의 소장 학자들이었다.

3. 강학의 내용과 의미

〈정약전 묘지명〉에 의하면 강학 모임에서 권철신이 정한 규칙에 따라 이른 아침에 일어나 빙천의 물을 떠서 세수하고 양치한 뒤 숙야잠을, 해가 뜨면 경재잠을, 정오에는 사물잠을, 그리고 해가 지면 서명을 암송하였다. 또 암송하는 사이사이에 학문을 연구하였다. 이들이 암송한 잠(箴)과 명(銘)은 마음의 경계로 삼을 만한 윤리적 교훈을 담고 있으며, 자기 수양의 방법으로 유생들이 자주 암송하던 잠명(箴銘)들이었다.

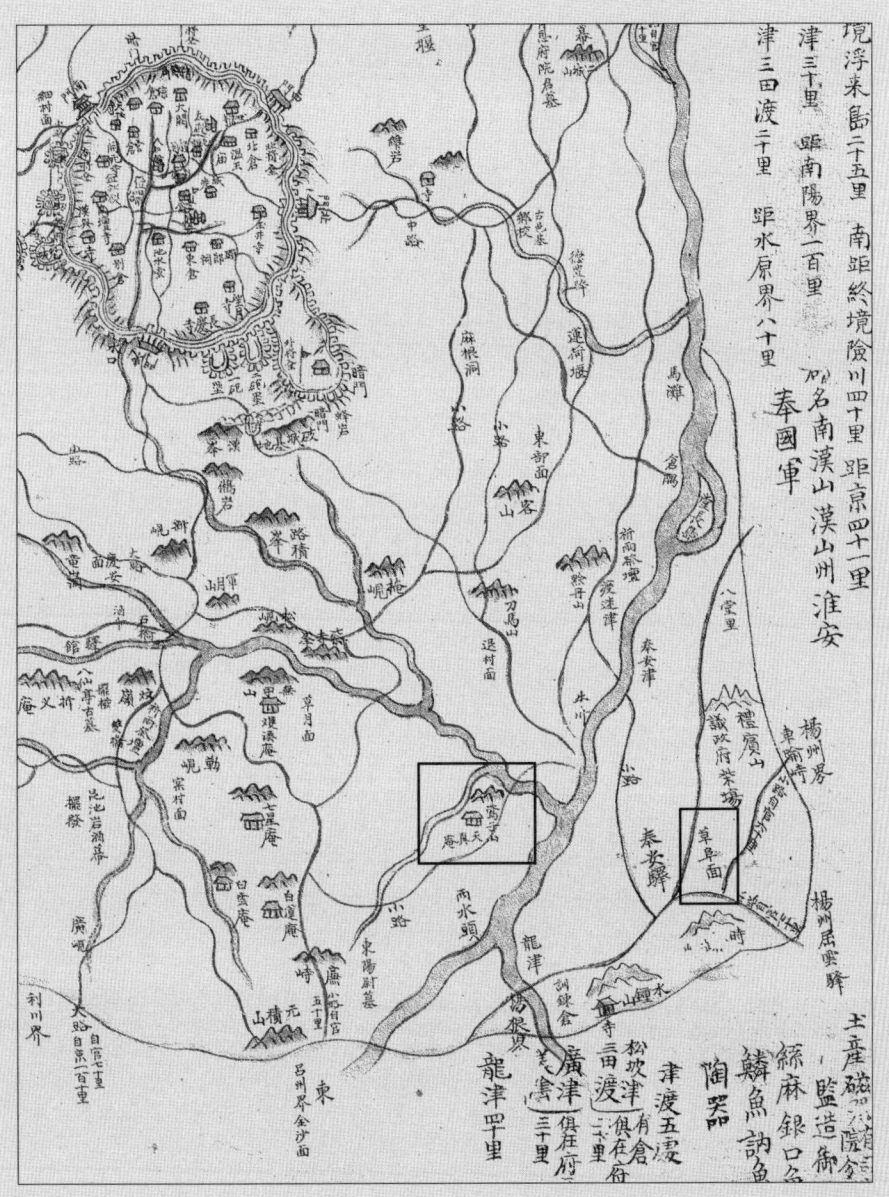

1872년 《해동지도》 〈광주부〉(서울대학교 규장각 소장). 지도에서 보듯이 앵자산 동쪽 산록에 있던 천진암은 이벽과 정약종 형제들이 살았던 광주군 초부면 마현리(지금의 남양주시 조안면 능내리)와 가까운 거리에 있었다.

그렇다면 주어사의 강학회는 유학을 공부하기 위한 모임이었다고 볼 수 있다. 정약용은 정약전이 이 모임에서 이윤하·이승훈·김원성과 같이 성호 이익의 학문을 이어 주자학[武夷]에서 공맹학[洙泗]으로 거슬러 올라가 유학의 근본 취지를 터득하고자 노력하였으며, "겸손한 태도로 서로 학문과 덕행을 닦는 데 힘썼다"[揖讓相磨 進德修業]라고 하였다. 즉, 주어사에서 권철신의 가르침을 받아 실천하였다는 것이다.

그러나 강학 모임은 단순히 유학만 공부하기 위한 것은 아니었다. 그들은 당시 주류에 속한 유학자들과는 달리 공자·맹자 때의 유학[洙泗學]을 연구하는 가운데 선진유학(先秦儒學)의 '유신론적 천관(天觀)'에 주목하였으며, '천'(天)의 실체에 대해 학문적으로 강한 호기심을 품게 되었다. 이러한 가운데 한역서학서들을 통해 천주교의 교리를 접하게 되자, 선진유학의 '천'과 천주교의 '천주'(天主)를 연결시켜 보유론적으로 이해하게 되었고, 그 결과 천주교 신앙을 수용하고 실천하게 되었던 것으로 여겨진다. 그들은 공자와 맹자가 강조했던 "내 몸을 닦아 다른 사람들을 가르치고 올바른 길로 인도하라"[修己治人]라는 실천 의식을 '천=상제(上帝)'로 이해하면서 천주교 신앙을 받아들였던 것이다.

달레의 《한국천주교회사》에 따르면, 그들은 강학이 끝날 무렵 서양 선교사들이 저술한 철학·수학·종교 등에 관한 한역서학서들을 검토하였다. 이 서적들을 검토한 결과 그들은 천주교의 교리에는 이치에 맞는 위대한 무엇이 있음을 이내 어렴풋이 느꼈고, 이에 파공(罷工)·묵상·기도생활·소재(小齋) 등 천주교의 가르침을 실천하게 되었다고 한다. 다만 이 모든 것을 "아무에게도 말하지 않고, 극히 비밀리에 실천하였다"라고 하였다.

그런데 달레의 이 기록에는 종교적 윤색이 있어서 그대로 믿기에는 다소

주저되는 부분이 있다.

달레는 녹암계의 신진 학자들이 이 모임에서 천주교 신앙생활을 직접 시작했다고 하였지만, 〈정약전 묘지명〉에 덧붙여서 기록한 〈부견한화조〉(附見 閒話條)를 보면, 이벽이 1784년 4월 보름 정약전·약종·약용 형제의 큰형인 정약현(丁若鉉)의 부인이자 자신의 죽은 누이의 1주기를 지내기 위해 마재에 갔다가 서울로 돌아올 때 두미협(斗尾峽)을 지나는 배 위에서 정약전 형제들에게 '천지 조화의 시작'〔天地造化之始〕과 '육체와 정신의 죽고 사는 이치'〔形神生死之理〕 등과 같은 천주교의 교리를 풀이하여 모두를 놀라게 하였다고 한다. 이에 정약전은 서울에 도착하여 이벽으로부터 《천주실의》·《칠극》 등을 구해 본 다음, 기쁜 마음으로 이를 따랐다고 하였다. 만일 정약전 등이 이미 주어사 강학 모임 이후 천주교의 가르침을 직접 실천하고 있었다면, 이벽의 설명에 놀라서 서울에 도착하자마자 이벽으로부터 천주교 서적을 구해 보았다는 정약용의 설명을 그대로 믿기는 쉽지 않다.

달레의 말을 그대로 믿는다 하더라도, 1779년의 강학 모임에서 과연 투철한 신앙생활을 실

파공
주일을 거룩히 지내라는 성서의 말씀에 따라 주일에 모든 노동을 하지 않는 것을 의미한다. 교회법은 "신자들은 주일과 그 밖의 의무 축일에 미사에 참여할 의무가 있다. 또한 하느님께 바쳐야 할 경배, 주님의 날의 고유한 기쁨 또는 마음과 몸의 합당한 휴식을 방해하는 일과 영업을 삼가야 한다"(1247조)라고 하였다. 따라서 파공을 지킨다는 것은 미사 참여 외에 주일과 의무 대축일의 정신에 맞는 하루가 되게 하고 동시에 심신에 휴식도 되게 지내라는 뜻이다.

소재
도덕적·영적 향상을 위해 육식을 억제하는 덕. 한국교회에서는 1990년에 재의 수요일부터 사순 시기만이 아니라 연중 매 금요일에도 소재, 즉 금육재를 지켜야 한다고 정하였다.

두미협
두미협은 하남시의 검단산과 남양주시의 예봉산 줄기가 만나 좁은 협곡을 이룬 곳으로서, 홍경모(洪敬謨)가 편찬한 《중정 남한지》(重訂南漢誌)에는 도미(渡迷)·두미(斗尾)·두미(斗迷)라고 표기하였다. 그리고 두미협 부근 마을을 배알미라 하였는데, 이벽의 생가가 있던 마을이다.

천했을까 하는 의문이 생길 수밖에 없다. 이 때문인지 달레도 "그들이 얼마 동안이나 이런 실천을 계속하였는지는 모르지만, 일련의 사실로 보아 그들 가운데 대부분이 그 일에 오랫동안 충실하지 못했음을 짐작케 한다"라고 기록하였다. 그렇다고 해서 1779년 겨울의 주어사 강학 모임에서 천주교 신앙을 전혀 실천하지 않았다고 볼 수는 없다. 이러한 전 단계가 없었다면, 이벽이 1783년 겨울 북경으로 가는 이승훈에게 그곳의 성당을 찾아가 서양인 선교사들에게 기도문과 서적을 얻어 오고 세례를 받으라고 당부했을 리가 없었을 것이기 때문이다.

어쨌든 달레의 기록을 그대로 믿는다면 이 강학 모임에서 천주교 신앙 운동, 이른바 '예비신자' 로서의 신앙생활을 실천했을 것이다. 이를 근거로 이때(1779) 조선에 천주교회가 설립됨으로써 한국 천주교회의 기원이 되었다는 주장이 제기되기도 하였다. 그렇지만 예비신자들의 신앙생활 실천만으로는 교회가 설립되었다고 할 수 없다. 왜냐하면 '교회' 는 "사도적 계승으로 서품된 그의 주교들과, 믿음과 성사 안에서 친교를 이루는 그리스도인들의 공동체를 가리킨다"(주교 11항). 그렇다면 어느 지역에서 정식 교회가, 즉 교구가 설립되기 위해서는 일정한 구획이 확정되어야 하고 그 지역을 책임지고 사목할 책임을 지닌 주교가 있어야 하며, 그들과 믿음으로 일치를 이루고 세례성사를 받은 신자들이 최소한 있어야만 한다. 그리고 그것이 후세로 이어져 사회 속에서 유기적으로 작용하는 역사적 실체가 되어야 한다. 이런 점에서 '주어사 · 천진암 강학회' 는 집단적으로, 그리고 학문적으로 천주교 신앙을 연구하고 그 내용을 실천함으로써 '한국 천주교회 설립을 위한 선행적인 바탕' 을 마련했다고 할 수 있다.

제2절 이승훈의 세례와 신앙 공동체의 탄생

주어사에서의 강학 모임에 참가했던 사람들이 달레의 기록처럼 모두 다 천주교 신앙을 철저하게 실천한 것은 아니라고 하더라도 그들이 천주교 서적들을 집단적으로 검토하였고, 자신들이 아는 범위 안에서 천주교 신앙을 실천하고자 하였던 점을 부인하기는 어렵다. 그러나 분명한 사실은 세례를 받고 정식 신자가 되었을 때 모든 성사(聖事)의 은혜가 시작되고, 또 교회가 시작될 수 있는 기초가 놓인다는 점이다. 그런 면에서 이승훈과 이벽의 활동은 한국 천주교회의 역사에서 대단히 중요한 의미를 지닌다.

1. 최초의 세례자 탄생

이벽은 앞에서도 언급하였지만, 한겨울 밤중에 눈 덮인 깊은 산속을 마다 않고 주어사에서의 강학 모임에 참석할 정도로 열성적이었던 인물이다. 강학 모임 이후에도 그는 지속적으로 천주교에 관심을 가졌다. 그렇지만 불과 몇 권의 서적만으로 천주교에 대한 지식을 충분히 얻을 수는 없었다. 이에 새로이 알게 된 종교에 대한 의문을 해결하고 부족한 지식을 보충하기 위해서는 북경으로부터 천주교 서적을 도입하는 것이 당시로는 가장 분명한 방법이었다. 그러나 북경에 갈 수 있는 합법적인 통로는 연행사(燕行使) 일행에 포함되는 것이었지만, 이 일이 당시의 이벽에게는 거의 불가능했다.

이벽은 임진왜란 때의 공신이자 성리학자였

> **연행사**
> 조선후기 청에 보낸 조선 사신의 총칭. 조선 전기에는 명에 보내는 사신을 조천사(朝天使)라 했으나, 조선후기에는 청의 도읍인 연경(燕京, 현재의 北京)에 간 사신이란 의미로 연행사라 했다.

던 이정형(李廷馨, 1549~1607)의 후손으로, 그의 집안은 본래 문반(文班)이었으나 할아버지 때부터 무반(武班)으로 관직에 진출하였다. 실제로 그의 형제들도 무반으로 관직생활을 하고 있었다. 그렇지만 이벽 자신은 무반으로의 진출을 거부한 채 포의서생(布衣書生)으로 지내면서, 학문적으로는 안정복과 권철신의 문하생이 되어 이가환·권일신·정약전·정약종·정약용·이승훈 등과 교류하였다. 그는 정약용이 언급하고 정조가 감탄할 정도로 중국 고전에 조예가 깊었고, 성리학에도 상당한 경지에 도달해 있었다.

그렇지만《천주실의》를 비롯한 한역서학서들을 접한 다음부터 생소한 서학의 개념이나 종교 사상들에 대해 많은 호기심을 품기 시작하였다. 그러던 중 1783년 겨울 이벽은 평소 가까이 지내던 이승훈이 동지사(冬至使)의 서장관(書狀官)으로 임명된 부친 이동욱(李東郁, 1738~1794)을 따라 북경에 간다는 소식을 들었다. 이에 이벽은 이승훈을 찾아가 "그대가 북경에 가는 것은 참된 교리를 알라고 하늘이 우리에게 주시는 훌륭한 기회"라고 하면서, 천주교의 교리에 대하여 언급하였다. 아직 천주교에 대하여 잘 모르고 있었던 이승훈이 깜짝 놀라면서 이벽에게서 천주교 서적들을 빌려 읽어 보고는 자신이 북경에 가서 해야 할 일을 묻자, 이벽은 북경의 성당을 찾아가 서양인 선교사들에게 기도문과 서적을 얻어 오고, 아울러 선교사로부터 세례를 받으라고 당부하였다. 이에 대해 황사영은 다음과 같이 기록하였다.

이승훈 베드로는 이가환의 생질(누이의 아들)이자 정(약종) 아우구스티노의 매형입니다. 젊어서 진사(進士)에 올랐으며, 평소에 학문의 이치를 깊이 연구하는 것을 좋아하였습니다. 선비[布衣] 이벽이 그를 기특하게 여겼습니다. 그때 이벽은 몰래 천주교 서적[聖書]을 읽고 있었는데, 이승훈은 알지 못했습니다. 계묘년

북경에 도착한 이승훈은 북당(아래)을 방문하여 선교사와 만났다. 선교사들은 조선에서 온 젊은 학자에게 큰 기대를 걸었고, 예수회 그라몽 신부는 1784년 2월 무렵 이승훈에게 '베드로' 라는 세례명으로 세례성사를 주었다. 이로써 최초로 조선인 천주교 신자가 탄생하였다.

(1783)에 아버지를 따라 연경(北京)에 들어가게 되자, 이벽이 몰래 부탁하기를, "북경에는 천주당이 있고, 천주당 안에는 천주교를 전교하는 서양 신부(西士傳教者)가 있다. 자네가 가서 그를 만나 신경(信經) 한 부를 구하고 아울러 세례 받기를 청하면, 신부(西士)가 반드시 그대를 아주 사랑하여 기묘하고 신기하며 보배로운 물건(奇物琓好)들을 많이 얻을 것이다. 반드시 빈손으로 돌아오지 말라"고 했습니다 (황사영, 〈백서〉 43~44행).

이승훈은 1756년(영조 32) 9월 돈의문부터 숭례문까지의 도성 바깥 지역인 반석방(盤石坊), 즉 현재 서울의 중림동(中林洞)에서 태어났다. 그의 집안은 대대로 제물포에서 거주하다가 할아버지 이광직(李光溭, 1692~1769)이 중앙 정계에 진출하면서 한양으로 이주하였다. 아버지 이동욱이 이용휴(李用休, 1708~1782)의 딸과 혼인했는데, 그 사이에서 이승훈이 태어났다. 훗날 기호 남인의 중심인물 가운데 한 사람이었던 이가환은 이승훈의 외숙이었다. 이런 배경 때문에 이승훈은 성호 이익의 학문을 잇게 되었고, 성호의 제자들인 권철신과 이가환에게서 수학하였다. 그리고 그는 마재에 거주하던 정재원(丁載遠, 1730~?)의 딸과 혼인함으로써 정약전·약종·약용 형제와는 처남매부의 관계를 맺게 되었다.

이승훈은 권철신의 문하에 들어가면서 이벽·이기경 등과 친분을 맺었으며, 특히 이벽은 평소 사물의 이치를 깊이 연구하는 것을 좋아하는 이승훈에게 상당히 의지하였다. 또한 일찍부터 외숙인 이가환의 영향을 받아 한역 서학서들을 접하면서 서양의 천문·수학에 많은 관심을 보였다. 이러한 사실을 통해 그의 학문적 관심이 주자학 일변도에서 벗어나고 있었음을 알 수 있다. 그러던 차에 아버지를 따라 북경에 갈 기회를 얻게 되었고, 이에 이벽은 그에게 천주교 서적의 구입과 세례를 당부했던 것이다.

이승훈은 천주교회에서 세례를 받을 의향을 품은 것 외에도 수학에 관심이 있어 그에 관한 책을 얻을 생각도 갖고 있었다. 그래서 북경에 도착한 이승훈은 북당(北堂)을 방문하여 선교사와 접촉하였고, 그들과 많은 의견을 주고받을 수 있었다. 선교사들과의 필담을 통해 자신의 학문적 관심사와 천주교에 대한 지식을 넓힐 수 있었으며, 선교사들도 자신들이 들어갈 수 없었던 조선에서 온 젊은 학자에게 큰 기대를 걸었다. 그리하여 시기적으로 이르다는 일부의 우려에도 불구하고 예수회 선교사인 그라몽 신부는 1784년 2월 무렵 이승훈에게 '베드로'라는 세례명으로 세례성사를 주었다. 초대교회의 베드로처럼 조선교회의 반석이 되라는 뜻이 담겨 있었다.

이로써 최초로 세례받은 조선인 천주교 신자가 탄생하였다. 이때 이승훈의 나이는 27세였다. 이 사실은 당시 북경에 있던 예수회의 방타봉(J.-M. de Ventavon, 汪達洪, 1733~1787) 신부가 작성한 1784년 11월 25일자 편지에 자세히 묘사되어 있다.

그대는 한 사람의 입교 소식을 흐뭇한 마음으로 들을 것으로 믿습니다. 천주께서는 아마 그로 하여금 어떤 선교사도 들어갔다는 것을 알지 못하는 나라를 복음의 빛으로 비추게 하실 것입니다.…조선 사신들이 작년 말에 왔는데, 그들과 그들의 수행원들이 우리 성당을 찾아왔습니다. 우리는 그들에게 종교 서적을 주었습니다. 이 양반 가운데 한 분의 아들은 나이 27세인데, 박학하여 그 서적들을 열심히 읽어 거기에서 진리를 발견하였고, 또 천주의 은총이 그 마음을 움직였기 때문에 교리를 깊이 연구한 다음 입교하기로 결심하였을 것입니다. 그에게 성세(聖洗)를 주기 전에 많은 문제를 물어보았는데, 그는 모두 잘 대답하였습니다.…마침내 그는 조선으로 돌아가기 위하여 출발하기 전에 그 아버지의 승낙을 얻어 세례를 받았습니다. 그라몽 신부가 베드로란 본명(本名)으로 그에게 성세를 주었습니다(샤를르 달레,《한국천주교회사》상, 306~307쪽).

그런데 황사영은 "이승훈이 그[이벽]의 말대로 (북경의) 천주당에 가서 세례를 청하자 여러 신부들이 중요한 교리에 어둡다고 하여 세례를 허락하지 않았는데, 오직 양(그라몽) 신부만 힘써 주장하여 세례를 주었고, 아울러 많은 천주교 서적들을 주었습니다"(〈백서〉 44행)라고 하여 이승훈의 교리 지식이 충분하지 못했다고 기록하였다.

2. 이승훈·이벽의 선교와 천주교 신앙 공동체의 설립

세례를 받은 이승훈은 선교사들로부터 얻은 서양의 각종 기기와 천주교 서적, 그리고 십자가상·성화·묵주 등을 가지고 1784년 3월 말 일행과 함께 귀국하였다. 돌아온 이승훈은 중국으로 떠나기 전의 그가 아니었다. 그가 가져온 천주교 서적들은 초기의 신자들에게 커다란 영향을 미쳤다. 이승훈은 먼저 자신이 가져온 서적들을 이벽에게 빌려 주었다. 이를 건네받은 이벽은 두문불출하고 연구·검토에 전념하였으며, 이승훈에게서 보충 설명을 듣기도 하였다. 이 과정에서 이벽은 자신이 가지고 있던 의문점들을 해소할 수 있었던 동시에 천주교 신앙에 확신을 가지고 마침내 이를 받아들이기로 결심하였다. 이런 점은 초기 신앙 공동체의 특징 가운데 하나로 볼 수 있다.

이벽은 자신이 천주교 신앙을 아는 데에 그치지 않고 주위 사람들에게 천주교의 교리를 전하였는데, 그러는 가운데 천주교 신앙 공동체 설립을 위한 기틀을 마련하였다. 그는 정약전·약종·약용 형제와는 학문적인 교류뿐만 아니라 절친한 친교 관계를 맺고 있었다. 그의 누이가 정약현과 결혼하여 인척 관계를 맺고 있었기 때문이다. 이런 연유로 그는 정조 8년(1784) 4월 자기 누이의 기일을 맞아 마재의 정씨 집안을 방문하고 돌아오는 배 위에서 정약전·약용 형제에게 천주교를 소개하였던 것이다.

1784년 여름부터 이벽은 그동안 함께 천주교에 관심을 가지고 공부해 오던 사람들인 이가환과 정약종·정약용 등과 천주교 교리에 대해 토론하고, 그들에게 하느님에 대한 믿음과 복음을 일깨워 주기 위해 노력하였다. 그해 9월에는 경기도 양근의 한감개로 직접 천주교 서적들을 가지고 가서 권철신·권일신과 그 내용을 토론하기도 했다. 그들의 학문과 명성, 그리고 가문의 높은 신망이 천주교 전파에 도움이 될 것으로 판단하였기 때문이다. 그의 선교로 권일신은 즉시 신앙을 받아들이기로 하였으나, 권철신은 명성을 잃을 것이 두려워 얼마간 주저한 뒤에야 받아들였다.

또한 이벽은 당대의 대표적 유학자인 이가환에게도 천주교를 소개하고 신앙으로 받아들일 수 있도록 노력하였다. 사실 이가환은 이벽이 천주교를 믿게 되었다는 소식을 듣고 그를 찾아가 설득하여 그만두게 하려고 했으나, 오히려 설득을 당하였다. 한편, 중인 김범우(金範禹, 토마스, ?~1786)를 개종시킨 적이 있던 이벽은 그 후 더욱 적극적으로 사회 신분의 구분을 넘어 중인층에게도 복음을 전하였다. 그의 노력으로 역관인 최창현, 최인길(崔仁吉, 마티아, 1765~1795), 지황(池璜, 사바, 1767~1795), 김종교(金宗敎, 프란치스코, 1754~1801) 등이 천주교 신앙을 받아들였다.

스스로 교리를 배우고 익혀 신앙으로 받아들인 이벽이었기에, 그 스스로가 세례를 받기 전이었음에도 불구하고 자신이 받아들이고 실천하게 된 믿음을 주변 사람들에게 열심으로 소개했던 것이었다. 그리하여 1784년 겨울 무렵 천주교를 신앙으로 받아들이겠다고 결심한 정약용·권일신 등 약 10명과 함께 수표교(水標橋, 서울 중구 청계천 2가) 근처에 있던 자신의 집에서 이승훈으로부터 '대세'(代洗)를 받았다. 이로써 조선에 최초의 천주교 신앙 공동체가 탄생하였다. 북경교구의 구베아 주교는 1790년 10월 6일 포교성성의 안토넬리(Leonardo Antonelli, 1730~1811) 주교에게 보낸 서한에서 이승훈이 귀국한 뒤에 조선인들에게 세례를 줌으로써 교회가 세워졌다고 하면서, 조선교회의 탄생 사실을 다음과 같이 보고하였다.

> 중국 만주에 접한 조선에 복음이 처음으로 들어갔다는, 성 교회를 위해 실로 기쁜 광경이 이곳 북경교회에서 일어났습니다.…1784년에 조선 왕국의 한 사신의 아들이 수학(數學)을 배우려는 소망에서 서양 선교사 학자들로부터 교리를 듣고, 또 수학에 관한 책들을 얻으려고 북경의 성당을 찾아왔습니다. 서양 선교사들은 그 조선 사람에게 수학을 가르쳐 주면서 틈틈이 그리스도교의 기초 교리를 가르치는 데 마음을 썼으며, 그 교리가 담긴 책들을 그에게 주었습니다. 그것이 주효하여 그 사람은 천주교의 진리를 깨닫고 세례를 청했으며, 사신으로 온 아버지의 승낙과 동의를 얻고 세례를 받았습니다. 이 새 신자는 그해에 자기 나라로 돌아갔는데, 성은 이가(李哥)이고 베드로라는 본명을 받았습니다.
> 그는 천주님의 은총의 도우심으로 그의 동포들의 전도사가 되어, 몇 사람을 그리스도의 신앙으로 개종시키고 세례를 주었습니다. 그리고 그 사람들 중에서 다시 전도사들을 임명하였는데, 이들은 베드로보다 더 열심해져서 머지않아 1,000명이 넘는 남녀 동포들이 세례를 받고, 새 조선교회를 세웠습니다(최석우 역, 〈이승훈 관계 서한 자료〉, 《교회사연구》 8, 1992, 182~183쪽).

이 보고는 북경교구 책임자가 처음으로 조선에서의 천주교 신앙 공동체 탄생을 인정했다는 점에서 의미를 갖는다. 정약용도 〈이가환 묘지명〉에서 이벽이 가까운 친구들과 중인(中人)들에게 선교하기 시작한 사실을 갑진년(1784) 겨울 수표교 근처에 살던 이벽이 "처음으로 천주교를 널리 알렸다〔始宣西敎〕"라고 기록하였다(《여유당전서》1, 〈시문집〉정헌 묘지명).

교회 초기의 지도자들인 이벽과 이승훈은 신앙 공동체를 출범시킨 뒤 자신들의 주변 사람들에게 천주교의 교리를 전하기 시작하였는데, 특히 이벽이 가장 적극적으로 선교 활동에 나섰다. 그리고 권일신의 인도로 이존창·유항검(柳恒儉, 아우구스티노, 1756~1801)·윤유일·홍낙민이, 김범우의 활동으로 윤지충(尹持忠, 바오로, 1759~1791)이 각각 신앙을 받아들였다. 이처럼 이승훈·이벽·권일신 등의 주도로 천주교 신앙 공동체가 빠르게 정착·확산되면서 신자들이 늘어났다.

3. 신앙 공동체 설립의 의의

17세기 초부터 조선에 소개된 한역서학서는 시간이 지날수록 종류와 수량이 늘어났으며, 그 결과 18세기 중엽에 이르면 지식인들의 서재에 반드시 구비되어 있을 정도로 유행하였다. 이와 함께 한역서학서에 대한 이해도 단순한 소개가 아니라 보다 깊이 있는 논평이 나올 정도로 높은 수준에 이르렀다. 특히 서학 가운데에서도 서양의 윤리와 종교에 대한 학문적 탐구는 '천학'(天學) 또는 '천주학'(天主學)이라고 하면서 새로운 사상·윤리체계로 인식되었다.

이러한 과정에서 한역서학서를 통해 개인적으로 천주교 신앙에 눈을 뜨는 사람들이 생겨났고, 이어 관심을 가진 사람들이 함께 모여 새 종교에 관한 강학 모임을 가짐으로써 집단화하였다. 그리고 단 한 사람의 선교사도 없이 자발적인 의지와 결정으로, 또한 150년 이상에 걸친 한역서학서의 도입과 연구의 결과를 바탕으로 천주교를 신앙으로 받아들이고 신앙 공동체를 형성하였다. 교조적 유교사상이 지배하던 당시 조선 사회에 대한 절망감이 그들로 하여금 밖으로 눈을 돌려 그리스도교의 복음과 신앙을 받아들이게 하였던 것이다.

다시 말하면, 유교가 지배하는 사회에서 태어나 유교 교육을 받았으면서도 교조적으로 흐르고 있던 주자학(朱子學)에 회의와 염증을 품어 대안을 모색하던 조선후기의 일부 지식인들이 유교 정신의 근본을 이해하고자 유학의 본질을 다시 탐구하기 시작하였다. 그들 가운데 일부가 그러한 탐구를 통해 터득한 고대 유교사상에 대한 이해를 토대로《천주실의》등 한역 교리서들에 담긴 내용을 경이와 탄복으로 수용하였다. 말하자면 18세기 전후 조선 사회의 일부 지식인들에 의해 추구되었던 유교 경전에 대한 새로운 연구 경향이 천주교 신앙을 수용할 수 있는 토대를 제공해 주었던 것이다. 그 결과 유교와는 전혀 다른 우주론과 인간관을 가진 가치 체계가 수용되었다. 따라서 유교를 신봉하던 당시의 주류 집단으로부터 박해를 받을 수밖에 없었다. 그렇지만 천주교 신앙 공동체의 등장은 유교로 무장된 당시의 조선 사회에 이질적인 그리스도교의 세계관과 가치관이 자리 잡기 시작했음을 의미한다.

조선 사회에 천주교 신앙 공동체가 창설된 18세기 말엽은 세계교회사에서 가톨릭교회의 선교 사업이 활기차게 진행되던 때는 아니었다. 당시의 유럽 사회는 16세기 초 가톨릭교회에 대항하여 일어난 프로테스탄트(Protestant)의 도전에 직면하여 전통적인 가톨릭의 권위가 위협받고 있었으며, '과학혁명'(Scientific Revolution)으로 '이성'(理性)에 대한 인식이 확산되면서 가톨릭의 영향력은 약화되고 있었다. 게다가 아시아 선교의 두 기둥이었던 스페인과 포르투갈의 교회도 국력의 쇠퇴로 이전처럼 아시아 선교를 정력적으로 진행시킬 처지가 되지 못했다. 또한 중국교회도 조상 제사 문제로 교회 활동이 거의 불가능한 상황이었다. 더욱이 조선은 유럽의 그리스도교 국가들에게 선교 대상지로 알려지지 않았거나 관심 밖의 나라였다. 현실적으로 조선은 중국과는 달리 경제적인 면에서도 유럽인들의 관심을 자극시킬 만한 특산품도 없었을 뿐만 아니라 지리적으로도 일본과 중국 사이에 있어 주목받기 어려웠다.

이러한 여건 속에서 탄생한 조선의 천주교 신앙 공동체는 선교사가 직접 찾아와 선교를 통해서 이루어 놓은 것이 아니라 조선인의 자발적인 노력에 의한 결과였다. 이는 그리스도교의 선교 역사에서 대단히 독특한 사건인 동시에 유일한 사건이었다. 초기에 천주교를 신앙으로 받아들이고 신앙생활을 하였던 중심 인물들은 이른바 '성호학파' 가운데에서도 녹암 권철신 계열에 속하는 젊은 지식인들이었다. 정치적으로나 사회적으로나 주류적 입지에서 배제된데다가, 당시 교조주의로 흐르고 있던 성리학적 정통론에 회의를 품기 시작하였던 그들은 학문적·종교적으로 새로운 것을 갈구하고 있었다. 그리하여 그들은 외부로부터의 전교에 의해서가 아니라 천주교 서적들을 통하여 자생적으로 천주교 신앙을 깨우쳐서 신앙 공동체를 창설하였던 것이다. 이는 그리스도교의 선교사(宣敎史)에서 유례가 없는 독특한 현상이었다.

초기 신앙 공동체의 설립에 핵심적인 역할을 한 인물은 이벽과 이승훈이었다. 이벽은 교리적이고 이론적인 면에서, 이승훈은 교회 조직 면에서 천주교 신앙 공동체 설립에 공헌하였다. 이에 대하여 중국 요녕성 건창(建昌)의 대목구장으로 활동(1910~1916)하다가 1921년 파리 외방전교회의 총장이 된 게브리앙(J.-B.-M. Budes de Guébriant, 1860~1935) 주교는 조선 순교 복자 79위의 시복식을 앞두고 1925년 5월 9일 교황 비오 11세에게 조선 천주교회의 설립은 근대 선교의 역사에서 독특한 예라고 보고하였다. 그는 조선 천주교회는 선교사가 직접 복음을 전파했던 것이 아니라 조선인 학자들이 스스로 책을 읽고 깨닫고 노력하여 은총으로 세워진 것이라고 하였다. 또한 프랑스의 교회사가인 로네(Adrien Launay)는 일본인 학자 야마구치(山口正之)가 조선교회의 시작에 관하여 '이승훈과 같은 열성 있는 학자에 의해 탐구되어 종교적으로 나타났다는 것은 인정하지만, 그것은 단순하게 조선과 중국 간의 문화적인 종속관계에서 나온 자연스런 산물일 뿐이었다'라고 평가절하한 것에 반대하는 주장을 하였다. 그는 조선 천주교회가 하느님의 특별하신 계시로 창설된 것이지, 선교사의 열정에 의해서나 중국 또는 일본이나 베트남을 통해 선교함으로써 이루어진 것이 아니라고 주장하였다.

조선 사회에서의 천주교 신앙 공동체의 등장은 다른 나라에서의 교회 설립 과정과는 다른 특수성을 지니고 있다. 무엇보다도 선교사의 입국 활동도 없이 일부 지식인들이 스스로 배우고 깨우친 결과 보유론적인 입장에서 천주교 신앙을 받아들여 신앙 공동체를 탄생시켰던 점이 그러하다. 이런 상황 속에서 성직자도 미사 전례도 없이 첨례(瞻禮)로 신앙생활을 시작하였으며, 자발적으로 신앙 공동체를 확산시켜 나갔다. 이

> **첨례**
> 축일의 옛말. 오늘날의 주일이나 주요 축일을 모두 일컫는 말이다. 초기 교회 신자들은 첨례라는 말은 자주 사용하였으나 미사란 말은 거의 사용하지 않았다는 점에서, 첨례라는 말에 미사를 포함시켜 사용한 듯하다.

와 같은 역사적 배경이 있었기 때문에 신앙 공동체 설립 이후 오랜 세월에 걸친 박해에도 불구하고 중국 천주교회처럼 퇴화되지도 않았고, 일본 기리시탄 교회(切支丹敎會)와 같이 지하로 숨어들어 가지도 않았다. 오히려 박해가 거듭될수록 신앙심이 심화되고 교세가 확대되었다. 말하자면 조선후기 천주교회는 이웃에 있는 중국·일본의 경우와는 다른 수용 과정과 발전 과정을 거쳤던 것이다.

자생적인 신앙 공동체가 성립된 이후에도 조선의 천주교회는 오랫동안 이른바 평신도 중심으로 신앙생활이 유지되었다. 성직자의 사목 활동과 성사와 전례를 중심으로 이어지는 가톨릭교회의 특성에 비추어 볼 때 이러한 점도 한국 천주교 수용 과정에서 나타난 특성 가운데 하나로 볼 수 있을 것이다. 이처럼 신자들의 자발적이고 적극적 참여로 신앙생활이 유지되었기에 숱한 박해를 받으면서도 중국이나 일본의 경우와 달리 지속되고 확산될 수 있었다. 그런 점에서 오늘날 가톨릭교회에서 전 세계적으로 활발하게 추진하고 있는 '평신도 사도직 운동'의 선구자는 바로 한국 천주교회였다고 할 수 있다.

또한, 18세기 후반 유교적 가치가 지배하고 있던 조선사회에 그것과는 전혀 이질적인 가치를 신봉하는 천주교회가 설립되었다는 사실은 단순히 새로운 종교단체의 등장을 의미하는 데 그치는 것이 아니라, 더 나아가 한국사에서 '근대'의 시작을 알리는 신호탄이기도 하였다.

참고문헌

1. 단행본

Claude Charles Dallet, *Histoire de L'Église de Corée*, 1874 ; 안응렬 · 최석우,《한국천주교회사》상 · 중 · 하, 한국교회사연구소, 1979 · 1980.

주재용,《한국 카톨릭사의 옹위》, 한국천주교중앙협의회, 1970.

김옥희,《광암 이벽의 서학사상》, 가톨릭출판사, 1979.

유홍렬,《증보 조선천주교회사》상, 가톨릭출판사, 1981.

최석우,《한국 교회사의 탐구》I, 한국교회사연구소, 1982.

──────,《한국 천주교회의 역사》, 한국교회사연구소, 1982.

조 광,《조선후기 천주교사 연구》, 고려대학교 민족문화연구소, 1988.

최석우,《한국 교회사의 탐구》II, 한국교회사연구소, 1991.

──────,《한국 교회사의 탐구》III, 한국교회사연구소, 2000.

차기진,《조선후기의 서학과 척사론 연구》, 한국교회사연구소, 2002.

윤민구,《한국 천주교회의 기원》, 국학자료원, 2002.

한국가톨릭대사전편찬위원회 편,《한국가톨릭대사전》, 한국교회사연구소, 2006.

2. 논문

남상철,〈한국 천주교의 요람지인 주어사가 발견됨〉,《경향잡지》54-11, 1962.

최석우,〈천주교의 수용〉,《한국사》14, 국사편찬위원회, 1975.

홍이섭,〈이벽 ─ 한국근세사상사상의 그의 위치 ─〉,《한국 천주교회사

논문 선집》제1집, 한국교회사연구소, 1976.

최상천, 〈정조조(正祖朝) 천주교회운동의 성격〉,《최석우 신부 화갑기념 한국 교회사 논총》, 한국교회사연구소, 1982.

최석우, 〈조선후기 사회와 천주교〉,《한국의 근대화와 기독교》, 숭전대 기독교문화연구소, 1983.

이원순, 〈천진암·주어사강학회 논변〉,《김철준 박사 화갑기념 사학논총》, 지식산업사, 1984.

최소자, 〈한국과 중국 천주교회사의 비교사적 검토—천주교 수용의 문제—〉,《한국 천주교 창설 이백주년 기념 한국 교회사 논문집》I, 한국교회사연구소, 1984.

최석우, 〈한국 천주교회 기원 문제에 대한 종합적 검토—변기영 신부의 거듭된 주장에 부쳐—〉,《사목》144, 1991.

조 광, 〈한국 천주교회의 기원—가설에 관한 역사성 문제—〉,《그리스도교와 겨레문화》, 기독교문사, 1991.

변기영, 〈한국 천주교회 기원에 관한 최석우 신부의 2차 비판문에 대한 2차 논박문〉,《사목》144, 1991.

최석우, 〈한국교회의 창설과 초창기 이승훈의 교회 활동〉,《교회사연구》8, 1992.

서종태, 〈천진암 주어사 강학과 양명학〉,《이기백 선생 고희기념 한국사학논총》하, 1994.

차기진, 〈천주교의 수용과 발전에 관한 연구〉,《한국사론》28, 국사편찬위원회, 1998.

제3장 초기 교회의 활동과 교세의 확산

제1절 을사추조 적발사건과 정미반회사건

1. 을사추조 적발사건

1) 신앙 공동체의 형성 시기

1784년 음력 9월 서울 수표교 인근에 있던 이벽의 집에서 이벽과 권일신이 이승훈으로부터 각각 세례자 요한과 프란치스코 사베리오라는 세례명으로 대세를 받음으로써 한국 천주교회가 세워졌다. 북경에 가서 세례를 받고 돌아온 이승훈이 교리를 배운 주변 동료들에게 대세를 주면서 교회가 시작되었기 때문에 이를 '자생적 교회의 설립' 혹은 '자발적 신앙 공동체의 형성' 등으로 부른다. 그 후 한동안 이벽의 집이 모임 장소로 이용되었다. 그런데 이벽의 집은 협소하여 많은 사람들이 함께 모여서 신앙 모임을 하기에는 어려움이 많았다. 그래서 사람들의 눈에 잘 띄지 않는 집회 장소를 물색하게 되었는데, 그 장소가 바로 남산골 명례방(明禮坊) 장악원(掌樂院) 앞에 위치한 김범우의 집이었다. 이벽의 집이 한국교회 최초로 천주교의 입교 절차가 행해

진 장소라고 한다면, 김범우의 집은 초기 신자들이 모여 정기적으로 신앙 모임을 가진 곳이라는 점에서 천주교의 확산에 중요한 의미를 지닌 장소이다.

이미 초기부터 이벽과 함께 교리서를 공부한 김범우는 세례를 받은 뒤 자신의 집을 신앙 모임의 장소로 제공하였다. 그래서 1784년 겨울부터는 주로 김범우의 집에서 세례식을 거행하거나 교리 강습 등을 행하였다. 이렇게 신앙 모임 장소를 이동한 것에서 알 수 있듯이 신분 질서의 한계 속에 있던 김범우와 같은 중인층에게 있어, 하느님 앞에서 사람은 모두 평등하다고 가르치는 천주교는 자신들의 신분적 한계를 관념적인 차원에서나마 극복할 수 있도록

장악원
조선시대 궁중에서 연주되는 음악 및 무용에 관한 모든 일을 맡아보던 관청. 현재 서울 중구 을지로 2가 181에 위치한 외환은행 본점 자리에 있었다.

을사추조 적발사건을 계기로 명례방(왼쪽)에서의 신앙 모임이 조선사회에 널리 알려지면서 조선의 집권층은 처음으로 천주교 신앙에 대해 경각심을 갖게 되었다. 또한 이 사건을 통하여 김범우(오른쪽)는 조선 천주교회 최초의 증거자이자 희생자가 되었다.

해 주었을 것이다. 그런 까닭에 천주교와 그 신앙생활에 더 가까이 다가설 수 있었을 것이며, 실상 대세를 받은 이후 김범우는 모범적인 신앙생활을 하였다. 가족들에게도 천주교의 교리를 가르쳐 복음을 받아들이게 하였는데, 그의 배다른 동생 김이우(金履禹, 바르나바, ?~1801)와 김현우(金顯禹, 마태오, 1775~1801)도 신유박해(辛酉迫害) 때 순교자가 되었다. 이런 그의 집에는 《천주실의》·《칠극》 등 천주교 서적이 비치되어 있었고, 서학에 관심이 많은 사람들이 신분을 초월하여 그의 집을 방문하였다. 그런 까닭에 그의 집은 초기 천주교회의 중심지가 될 수밖에 없었다. 초기 교회에서 중요한 역할을 수행했던 최인길·최필공(崔必恭, 토마스, 1745~1801)·허속(許涑)·김종교(金宗敎, 프란치스코, 1754~1801) 등 중인들은 김범우를 통하여 천주교 신앙을 받아들였다. 또한 홍익만(洪翼萬, 안토니오, ?~1802)·변득중(邊得中, ?~1801)·윤지충 등의 양반들도 김범우의 집을 출입하면서 천주교 관련 서적을 접할 수 있었고, 그 결과 천주교를 받아들였던 것이다.

중인층을 촉매로 천주교는 본격적으로 확산되었는데, 김범우는 바로 그 첫 역할을 담당하였다. 그것은 초기 천주교회의 모임이 그의 집으로 장소를 옮긴 후부터 단순한 모임의 차원을 넘어 정기적인 교회 전례도 이루어지고, 또한 많은 중인층이 복음을 받아들여 신자들의 신분층이 점차 확대된 사실에서 입증된다. 이처럼 양반층뿐만 아니라 중인층에서도 많은 신자들이 확보되었으며, 양근, 내포, 전주 등 지방에까지 신자들이 확대되었다. 이러한 와중에 한국 천주교회

> **추조**
> 조선시대 형조(刑曹)의 별칭으로 육조(六曹) 중 하나인데, 추관(秋官)이라고도 하였다. 의금부·한성부와 아울러 삼법사(三法司)라고 일컬어지고, 사헌부·사간원과 함께 삼성(三省)이라 하여 의금부에서 국문(鞠問)할 때는 삼성이 동참기도 하였다.

는 최초의 시련을 맞게 된다. 이 사건을 '을사추조 적발사건'(乙巳秋曹摘發事件)이라 흔히 부른다. 을사년(1785)에 추조(秋曹)에서 적발한 사건이라는 뜻이다. 이 사건을 본격적인 의미에서의 박해였다고 말하기는 어렵다. 하지만 이 시련을 계기로 고난으로 점철된 박해시대가 시작되었다는 점에 그 의미가 있다.

2) 사건의 발생과 내용

을사추조 적발사건의 발단에 관해서는 천주교회를 반대하는 조선의 유생들이 지은 글들에 나타나 있다. 이 글들은 《벽위편》(闢衛編)이라는 천주교 비판서에 수록되어 있는데 그 내용을 간추려서 소개하면 다음과 같다.

을사년 봄 이승훈은 정약전, 정약용 등과 함께 중인 김범우의 집에서 설법을 하였다. 그때 이벽이라는 자가 있었는데, 푸른 두건으로 머리를 덮어 어깨까지 드리우고, 아랫목에 앉아서 이승훈과 정약전, 정약종, 정약용 삼형제, 그리고 권일신 부자(권일신과 그의 아들 권상문〔權相問〕)가 모두 스스로를 제자라 일컬으며 책을 옆에 끼고 모시고 앉았는데, 이벽이 설법하고 깨우쳐 주는 것이 우리 유가에서 스승과 제자 사이의 예법보다 더 엄격하였다. 날짜를 약속하여 모이는데 두어 달이 지나니 양반과 중인 가운데 모이는 자가 수십 명이 되었다.

형조의 금리(禁吏)가 그 모임이 술을 마시고 노름을 하는 것인가 의심하여 들어가 보았다. 모두가 얼굴에 분을 바르고 푸른 수건을 썼으며 거동이 해괴하고 이상해서 체포하였다. 그리고 예수의 화상과 서적들 그리고 몇 가지 물건들은 압수하여 형조에 바쳤다. 형조판서 김화진(金華鎭)은 그들이 양반의 자제로서 잘못 들어간 것을 애석하게 여겨서 타일러 내보내고, 다만 김범우만 가두었다. 권일신은 그의 아들과 이윤하(李潤夏, 이수광의 후손이면서 권일신의 매부), 이총억(李寵億, 이기양의 아들), 정섭(鄭涉, 이기양의 외종) 등 다섯 사람을 데리고 바로 형조에 들어가서 성상을 돌려 달라고 여러 차례 호소하였다. 형조판서는 그들이 누구누구인가를 심문하고 나서 크게 놀라 꾸짖고 달래어 내보내고, 다만 김범우만을 신문하여 정배시켰다.

위의 글을 보면 초기 신자들의 신앙 활동이 어떤 식으로 이루어졌는지 잘 나타나 있다. 먼저 천주교 교리에 가장 밝았던 이벽이 신앙 모임을 주도하였음을 알 수 있다. 즉 푸른 두건을 머리에 쓰고 아랫목, 즉 상석에 앉아서 설법을 하였다고 한다. 교회 바깥의 인사가 기록한 것이어서 설법이라고 묘사하였지만, 교회 용어로 다시 말하자면 이벽이 강론 형식으로 천주교 교리를 해설하였던 것 같다. 나머지 신자들은 모두 이벽의 제자를 자처하면서 교리서를 펼쳐 놓고 이벽의 설명을 들었던 것으로 보인다. 그런데 이 관계가 유교에서의 스승과 제자 사이보다 더 엄격하였다고 말한다. 이 말은 교리를 배우는 입장에 있던 사람들이 교리를 가르치는 이벽에게 절대적인 존경을 나타내 보였음을 말해 준다. 그러므로 그들이 단정히 무릎을 꿇고 앉아서 이벽의 교리 해설을 조심스럽게 경청하는 모습을 연상할 수 있다. 또한 교리 강습은 일회적인 행사가 아니었다. 즉 날짜를 정해 놓고 정기적으로 수십 명의 신자들이 모였던 것이다.

그런데 이 명례방 집회에서 교리 교육만 이루어지지는 않았음을 알 수 있다. 즉 형조의 관리가 들이닥쳤을 때, 그 자리에 있던 신자들은 얼굴에 분을 바르고 푸른색 수건을 머리에 쓰고 있었다. 이것은 초기 신자들이 초보적인 지식에 입각하여 어떤 예절을 거행하고 있었던 것이 아닐까 한다. 왜냐하면 당시 압수된 물품들의 목록에 예수의 화상과 교리서 외에도 여러 가지 물건들이 있었다고 하였기 때문이다. 또 이 모임이 발각당한 계기로만 본다면 천

천주교 교리에 가장 밝았던 이벽은 초기 신앙 모임을 주도하였다. 기록에 보면 이벽은 "푸른 두건을 머리에 쓰고 아랫목, 즉 상석에 앉아서 설법을 하였다"고 한다. 다시 말하자면 이벽이 강론 형식으로 천주교 교리를 해설하였던 것 같다.

주교를 탄압하기 위하여 의도적으로 계획된 것은 아니었다. 단순히 우발적인 적발사건이었던 셈이다. 왜냐하면 형조의 관리가 김범우의 집에 들이닥친 것은 술을 마시고 노름을 하는 모임으로 오해한 결과였기 때문이다. 따라서 이 사건은 조직적인 천주교 박해라고 보기는 어려우며, 조선의 집권층이 처음으로 천주교 신앙에 대해서 경각심을 갖게 되는 최초의 직접적인 조우, 혹은 천주교 박해로 나아가는 전주곡 정도에 해당할 것이다.

3) 결과와 이후의 변화

을사추조 적발사건으로 인하여 조선 천주교회 설립 직후 초기 신자들이 벌인 신앙 운동이 조선 정부와 유교 지식인 사회에 널리 알려지게 되었다. 그리하여 예전부터 서학을 성리학의 정통 가르침에서 이탈한 것으로 비판하던 지식인들은 척사론(斥邪論)을 공론화하기 시작하였다. 특히 기호남인 계열에서는 자신들의 정치적 입지를 계속 유지하려는 목적으로 교회 활동에 가담한 소장파 인사들을 천주교회로부터 떼어놓으려고 애를 썼다. 하지만 양반층 신자들과는 달리 김범우는 처음부터 엄하게 신문을 받았다.

> 을사년 봄에 본조(本曹 ; 형조) 판서 김화진이 차대(次對)하고 관아에 이르러서는 서학을 숭봉(崇奉)한 중인 김범우를 붙잡아 와서 반문(盤問)하였다. 김범우는 서학에 좋은 것이 많이 있지 나쁜 것은 알지 못한다고 하였으므로, 한 차례 엄중하게 형을 가하였다(《邪學懲義》 附秋官志乙巳春甘結).

추조 판서 김화진은 양반집 자제들이 잘못된 길에 빠지게 된 것을 애석하게 여겨 잘 타일러서 돌려보냈다. 다만 김범우만 가두었다(李晚采, 乙巳秋曹摘發條, 《闢衛編》).

이처럼 형조판서 김화진은 양반들을 모두 돌려보낸 다음, 김범우만 옥에 가둔 채 배교를 강요하였다. 그가 이를 거부하자 여러 가지 고문이 가해졌다. 이 소식이 알려지자 석방되었던 권일신·이윤하·이총억·정섭 등 양반 신자들은 형조로 몰려와서 자신들도 김범우와 같은 종교를 신봉하므로 처벌해 달라고 요구하였다. 그러나 김화진은 그들을 다시 타일러서 돌려보내고는 김범우에게 계속 배교를 강요하였다.

그렇다면 김화진은 왜 김범우만 붙잡고 배교를 강요했을까? 아마도 노론이면서도 중도적 입장의 온건파였던 그는 이 사건을 정치문제로 비화시키지 않고 조용히 처리하고자, 중인 신분인 김범우에게만 책임을 물었던 것 같다. 이때 같은 중인 출신의 최인길도 권일신 등과 함께 찾아가 처벌받기를 원했으나, 10여 일 정도 투옥되었다가 풀려났다. 어쨌든 김범우는 갖가지 형벌에도 불구하고 신앙을 포기하지 않았기 때문에 유배형을 당하였다. 그런데 김범우의 유배지에 대해서는 아직 의견이 통일되지 못하였다. 많은 교회사가들은 달레의 저서에 나와 있는 것처럼 충청도 동쪽 끝에 있는 단양(丹陽)이라고 하는데, 경상도 밀양의 단장(丹場)을 김범우의 유배지라고 주장하는 경우도 있다.

또한 김범우의 사망 시기에 대해서도 갖가지 주장들이 있다. 다블뤼 주교는 비망기에 "김 토마스는 유배지에서 형벌로 받은 상처의 악화로 얼마 안 되어 (약 2년 후라고 말하는 사람도 있다) 사망하였다"고 기록하였다. 그런데 달레는 이 내용을 "어떤 사람들은 그가 상처의 악화로 단양(丹陽)에 도착한 지 몇 주 후에 죽었다고 하고, 어떤 사람들은 2년 후에 죽었다고 한다"로 불확실하게 고쳐버렸다. 이승훈에게 세례를 주었던 그라몽 신부도 1790년 서한에서 김범우가 10일 만에 죽었다고 하였다. 그러나 이승훈은 김범우가 체포된 지 1년 후 가을, 즉 1786년에 사망한 것으로 북경의 선교사들에게 보고하였고, 김현우도 1801년 포도청 심문 때 김범우는 단양에 유배되어 병오년(1786)에 사망하였다고 진술하였다. 반면에 김해 김씨 《정유보》(丁酉譜, 1897)에는 김범우가 정미년(1787)에 사망한 것으로 기재되어 있다.

어쨌든 김범우는 천주교 신앙 때문에 목숨을 잃은 조선 천주교회 최초의 증거자이자 희생자가 되었다. 그러나 일반적으로 유배지에서 사망한 사람에게는 원칙적으로 '증거자'로 인정될 뿐, '순교자'의 칭호는 부여되지 않는다. 그럼에도 불구하고 김범우의 경우는 순교로 간주되고 있다. 왜 그럴까? 다블뤼 주교의 비망기에는 "김범우를 첫 번째 순교자로 간주해야 마땅할 것 같다"라고 했을 뿐, 간주해야 한다고 단정하지는 않았다. 다블뤼 주교는 김범우의 사망 시기를 유배 직후로 믿었기 때문에 이러한 주장을 했던 것이다. 그런데 달레는 비망기의 첫 번째 순교자인 것 같다는 내용을 아예 '첫 번째 순교자'로 단정해 버렸다. 실제로 초기 교회에서 김범우를 순교자로 공경한 기록은 찾아볼 수 없다. 이승훈은 김범우의 죽음을 "박해로 인해 많은 고통을 겪고 사망했다"라고 했으며, 구베아 주교도 "영광스럽게 죽었다"라는 표현을 사용했을 뿐이다. 이른바 '5순교자전'으로 알려진 구베아 주교의 서한에 보이는 다섯 명의 순교자―1791년에 순교한 윤지충과 권상연, 1795년에 순교한 윤유일·최인길·지황―만이 초기 교회에서 공경의 대상이었다.

한편 이승훈을 비롯하여 교회 설립을 주도한 양반층 신자들은 가문의 압력을 못 이겨 교회로부터 거리를 두게 되었다. 먼저 이벽은 부친의 강요 때문에 자신과 함께 세례를 받았던 동료 신자들과 접촉을 끊고 은둔 생활을 해야만 하였다. 전해 오는 이야기에 따르면, 이벽이 신앙을 포기하도록 하기 위해 그의 부친은 자살을 시도했다고 하며, 사이비 신자가 계략을 써서 이벽이 교회로부터 멀어지도록 시도했다고도 한다. 실제로 이벽의 용기가 점차 약해졌다는 기록도 있다. 그런 중에 이벽은 1785년 여름(혹은 1786년 봄)에 역질(疫疾)에 걸려 32세의 나이로 세상을 떠났다. 이벽의 사망 원인인 '역질'을 흔히 페스트로 보고 있다. 한편, 현재까지 확인된 기록들과 연구에서는 이벽이 가정 박해를 극복하고 끝까지 자신의 신앙을 지켰다고 보는 견해가 있는가 하면, 그의 순교를 부정하는 주장도 있다. 또한 이벽의 사망 원인을 독살로 보는 견해도 있다. 이벽은 사망 후 포천의 화현리(지금의 포천군 내촌면 화현3리)에 위치한 선산에 묻혔으며, 그의 두 부인도 후에 합장되었다. 이 무덤이 알려진 것은 1979년 초였으며, 그해 4월 10일에 무덤을 발굴해서 지석(誌石)을 확인하였다. 이들의 유해는 6월 21일에 수습되어 명동성당에 안치되었다가 6월 24일에 이장미사를 마치고 천진암 경내로 옮겨 안장되었다.

한편 이승훈 역시 집안 식구들의 지속적인 회유와 억압을 받았다. 그의 부친인 이동욱이 천주교 서적을 불태우고 분서(焚書)의 시를 짓자, 그는 〈벽이문〉(闢異文)과 〈벽이시〉(闢異詩)를 지어 천주교를 배척한다는 뜻을 주위에 알려야만 했다. 그 외에 정약전·정약용 형제들, 그리고 다른 신자들도 당분간 조심스럽게 행동하거나, 적어도 표면적으로는 교회를 멀리하였다. 그 결과 김범우의 집이 있었던 명례방의 신앙 모임은 중단되고 말았다.

하지만 모든 신자들이 다 교회를 떠난 것은 아니었다. 권일신의 제자이며 교회 설립 초기에 세례를 받은 이존창은 고향인 내포(內浦)에서 더 열성적으로 복음을 전파하였다. 그리하여 내포 지역에서는 신자들의 수가 현저하게

> **내포**
> '내륙의 포구', 곧 서해로 연결된 물길로 배가 드나드는 고장, 즉 충남 서북부 지역인 서산, 예산, 홍성, 태안, 당진 전 지역과 아산, 보령의 일부 지역을 의미한다.

증가하였다. 특히 이존창의 선교 활동으로 복음을 접한 사람들 가운데에는 양반층 인사들도 있었지만, 농부나 노동자, 서민 등 중인층 이하의 평민들이 더 많았다. 이처럼 평민층 주도의 신앙 공동체는 내포 지역 천주교회의 뚜렷한 특징이 되었다.

또한 양근 지역에서 활동하던 권일신 역시 천주교 신앙을 포기하지 않았다. 그는 친구인 조동섬(趙東暹, 유스티노, 1739~1830)과 의기투합하여 용문산에 있는 조용한 사찰로 가서 기도와 묵상 등으로 신앙을 실천하였다. 그리하여 을사년의 적발사건이 가져다준 충격이 어느 정도 사라지자, 초기 신자들은 차츰 다시 결집하기 시작하였으며 신앙 활동을 재개하였다. 그리고 1786년부터는 다시 모임을 열어 교회 재건에 나섰다. 이때 주도적인 역할을 한 사람은 역시 조선교회 설립의 주춧돌이었던 이승훈이었다. 그런데 교회로 돌아오려는 양반층 신자들의 발길을 가로막는 작은 사건이 다시 벌어졌다. 이른바 '정미반회사건'(丁未泮會事件)이었다. 교회 전체로 보면 이 사건 자체가 치명적인 일은 아니었지만, 이후 조선의 유교 지식인 사회, 특히 남인 집단 내에서 공격적인 척사론이 점차 부상하기 시작하는 계기가 되었다. 즉 정미년의 반회사건을 계기로 기호남인들이 신서파(信西派)와 공서파(攻西派)로 분열하였으며, 나아가서 진산사건(珍山事件) 또는 신해박해(辛亥迫害)라 불리는 조선 천주교회의 첫 박해가 벌어질 토대가 마련되었다.

2. 정미반회사건

을사년의 적발사건이 있은 지 이태 뒤인 1787년(정조 11)에 또다시 심상치 않은 사건이 벌어졌다. 겉으로는 천주교회를 비판하면서도 몰래 모여서 교리를 배우던 양반 신자 몇 명에 대해서 다시 성토가 벌어진 것이다. 이 사건에 연루된 인물은 이승훈과 정약용이었다. 즉 교회의 핵심 인사들이자 당시 남인 계열의 촉망받는 신진 학자들이었다. 한편 같은 남인 계열에 속하지만 안정복(安鼎福, 1712~1791)을 필두로 하는 공서파에 속한 이기경(李基慶, 1756~1819)과 홍낙안(洪樂安, 1752~?) 등은 서학과 천주교를 모두 사학(邪學)으로 규정하고 조선에서 뿌리를 내리지 못하도록 발본색원해야 한다는 입장을 취하고 있었다. 결국 이기경과 홍낙안이 친분이 없지 않았던 이승훈과 정약용의 교리 연구를 문제 삼아 척사론을 제창하고 나왔던 것이 이른바 정미반회사건이었다.

> **변려문**
> 한문 문체 중 하나로 과거의 문장이나 외교문서 · 주소류(奏疏類) · 조령류(詔令類) 같은 문장은 의례적으로 변려문으로 쓰였다. 그러나 변려문은 외형적인 형식미를 지나치게 추구하여 그 내용이 공허하고 빈약하게 되어, 문학적으로 높은 가치를 지닌 것은 극히 드물다.

1) 사건의 내용

1787년 겨울에 이승훈과 정약용은 과거 시험에 대비하기 위하여 변려문(騈儷文)을 짓는다는 핑계를 대고 성균관 근처의 반촌(泮村, 지금의 혜화동 부근)에 있던 김석태(金石太)의 집에 모여 서적을 통해 천주교를 더 깊이 익혔다. 아울러 다른 젊은이들도 불러서 천주교 교리를 가르쳐 주었다. 이때 정약용의 친구 이기경이 반촌으로 가서 그들이 지은 변려문을 보여 달라고 하였다. 이기경은 이승훈과 정약용이 지은 문장들이 하나같이 거칠고 조잡하며, 완성된 것이 없다고 생각해서 다음과 같이 캐물었다. "그대들의 과거 공부는 전부터 정성스럽고 열심이었는데, 이제 이처럼 허술하고 산만하니 어찌된 일인가? 다른 일을 한 것이 아닌가?"

이기경의 말에 따르면 자신이 이렇게 묻자 모두가 낯빛이 변하고 어물어물하였다는 것이다. 이기경이 이승훈과 정약용이 천주교 서적을 읽고 있었다는 것을 이미 알았는지, 아니면 그 자리에서 알아챈 것인지는 불분명하다. 어쨌든 이기경은 이승훈과 정약용에게 사학을 보고 익혀서는 안 된다고 말하면서 설득하였다. 이기경에 따르면 진사 강이원(姜履元)이 당시 그 자리에 있었는데 나와서 다른 사람에게 서양 서적 이름과 사학을 배우는 절차를 모두에게 누설하였다고 한다. 그러므로 반촌에서 열린 교리 강습회를 최초로 발설한 사람은 강이원이었던 것으로 추측된다.

그러자 홍낙안이 강이원에게서 사태의 전모를 듣고 이기경에게 물어서 그 사정을 알게 되었다. 홍낙안과 이기경은 서로 편지를 주고받은 후 태학(성균관)에 들어가 공론을 형성하여 임금에게 사학을 금지하라는 상소를 올리기로 하였다. 이듬해 정월, 즉 1788년(정조 12) 음력 1월 7일에 임금인 정조의 물음에 신하들이 대책을 글로 지어 올릴 기회가 있었다. 이때 홍낙안은 사학이 장차 크게 세력을 떨치게 될 것이라는 극단적인 내용을 담은 글을 지어 임금에게 올렸다. 이 글에서 홍낙안은 을사추조 적발사건과 천주교 서적 전래에 관해 언급하면서 이승훈과 정약용을 은근히 비난하였고, 나아가서 충청도 일대에서 천주교가 만연하고 있기 때문에 이단을 통렬하게 막는 방책이 필요하다고 역설하였다.

2) 결과와 영향

이 정미반회사건을 계기로 기호남인 내에서 천주교를 공격하는 공서파 인물들이 전면으로 등장하여 천주교를 수용하고자 하는 남인들과 대립하게 되었다. 결국 정조 이후 본격화된 척사 운동은 남인과 정치적으로 반대 당파였던 노론에서 시작된 것이 아니라, 노론의 공격을 받을까 두려워하던 남인 내의 공서파 인물들에 의해서 싹텄던 것이다. 그러나 정조와 남인의 영수였던 채제공은 더 이상 이승훈과 정약용을 문제 삼지 않았다. 왜냐하면 서학에 대해 온건한 수용론을 가지고 있었던 이가환이 승정원에 들어갔으며, 정약용도 1789년 대과에 합격하여 규장각에 마련된 인재양성 제도였던 초계문신(抄啓文臣)의 한 명으로 발탁되었기 때문이다. 또 이듬해인 1790년에 이승훈도 음서제도(蔭敍制度)에 따라서 의금부 도사의 벼슬을 받았기 때문이다.

> **음서제도**
> 특권 신분층인 공신·양반 등의 신분을 우대하고 유지하기 위해 그들의 후손을 과거 없이 관리로 임용하는 제도. 조선후기에는 권신·외척·당파의 대두, 문벌의 숭상, 통치 질서의 문란 등으로 음서의 비중이 높아졌기 때문에 과거 출신의 관직 제수자가 음서자에 미치지 못했다. 그리하여 양반 자제들은 이전과는 달리 처음부터 과거로 출사하기를 단념하고 음서로 출사하기를 도모했고, 이런 기풍이 공공연히 조장되었다.

이러한 사정을 보면, 을사추조 적발사건과 그 뒤를 이은 정미반회사건이 벌어졌을 당시에도 조선 조정에서는 본격적으로 천주교를 탄압하려는 움직임이 생겨나지 않았다. 천주교가 조선의 왕실 및 양반층 위정자들로부터 사악한 집단으로 간주되기 시작한 것은 그 후의 일이었다.

제2절 가성직제도와 성직자 영입운동

1. 신자층의 확대

이승훈이 북경에서 가지고 돌아온 천주교 서적들을 통해서 이벽은 천주교에 대한 궁금증 가운데 많은 부분을 해소하였다. 특히 《교요서론》(敎要序論)과 《성교절요》(聖敎切要)를 통해 천주교 교리와 세례에 대해서, 《이십오언》(二十五言)과 《성경직해》(聖經直解)를 통해 성서의 내용에 대해서, 《천주성교일과》(天主聖敎日課)와 《수진일과》(袖珍日課)를 통해 매일의 기도에 대해서, 《성년광익》(聖年廣益)을 통해 천주교의 성인들에 대해서 이해하게 되었다. 그 뒤 이벽은 교회 서적들의 내용과 이승훈이 북경에서 획득한 경험들을 바탕으로 최초의 세례식을 가지기로 이승훈과 의논하였다.

1784년 겨울에 마침내 이벽은 정약전, 정약용, 권일신을 수표교 인근에 있던 자신의 집에 불러 모은 뒤에 그들과 함께 이승훈으로부터 대세를 받았다. 이렇게 하여 조선에서 천주교회가 탄생하였다. 이때 정약전은 세례식에 참석하였지만 세례를 받지는 않았다. 그리고 새해가 오기 전에 이존창과 홍낙민, 역관 최창현(崔昌賢, 요한, 1754~1801)과 김범우 등이 두 번째로 세례를 받았다. 초기의 세례식 중에서 한두 번은 이벽의 집에서 거행되었지만, 1785년 봄 이전에 세례식 장소가 명례방에 있던 김범우의 집으로 옮겨졌다. 이벽이 교리를 가르친 최인길과 김종교는 김범우의 집에서 세례를 받은 듯하며, 권일신이 교리를 가르친 충청도의 이존창(李存昌, 루도비코 곤자가, 1759~1801)과 전라도의 유항검(柳恒儉, 아우구스티노, 1754~1801)은 양근의 권철신 집에서 세례를 받은 것으로 추정되기도 한다.

새롭게 탄생한 조선 천주교회는 날로 그 교세가 성장하였다. 교회의 터전을 잡아나가는 데 주도적인 역할을 한 것은 이벽, 이승훈, 권일신 등 세 사람이었다. 그 후에는 이들과 더불어 정약전, 정약용, 홍낙민 등과 중인 최창현, 김범우 등이 교회의 지도층으로 활동하였다. 1785년 봄에 발생한 을사추조 적발사건을 겪은 뒤에도 교세는 지속적으로 증가하였다. 이에 따라 신생 교회의 지도부는 효율적인 선교와 신자들의 신앙생활을 지도하기 위한 대책이 필요하게 되었다. 그 방안을 제공한 것은 북경교회의 운영 방식을 경험하고 온 이승훈이었을 것이다. 그리고 그 방안이란 바로 북경교회의 운영체계를 본떠 독자적으로 교계 조직을 구축하는 것이었다. 이를 흔히 '가성직제도'(假聖職制度)라 일컫는다.

2. 가성직제도의 실시

1) 신부들의 임명

이승훈은 북경에서 주교와 신부들로 구성된 사제단이 교회를 운영하는 모습을 상세히 보았다. 또한 성당에서 거행되는 미사에도 참례하였고, 세례와 견진 등 성사들이 거행되는 광경도 목격하였다. 그래서 이승훈을 필두로 당시 교회의 지도급 인물들은 교회가 유지되려면 이를 이끄는 지도자들, 다른 말로 하자면 성직자단이 필요하다는 사실을 경험으로 알고 있었을 것이다. 그리하여 1786년 가을 그들은 북경교회와 유사한 형태로 사제단을 구성하고, 교리서에 적혀 있는 다양한 성사들을 성직자의 집전하에 거행하기로 생각을 굳혔다.

먼저 이승훈이 신부로 선출되었고, 그는 신심과 학식, 그리고 덕망이 높은 신자 10명을 뽑아 신부로 임명하였다. 그리고 이들은 미사를 거행하고 견진성사를 집전하였다. 이것은 조선 신자들이 임의로 설립한 제도였으며, 신부나 주교만이 할 수 있는 일들을 신자들이 독자적으로 행한 것이었다. 그러므로 엄밀하게 말하면 독성죄(瀆聖罪)였다. 하지만 신생교회의 신자들은 가성직제도하에서 신부들이 행하는 다양한 성사 활동들을 통해서 교회의 가르침을 알게 되고, 신앙을 더욱 굳건하게 다져나갔던 것 역시 사실이다.

당시 신부로 임명되었던 사람에 대해 달레의 《한국천주교회사》에는 이승훈 외에 권일신, 이존창, 유항검, 최창현 등 4명의 이름만 거론된다. 또한 《사학징의》에 실린 〈유관검공초〉를 보면 이승훈, 홍낙민, 권일신 3명의 이름만 등장한다. 양쪽 기록을 모두 신뢰하여 합한다면, 이승훈 외에 권일신, 홍낙민, 유항검, 이존창, 최창현의 5명을 가성직제도하에서 활동하던 신부들로 파악할 수 있다. 그렇다면 이승훈이 임명하였다는 10명의 신부들 가운데 나머지 5명의 인물은 누구일까? 이 문제를 명쾌하게 풀어줄 수 있는 자료는 현재까지 발견되지 않았다.

그런데 조선교회가 설립된 이후부터 진산사건이 일어난 1791년까지의 시기를 교회사 초창기 7년이라고 할 때, 이 시기 동안 지도층으로 파악되는 인물은 교회 설립의 3인방이었던 이승훈, 이벽, 권일신, 그리고 가성직제도하에서 신부로 활약했다고 분명하게 거론되는 이존창, 유항검, 최창현, 홍낙민을 먼저 지적할 수 있다. 그리고 1801년 신유박해 당시 '교주'로 지목 받았던 인물들 가운데 1791년 이전부터 교회 지도층으로 활동하였던 사람으로는 정약전, 정약종, 윤지충을 들 수 있다. 그리고 김범우와 최필공도 여기에 포함시킬 수 있다. 하지만 이벽은 을사추조 적발사건 이후 집에 감금

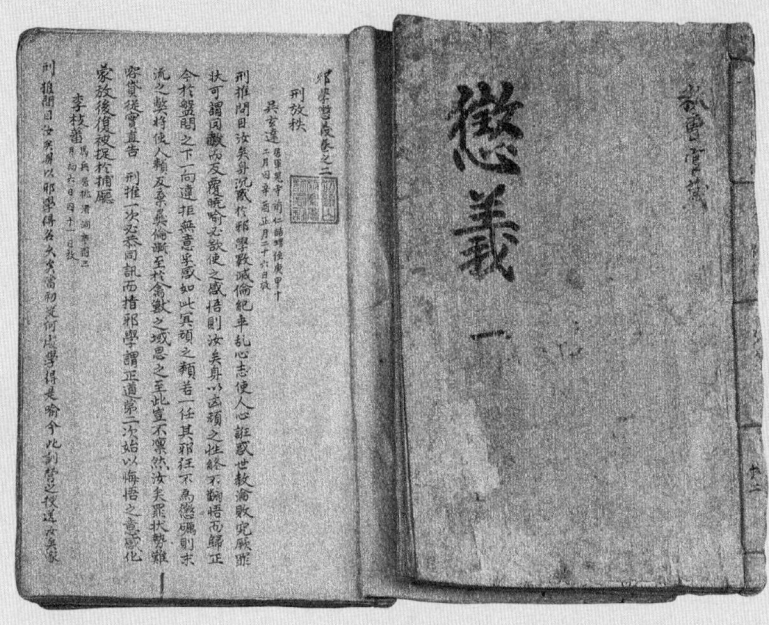

《사학징의》는 1801년 신유박해 당시의 형조 관계 문서를 편집한 책이다. 저자는 불분명하지만, 내용은 당시 천주교 신자들에 대한 신문일지인 〈전교주계〉를 비롯한 12가지의 공문서로 되어 있다. 이 책에 실린 〈유관검공초〉를 보면 조선 천주교회의 가성직제도하에서 신부로 활동한 이승훈, 홍낙민, 권일신 3명의 이름이 나온다. 가성직제도는 초기 조선교회의 지도층이 효율적인 선교와 신자들의 신앙생활을 지도하기 위해 이승훈이 북경교회에서 본 경험을 바탕으로 독자적으로 교계 조직을 세운 것이다. 이 가성직제도가 최초로 실시된 것은 1786년이었다.

되었다가 사망하였으므로 신부로 활동할 수 없었을 것이다. 그리고 최필공은 가성직제도 시기에는 신자가 아니었다. 이러한 정황으로 볼 때 나머지 5명의 신부에 속했을 가능성이 있는 인물들은 정약전, 정약종, 윤지충으로 압축된다.

과연 이들 10명의 지도층 인사들이 신부로 활동하였는지는 여전히 분명하지 않다. 하지만 이승훈을 비롯하여 이승훈이 신부로 임명한 10명의 인물들이 당시 초창기 교회를 이끌었던 것만은 분명하다. 지역적으로 보면 서울 지역에는 이승훈, 최창현이 있었고, 포천 지역에 홍낙민, 양근 지역에 권일신, 정약전, 정약종, 내포 지역에 이존창, 전주 지역에 유항검, 윤지충 등이 있었다. 그러므로 이들이 중심이 되어 주변 인물들에게 복음을 전하면서 신자층을 확대해 나갔을 것으로 보인다.

2) 신부들의 활동

가성직자단이 벌였던 구체적인 활동 내용들을 파악하기는 어렵다. 다만 미사와 각종 성사를 거행하는 일이 주된 활동이었음은 분명한데, 이승훈이 1789년에 북경으로 보낸 서한에서 그 일단을 발견하게 된다.

1786년 봄에 천주교 신자들은 서로 고해를 하는 방식에 관해서 토의하고자 모였습니다. 그리하여 갑은 을에게, 그리고 을은 병에게 고해를 하되, 갑과 을 또는 을과 병은 서로 고해하지 못하도록 결정하였습니다. 같은 해 가을에 천주교 신자들이 다시 모였습니다. 이 모임에서 내가 미사성제를 드리고, 견진성사를 거행하도록 결정이 되었습니다. 나는 교우들의 이러한 권유를 받아들였을 뿐만 아니라,

다른 열 명에게도 미사를 드리는 권한을 주었습니다. 예절은 여러 책과 시과경에 있는 대로 하되, 좀 삭제도 하고 첨가도 했습니다. 경문은 우리 기도서에서 선택했습니다.

이 내용으로 보면 가성직제도가 최초로 실시된 것은 1786년 가을이었다. 초창기 교회에서 행해졌던 성사로는 세례 · 고해 · 견진성사가 있었고, 미사도 거행하였던 것 같다. 그 가운데 가성직제도가 실시되기 이전부터 행해진 것은 대세와 고해성사였다. 우선 세례는 이미 세례를 받은 자가 다른 사람들에게 세례를 주는 대세였기에 누구나 행할 수 있었을 것이다. 그리고 고해성사의 경우에는 신자들끼리 고해를 주고받았지만, 동일 인물끼리 서로 주고받는 형식은 피하였던 것을 알 수 있다.

이런 점에서 보자면 가성직자단이 출범한 직후 신부들이 독점한 전례 예절은 미사와 견진성사였을 것으로 추정된다. 가성직제도가 출범하기 전이었던 1786년 봄에 이미 신자들이 고해성사를 주고받는 규칙을 정하였다고 말하기 때문이다. 어쩌면 그 이전부터 고해성사가 이루어졌을 수도 있다. 그러다가 그해 가을부터 신자들의 권유에 따라 이승훈이 미사와 견진성사를 집전할 수 있는 권한을 가지고, 또 이승훈이 다른 10명에게 동일한 권한을 부여하면서 비로소 가성직제도가 출발하였던 것이다. 그런데 달레의 《한국천주교회사》에는 이런 말이 실려 있다. "그들은 각기 자기 임지로 직행하여, 설교하고, 세례를 주고, 고해성사와 견진성사를 주었다. 그리고 미사성제를 드리고, 신자들에게 성체를 영하여 주는 등 일종의 신자 행정을 시작하였다." 이 말에 따르면 신자들끼리 서로 고해를 주고받던 관습은 가성직자단이 구성되면서 신부의 고유 권한으로 되돌려졌던 것 같다.

그런데 '성체를 영하여 주는' 일이 있었다는 구절에 대해서는 의문의 여지가 있다. 물론 미사를 거행하였다면 성찬 전례 과정에서 영성체가 이루어졌을 것이다. 하지만 신자들에게 성체를 영하여 주기 위해서는 먼저 제병(祭餠)을 만들어야 했을 것이다. 과연 초기 교회의 신자들이 영성체를 행하는 데 필요한 각종 규식들과 제병 제조법을 알고 있었을까? 이 의문에 대한 구체적인 해답은 확인할 길이 없다.

실상 가성직자단이 거행했던 전례 예절을 짐작할 수 있는 자료는 극히 희소하다. 추측하자면 이승훈이 북경에서 목격했던 전례들을 형식적으로 모방하는 수준에서 각종 성사들을 거행하지 않았나 생각된다. 이런 추정을 가능하게 하는 또 다른 자료가 달레의《한국천주교회사》에 나오는 아래 구절이다.

조선의 처음 본토인 신부요 유명한 순교자인 김대건 안드레아의 할머니는 자기에게 영세를 준 자기 삼촌 이단원 곤자가의 루도비코는 미사를 드릴 때 금잔을 썼다는 이야기를 하였다. 제의는 화려한 중국 비단으로 만들었는데, 그 모양은 우리 제의 같지가 않고, 조선 사람들이 제사드릴 때 쓰는 옷과 비슷한 것이었다. 신부들은 중국에서 가톨릭 예식을 집행할 때에 쓰는 관을 썼다. 신자들의 고백을 들을 때 그들은 단 위에 높은 의자를 놓고 앉았고 고백하는 사람들은 그 앞에 서 있었다. 보통 보속은 회사였고, 더 중한 죄에 대하여는 신부가 직접 회초리로 죄인의 종아리를 때렸다. 조선 예법에 따라 지체 있는 부인들을 보는 것을 피해 버릇한 신부들이 처음에는 그런 부인들의 고백을 듣기를 거절하였다. 그러나 하도 간절히 졸랐기 때문에 결국 동의할 수밖에 없었다. 신부들이 천주교인들을 방문하지 않고 사람들이 그들을 찾아와서 성사를 청하였다.

위의 인용문에는 흥미로운 내용들이 많이 들어 있다. 이단원(李端源), 즉 이존창이 가성직자단의 일원으로서 실제로 미사를 봉헌하였다고 하였다. 또 성작으로는 금잔을 사용하였다고 말한다. 제의도 갖추었는데, 천주교회의 제의와는 달랐으며, 오히려 유교에서 제사를 지낼 때 입는 옷과 비슷했다고 한다. 가성직자단의 신부들은 중국교회에서 하듯이 머리에 관을 쓰고 예식을 거행하였다. 이것을 보면 당시 국내에 반입된 천주교 서적 가운데 미사를 거행하는 규칙들을 담은 《미사규정》이나 《미사》와 같은 책들을 주로 참고하여 예식을 행하였으리라 짐작할 수 있다.

또한 가성직자단이 행한 고해성사에 대해서도 알 수 있다. 초기에는 고해가 신자들끼리 주고받는 방식으로 행해졌지만, 가성직자단이 출범하면서 고해성사는 신부가 독점적으로 행하는 고유 권한이라는 생각이 생겨난 듯하다. 흥미로운 것은 고해성사를 거행하는 방식이다. 일단 신부가 단 위에 높은 의자를 놓고 앉으면, 고백하는 사람이 그 앞에서 서서 고백을 하였다. 대개 보속은 희사 즉 애긍시사(哀矜施捨)가 주류를 이루었지만, 고백한 죄의 내용이 무거운 것일 때에는 신부가 회초리로 고해자의 종아리를 때렸다고 한다. 이것은 초기 교회의 신자들이 죄의 고백과 관련된 성사 예절을 형식적인 절차라고만 생각하지 않았으며, 오히려 더 나아가서 내면적인 고백을 외적인 형식을 통해서 구현한다는 생각에서 고해성사의 과정 전체를 매우 진지하게 받아들였음을 잘 보여 준다.

3) 가성직제도의 영향

가성직제도가 시행되면서 대세를 받고 신앙생활을 시작하는 신자들의 숫자가 폭발적으로 증가하였다. 교세의 확산은 가성직자단이라는 독성죄인 교계 조직이 만들어지고 난 후에 그 이전보다 훨씬 더 조직적으로 선교를 할 수 있게 되면서 생겨난 현상이라고 보아야 할 것이다. 또한 가성직제도로 인해 비신자들이 교리와 전례를 통하여 좀 더 생생하게 천주교를 이해하는 계기를 마련해 주었기 때문에 더더욱 교세 확대가 가능하였다. 그래서 이승훈의 서한에 따르면 1789년에 신자들의 수는 1,000명을 넘어서게 되었다. 물론 가성직제도 자체가 존속된 기간은 1년 내지 2년 남짓한 정도에 불과하였다. 하지만 가성직자단의 신부들이 펼친 활동들이 복음을 받아들이는 동기가 되었던 경우가 많았다. 그래서 가성직제도가 중단되면서 교세 증가율도 둔화되었던 것이다.

그러나 가시적인 효과에도 불구하고 가성직제도는 실시된 지 얼마 지나지 않아 중단되었다. 가성직자단의 일원으로 선발되었던 어느 인물이 천주교 서적을 열심히 읽은 뒤에 그 문제점을 지적하고 나섰기 때문이다.

3. 가성직제도에 대한 문제 제기

달레는 《한국천주교회사》에서 가성직제도가 1787년부터 약 2년 동안 지속되었으며, 1789년에서야 중대한 문제 제기가 있었다고 하였다. 그러나 이승훈의 서한을 따른다면, 가성직제도는 1786년 가을부터 1787년 봄까지 약 6개월 정도 지속된 것으로 보인다. 그는 1789년의 서한에서 가성직제도의 문제점을 인식하게 된 계기를 다음과 같이 말하였다.

제가 독성죄를 지었다는 사실은 1786년에 가서야 알았습니다. 1786년 봄이었는데 사제직에 임명된 열 사람 가운데 한 사람이 자신이 사제직에 임명되자,《Cheng Kiao Iva Yao》란 책을 열심히 그리고 아주 꼼꼼하게 읽었습니다. 그러다가 바로 그 책에서 제가 어떤 죄에 떨어졌는가를 모두 알아내었던 것입니다. 그 사람은 즉시 거기에 대하여 충고해 주기 위해서 저에게 편지를 썼습니다. 여기에 그 사람의 편지를 동봉해 드립니다. 이 얼마나 끔찍한 죄입니까! 저는 이로 인하여 뼛속까지 부들부들 떨었습니다. 저는 부랴부랴 성사가 집행되고 있는 곳에서 모두 성사 집행하는 것을 중지하도록 한 다음, 모든 천주교 신자들에게 제가 독성죄를 지었다는 사실을 알려 주었습니다.

이러한 내용이 담긴 이승훈의 서한 원본은 아직 발견되지 않았다. 다만 로마 교황청 인류복음화성의 고문서고에 소장된 프랑스어 번역본이 있을 뿐이다. 그런데 이승훈이 가성직제도의 문제점을 알게 되었다는 시점이 이 번역본에는 1786년으로 나온다. 하지만 이것은 번역상의 오류인 듯하다. 왜냐하면 가성직제도가 실시된 것이 1786년 가을인데 1786년 봄에 독성죄를 지었다는 사실을 알게 되었다는 말은 성립되지 않기 때문이다. 전후의 맥락을 보자면 1787년 봄으로 보아야 할 것이다.

또 이승훈은 같은 서한에서 1784년 이후로 조선교회의 교세가 크게 신장되어 하느님을 흠숭하는 사람들이 사방 천 리에서 천여 명에 이르게 되었는데, 박해를 받아 많은 사람들이 감옥에 갇히고 배교하라는 협박을 받았음을 보고하였다. 하지만 신자들을 배교시키려는 다양한 협박과 유혹에도 불구하고 수많은 사람들이 꿋꿋함과 용기를 보여 주었으며, 그 가운데에서 열 명도 넘는 사람들이 피를 흘리면서 신앙을 증거하였다고 말한다. 아마 이것이 가성직제도하에서 다져진 조선 신자들의 신앙심을 나타내는 것이 아닐

Lettre de Pierre Li Coréen aux Missionnaires de Pé-tang
Pé-tang est le nom chinois de l'Église des Missionnaires
français à Pékin, cette lettre a été écrite en l'an
1789.

Moy Pierre Li jerne prosterné à terre, et frappant ma poitrine d'une
manière à faire compassion je m'accuse de vous mes Pères de ce que depuis
l'an 1784 où je reçu le S.t Baptême vers le printems, j'ai commis
des péchés énormes, perdant entièrement la grace de Dieu et me
rendant comme de bon gré, l'esclave du Diable, jusqu'à m'ingérer
dans l'administration des Sacremens. C'est le le comble de tous mes
péchés, puis que j'ai perdu non seulement mon ame, mais encore
celle des autres. Helas y a t il sur la terre un coin qui puisse me
souffrir? à qui aurais je recours sinon à cette miséricorde divine qui
veut bien m'attendre jusqu'à présent. toutes ces reflexions me pénètrent
de crainte et puisent en même tems les sentimens de ma reconnaissance.
l'exposition exacte de mes péchés, avec les désordres qui se sont passés
parmi cette nouvelle Chrétienté, vous engagera à demander à Dieu le
pardon de nos péchés, et à me montrer la route sure pour corriger
au reste ce besoin ne regarde pas moi seul. mes compatriotes au
nombre de mille personnes environ, qui font les devoirs de la sainte
Religion, terrassés par le péché sans avoir de moyen pour se relever
vivant dans les tenebres sans savoir où aller chercher la lumière.
Destitués du Sacrement de penitence sans trouver de Boiteux ces Chretiens
déja sont dans une inquiétude perpetuelle. Nous savons bien le bienfait
de la redemption; mais qui nous infora l'application? jugez donc
mes Peres dans quelles peines et afflictions nous sommes ayez
pitié de nous, laissez vous toucher, et nous prêter une Main Secourable
pour sauver des miserables qui ont fait Naufrage et qui sont prets
à s'noyer. Voici mes péchés et l'etat de cette nouvelle Chretienté.
1.º Lorsque je fus Baptisé je n'avois qu'une connoissance superficielle de
ce que je devois savoir. Mon baptême est il valide? faut il le
recommencer? j'attend sur cela vos ordres.
2.º J'avois bien l'intention d'entrer dans la S.te Religion; mais cette
intention étoit accompagnée de l'envie que j'avois d'avoir des
connoissances sur les Mathematiques.
3.º Dans mon Voyage de Pékin à ma patrie, j'avois confié les S.tes
images à des infideles qui me les ont rendues après, n'est ce pas une
profanation que je faisois des choses saintes.
4.º arrivé dans ma patrie je n'avois rien d'y plus pressé que d'étudier

이승훈이 1789년에 중국 북당의 선교사에게 보낸 편지의 프랑스어 번역본. 이승훈은 이 서한에서 1784년 이후 조선교회가 크게 성장했으나 박해를 받아 많은 신자들이 피를 흘리며 신앙을 증거했다는 내용과 더불어 자신들이 가성직제도를 시행했으나 그 잘못됨을 알고 중지하였다는 등의 내용을 적었다. 이 서한의 원본은 아직 발견되지 않았다. 한편 이 서한과 함께 이승훈은 가성직제도의 오류를 지적한 사람이 작성한 서한을 동봉하였는데 그 서한의 원본도 남아 있지 않아 오류를 지적한 이가 누구인지에 대해 연구자들 간에 이견이 있다.

까 한다. 이승훈은 편지를 끝맺으면서 다음과 같이 요청하였다.

성사가 중단된 다음부터 저희는 마치 의지할 데 없는 사람들처럼 매일 고통과 불안 속에서 지내며 구원받을 수 있기만을 밤낮으로 갈망하였습니다. 그러니 유럽에서 오신 여러분 선교사님들께 하소연하지 않으면 도대체 저희가 누구에게 소리 높여 하소연할 수 있겠습니까? 부디 저희의 이 애타는 간청을 들어주시어, 저희를 저버리지 마시고, 저희에게도 구속의 은총을 받을 수 있도록 해 주시옵소서.

이승훈은 자신의 편지에 가성직제도의 문제점을 지적하였던 서한을 동봉하여 북경으로 보냈다. 그 서한을 작성한 인물이 과연 누구였는지에 관해서는 아직 확실히 규명되지 않은 상태이다. 왜냐하면 서한의 원본이 남아 있지 않고, 서한의 프랑스어 번역문에는 작성자의 이름이 'Hiuenchen'이라는 로마자로만 표기되어 있기 때문이다. 서한을 프랑스어로 번역한 사람은 북경에 있던 프랑스 라자로회 선교사였을 것이다. 그렇다면 이 로마자 이름 역시 한자를 중국식으로 발음하여 표기하였을 것으로 추측된다. 이 때문에 중국식 발음으로 로마자화한 그 이름의 원래 한자가 무엇이었는지에 대해서 의견이 분분하다. 서한의 작성자를 유항검으로 보는 것은 교황청 인류복음화성 고문서고에서 발견된 프랑스어 번역문과《사학징의》등에 실린 〈유관검공초〉 등을 서로 대조하여 내린 결론이다. 아마 유항검의 이름 '항검'을 중국식 발음으로 표기한 것이 아닐까 하는 의견이다. 하지만 서한의 작성자가 이가환이었을 것이라고 주장하는 견해도 있다. 또한 정약전의 자(字)인 천전(天全)을 중국식 발음으로 표기한 것이라는 주장도 제시되었다.

그러므로 이승훈에게 가성직제도의 문제점을 지적하는 서한을 보낸 인물이 실제로 누구였는가에 대해서는 더 많은 연구가 필요한 실정이다. 여하튼 서한의 작성자는 다음과 같이 가성직제도의 문제점을 지적하였다.

> 지난번 모임에서 많은 논의를 거친 끝에 제가 미사와 견진성사를 집전하는 일을 맡아보도록 결정이 났습니다. 그리고 저는 여러분 명령에 순순히 따르려고 하였습니다. 하지만 집에 돌아와서 우리 성교회에 대한 책 여러 권을 아주 집중적으로 찬찬히 읽어 보고 저는 그만 기절초풍하고 말았습니다. 왜냐하면 사제품을 받으면 인호(印號)를 받게 되는데, 바로 이 인호가 없는 사람은 사제의 직무 가운데 그 어떤 것도 수행하려고 해서는 안 된다고 여러 책에서 말하고 있기 때문이었습니다. 그런데 공께서는 그라몽 신부님한테서 이런 인호를 받지 못하였기 때문에 저희를 사제품에 오르게 할 권한이 없는 것입니다. 그러니 공께서 그동안 하셨던 일보다 더 무모한 일이 또 어디에 있겠습니까.

위에서 '지난번 모임'이라는 것은 이승훈의 서한과 대조할 경우, 1786년 가을에 열렸던 조선교회 지도층 인사들의 회합을 의미하는 것이 분명하다. 그리고 위 서한의 작성자는 회합이 끝난 후 집으로 돌아가 천주교 서적들을 검토하면서 문제점을 발견하였다고 한다. 그는 성사가 사제의 고유한 직무이며, 이를 수행하려면 사제 서품을 통해 인호를 받아야만 한다는 사실을 분명하게 인식하게 되었다. 그래서 일반 신자들이 성직자들처럼 성사를 거행해서는 안 된다는 점을 정확하게 지적하였다. 하지만 이승훈이 그라몽 신부에게 인호를 받지 못했기 때문에 사제 직무를 행할 수 없다는 말은 틀린 말이다. 사제품을 줄 수 있는 사람은 주교뿐이라는 사실을 모르고 있기 때문이다. 초창기 신자들이 천주교회의 교계제도에 대해서 폭넓은 이해를 가지고 있지 못했음을 잘 보여 주는 사례라고 하겠다. 그런데 가성직제도를 실행하기 이전부터 이 문제에 대한 논란이 있었다고 짐작되는 내용이 그 다음에 실려 있다.

> 전에 있었던 여러 모임에서도 이 문제가 거론되었습니다. 그 당시 저의 의견은 인호와 관련된 문제에 상관하지 말고, 우리의 의무를 다하면서 우리 선교사들의 회답을 기다리자는 것이었습니다. 지난번 모임에 제가 참석한 목적도 인호를 받기 위해서가 아니라 여러분에게 인호에 관한 저의 의견을 말씀드리기 위해서였습니다. 그런데 란동과 판구에서 가졌던 모임에서 여러분은 하나같이 인호 문제에 대해서 단 한마디도 하지 않았습니다. 저는 심지어 미사드리는 것을 중단하자는 의견을 냈습니다. 그러나 모두가 이구동성으로 미사를 폐지하는 것은 우리에게서 영적인 양식을 빼앗는 것이며, 또 우리의 구원이 멸망에 처하게 될 것임이 분명하므로, 아무리 불안하더라도 우리 선교사들의 결정을 기다리면서 미사를 계속해야 한다고 의견을 말했습니다.

위의 서한을 작성한 인물은 이승훈이 신부를 임명한 것만이 아니라 미사를 봉헌하는 것에 대해서도 문제를 제기하였다. 그렇지만 가성직자단에 속한 다른 인물들은 여러 가지 현실적인 이유 때문에 미사 봉헌을 지속하기로 하였던 것 같다. 그것은 아마도 미사 중에 하는 영성체가 영적인 양식이므로, 이를 받아 모시지 못하면 구원받지 못한다는 의식이 신자들 사이에 널리 퍼져 있었던 것으로 해석할 수 있다. 하지만 미사에 대해서도 위의 서한을 작성한 인물은 그 부당함을 구체적으로 지적하고 있다.

제가 인호 문제를 중요하게 생각하면서도 우리 주님의 몸을 축성하는 것과 관련되어 있는 미사성제에 관해서는 그렇게 하지 못했다는 것은 이해할 수 없는 일이었으며, 지금도 납득할 수가 없습니다. 저는 바로 이런 착각 속에 빠져 있었기 때문에 지난번 모임에서 미사를 드릴 수 있다고 생각하였습니다. 그런데 제가 열심히 피정을 하면서 미사 예절들을 다른 것으로 대체해 보려고 깊이 고찰하다가 그동안 제가 무슨 짓을 저질렀는지 비로소 깨닫게 되었습니다. 왜냐하면 미사 예절들은 성 그레고리오 교황께서 손을 보아 제정하신 이후 천 년 이상을 고치지 않고 그대로 해온 것인데, 감히 일개인이 마음대로 그런 예절들 가운데 일부를 없애버리거나 다른 것을 보태면 용서가 되는 일이겠습니까. 게다가 다른 책들에 따르자면, 성직에 오르지 못했고 또 인호를 받지 못한 사람은 그 누구도 우리 주님의 몸을 축성할 수 없다고 하였습니다. 그러니 저희에게 성직을 허락한 당신이나, 당신으로부터 우리 주님의 몸을 축성할 수 있는 권한을 부여받은 저희나 독성죄를 용서받을 수 있겠습니까?

흥미로운 점은 위의 서한에서 가성직자단에 속한 신부들이 미사를 봉헌하면서 성체 축성까지 하였다는 사실이다. 결국 초기 교회 시절부터 전례에 대해서 기본적인 사항들을 조선인 신자들도 알고 있었고, 중국교회를 모방하는 정도였겠지만 실제로 행하였다고 보아야 할 것이다. 아울러 이승훈에게 서한을 보낸 인물은 가성직제도하에서 이승훈이 10명의 인물들을 신부로 임명한 일과 미사 및 각종 성사들을 거행한 일에 대해서 다음과 같은 해결책을 제시하였다.

따라서 저는 당신과 또 다른 모든 분들께 다음과 같이 말씀드리고자 합니다. 제

견해에 따르면, 모든 성사 집행을 완전히 중단해야 합니다. 그리고 북당에 계신 우리 선교사들에게 편지를 써서, 우리가 지은 죄들을 모두 그분들께 고백한 다음, 우리 죄에 대한 보속을 청하고, 우리가 궁금하게 생각하는 의문점들을 풀어 주시기를 부탁드려야 한다는 것입니다. 이것이야말로 우리가 구원받을 수 있는 가장 확실한 방법이라고 저는 생각합니다.

이러한 문제 제기를 접한 이승훈과 가성직자단은 사안의 중대성을 절감하고, 즉시 성사 집전을 중지하였다. 그리고 이 문제의 가장 올바른 해결책을 찾기 위해, 우선 북경으로 연락원을 파견하여 서양인 선교사들에게 상의하는 것이 타당하다는 결론을 얻었다. 아울러 천주교회를 세워서 교회의 법도대로 신앙생활을 하려면 북경에서 가져온 교리서들을 읽고 연구하는 것만으로는 해결되지 않는 일들이 많다는 사실을 깨닫게 되었다. 그리하여 초기 교회의 지도자들은 적임자를 선발하여 북경으로 파견할 계획을 세우게 된다.

4. 윤유일의 북경 파견과 성직자 영입운동

가성직제도가 독성죄라는 문제 제기에 따라서 이승훈은 북경의 서양인 신부들에게 조선교회의 연락원으로 예비신자였던 윤유일을 파견하였다. 윤유일은 이승훈이 사제직에 관하여 문의하는 서한을 품에 숨긴 채, 1789년 10월 장사꾼으로 변장하고 동지사 일행을 따라 북경으로 떠났다. 북경에 도착한 윤유일은 이승훈에게 세례를 베푼 예수회 회원 그라몽 신부를 만나고자 하였으나 그는 이미 북경을 떠났기에 뜻을 이루지 못하였다. 사실 이승훈이 북경에 갔을 때 그라몽 신부를 만난 것은 나름대로 복잡한 사연이 있었기 때문이다. 중국 의례 논쟁이 종결된 후인 1773년에 교황청은 예수회를 해산하라는 명령을 내렸다. 이에 따라 예수회가 담당하던 중국 선교지의 관할 지역은 라자로회로 넘겨졌다. 그런 탓에 이승훈에게 세례를 주었던 그라몽 신부는 예수회 담당 선교지를 라자로회로 이관하기 위하여, 잠시 북경에 체류하고 있었던 것이다.

그래서 윤유일은 라자로회의 선교 단장인 로(N.J. Raux, 羅廣祥, 1754~1801) 신부를 만났다. 로 신부의 증언에 따르면, 윤유일은 하얀 명주천 위에 깨알같이 쓴 이승훈 등의 서한을 옷 속에 꿰매어 가져왔다고 한다. 로 신부와 윤유일은 한문으로 글씨를 써서 주고받는 필담(筆談) 방식으로 대화를 나누었다. 그런 다음에 로 신부는 당시 북경교구장이었던 구베아(A. de Gouvea, 湯士選, 1571~1808) 주교에게 조선에 새로 천주교회가 세워졌다는 소식을 보고하였다. 이 소식을 들은 구베아 주교는 기쁜 마음으로 사목교서를 작성하였다. 로 신부 등 라자로회 선교사들은 윤유일이 가지고 온 조선 신자들의 질문에 대한 대답들을 따로 준비하였다. 그리고는 이 모든 것을 다시 윤유일이 옷 속에 숨겨서 조선으로 돌아갈 수 있도록 하였다.

1) 북경교구장의 반응

신생 조선 천주교회를 포함해 중국의 북부 지역 전체를 담당하던 북경교구장 구베아 주교는 조선의 신자들이 보낸 서한에 대해서 어떻게 대응하였을까? 이것은 구베아 주교가 작성한 사목교서에 잘 나타나 있다. 하지만 윤유일을 통해서 조선인 신자들에게 전달되었을 구베아 주교의 사목교서는 현재 발견되지 않았다. 다만 사목교서에 어떤 내용들이 담겨 있었는지에 관해서는 구베아 주교가 포교성성 장관에게 보낸 보고서에 들어 있다.

제가 조선 교우들이 보낸 편지들을 읽으면서 이 새 교회가 처해 있는 상황을 자세히 살펴보니, 조선 교우들은 신앙은 꿋꿋하지만 책이나 교리에 정통한 사람들이 부족하기 때문에, 피상적으로만 그리스도교 교리를 알고 있다는 것을 알게 되었습니다. 하지만 유럽인 선교사나 중국인 선교사들이 조선에 들어가는 것은 조선과 중국 양쪽 모두 국경을 엄격하게 감시하고 있기 때문에 대단히 어려운 일입니다. 따라서 당장 사제를 보낼 수가 없어서, 저는 대신 이 새 교회에 사목 서한을 써서 보내 주었습니다. 이 사목 서한에서 저는 조선 교우들이 지극히 위대하고 선하신 천주님께 감사해야 한다는 것과 앞으로도 계속 믿음을 지켜 나가면서 천주님의 계명을 지킬 것, 그리고 신자로서 반드시 믿고 실천해야 할 모든 도리와, 사제가 없을 때 신앙생활을 하는 요령을 간단히 요약해서 가르쳐 주려고 노력하였습니다. 그리고 사제들이 조선으로 들어갈 수 있는 길과 방법을 찾아보거나, 아니면 적어도 젊은이 몇 사람을 북경으로 보내어 신학교에서 장차 신부로 양성할 수 있게 하는 방법을 찾아보는 데 최선을 다하도록 명하였습니다.

구베아 주교와 라자로회 선교사들의 답장을 지닌 윤유일은 1790년 봄에 조선으로 돌아가는 사신들을 따라서 귀국하였다. 윤유일에게서 북경 주교의 사목교서를 건네받은 조선교회의 지도자들은 그동안 의심스러웠던 문제들을 명쾌하게 정리한 서한을 받고 크게 기뻐하였다. 그러나 일단 천주교회의 신앙생활에 발을 들여놓은 조선인 신자들은 북경 주교의 사목교서를 읽

윤유일(위)은 이승훈이 사제직에 관하여 문의하는 편지를 가지고 북경에 도착해 당시 중국 선교자의 책임을 맡고 있던 라자회 선교사 로 신부를 만났다. 북경교구장 구베아 주교는 로 신부로부터 조선 천주교회에 대해 듣고 사목교서를 작성하여 윤유일에게 전달하였다.

은 뒤에 성사를 받고자 하는 마음이 더욱 간절해졌다. 게다가 사제들을 맞아들일 수 있는 방법을 강구해 보라는 지시도 있었으므로, 성사를 받을 수 있는 가장 현실적이고 구체적인 방안으로서 성직자 영입운동을 계획하기에 이르렀다.

2) 성직자의 파견 요청

조선교회의 지도부는 이미 미사 봉헌과 성사 집전을 중지한 상태였기 때문에 기꺼이 북경 주교의 가르침에 순응하기로 하였으며, 아울러 신부를 파견해 달라고 다시 북경에 요청하기로 하였다. 때마침 1790년 9월에 청나라 건륭제(乾隆帝, 1735~1795)의 80회 탄신 축하 행사가 있었다. 이 기회를 놓치지 않기로 한 조선교회는 윤유일을 다시 북경으로 파견하였다. 윤유일은 이승훈이 쓴 서한을 갖고 북경으로 갔다. 그런데 현재까지 발견된 이승훈의 1790년 서한은 북경교구장인 구베아 주교에게 보낸 것이 아니라 북경에 체류하던 프랑스 선교사들에게 보낸 것이었다. 교구장에게 올리는 서한이 별도로 있었는지는 알 수 없으나, 현재는 이승훈이 프랑스 선교사들에게 보낸 서한의 프랑스어 번역본만이 전해진다. 이승훈은 이 서한에서 가성직제도의 잘못을 꾸짖지 않은 선교사들에게 감사를 표하면서 아울러 조선교회의 지도자들이 성직자를 영입하기로 결정하였음을 알린다. 구체적인 영입 날짜와 방법을 적시하지는 않았지만, 글로 적지 못한 여러 가지 내용들을 윤유일이 직접 선교사들에게 문의하도록 지시하였다는 구절이 나오는 것으로 보아서 아마 촉박한 일정으로 편지를 작성하면서 누락된 내용들이 있었던 것 같다.

아무튼 구베아 주교는 성직자를 파견하겠다는 약속을 이행하였다. 그래서 이듬해인 1791년 2월 마카오 출신으로 레메디오스(João dos Remedios)라는 포르투갈 이름을 가진 중국인 우(吳, ?~1793) 신부를 조선의 선교사로 파견하였다. 레메디오스 신부는 중국인 안내인을 대동하고 북경을 떠나 20일 동안 고된 여행을 한 끝에 조선과 중국의 국경지대에 있는 봉황성(鳳凰城) 변문에 이르렀다. 알아볼 만한 표식을 한 조선인 신자들이 마중을 나가서 레메디오스 신부를 조선으로 맞아들이기로 하였던 것이다. 하지만 레메디오스 신부는 조선인 신자들과 만나지 못하였다. 실제로 윤유일이 신부를 맞이하기 위해 국경지대로 갔지만 레메디오스 신부가 아직 변문에 도착하지 못했기 때문에 서로 조우하는 데에는 실패하였던 것이다. 또한 달레의 《한국천주교회사》에 나오는 이야기처럼 당시 조선에서는 박해가 벌어졌기 때문에, 설혹 레미디오스 신부가 조선에 입국하였더라도 제대로 활동할 수 있는 형편도 아니었다. 결국 레메디오스 신부는 10일 동안 조선인 신자들을 기다리다가 뜻을 이루지 못하고 북경으로 귀환할 수밖에 없었다. 구베아 주교에 의해서 조선 선교사로 임명되었던 레메디오스 신부는 2년 뒤인 1793년에 북경에서 선종하였다. 그러므로 조선교회를 돌보기 위하여 입국한 첫 천주교 성직자의 자리는 1794년 12월 23일 자정 무렵에 압록강을 건너 조선으로 들어온 주문모(周文謨, 야고보, 1752~1801) 신부에게 돌아가게 되었다.

제3절 진산사건

1. 조상 제사 금령과 조선 천주교회의 반응

1790년 청 건륭제의 팔순을 축하하는 사신이 떠날 때 윤유일은 다시 북경으로 따라가서 조선 지도부의 서한을 프랑스 선교사들에게 전달하였다. 이 서한을 보면 조선 지도부는 성직자 파송 청원 이외에, "자기들 나라의 계약 관계와 미신과 조상숭배와 그 밖의 몇 가지 어려운 점에 대한 여러 가지 질문"들을 구두로 전달하였다고 한다. 이 서한에 답장을 보내면서 구베아 주교는 신부 파견 약속과 조상 제사를 금지하라는 명령을 내렸다. 이에 관한 자세한 사정은 교황청 인류복음화성 고문서고에 소장되어 있는 서한들을 통해서 어느 정도 확인할 수 있다. 그 서한들은 라틴어, 이탈리아어, 프랑스어로 되어 있는데, 그 속에는 'Hiuenchen'이라는 사람이 가성직제도의 문제점을 이승훈에게 질책한 서한, 이승훈이 북경의 선교사에게 보낸 첫 번째 서한, 이승훈이 북경으로 보낸 두 번째 서한의 번역문 등이 포함되어 있다. 또한 북경의 구베아 주교가 로마의 포교성성 장관에게 보낸 1790년 10월 6일자 보고서, 구베아 주교가 사천(四川) 대목구장인 생 마르탱(Jean Didier de Saint-Martin, 馮若望 또는 郭恒開, 1743~1801) 주교에게 보낸 1797년 8월 15일자 서한도 특별히 중요하다.

그런데 이승훈이 쓴 두 통의 서한에는 신주(神主)와 제사 문제를 어떻게 처리해야 하느냐고 질문하는 내용은 실려 있지 않다. 대신 두 번째 서한의 후반부에 "윤 바오로가 출발하는 날짜가 너무나 촉박하기 때문에 저희가 미처 글로 다 쓸 수 없었던 내용들에 대해서는 윤 바오로가 직접 신부님들께 말씀드리게 될 것"이라고 하였다. 그렇기에 신주와 제사에 관한 문제를 문의하였다면, 그것은 윤유일이 구두로 물어본 것이라 여겨진다.

구베아 주교는 진산사건이 일어난 지 6년 뒤에 생 마르탱 주교에게 보낸 서한에서 이런 언급을 하였다. "조선교회에서는 지난 1790년 자신들이 궁금해하는 여러 가지 의문점들과 질문 사항들을 저에게 보내왔는데, 그 중에는 조상들의 신주를 만들어 모셔도 되는지, 또한 이미 모시고 있던 조상들의 신주들을 계속 모셔도 되는지에 대한 질문이 끼어 있었습니다. 그런데 교황청에서는 베네딕도 교황의 칙서인 〈엑스 귀〉(Ex quo)와 글레멘스 교황의 칙서인 〈엑스 일라 디에〉(Ex illa die)를 통해서 이 문제에 대하여 아주 단호한 입장을 표명한 바 있었습니다. 그래서 저는 이러한 교황청의 결정에 따라 절대로 그렇게 해서는 안 된다고 대답하였습니다."

그러면 제사 문제를 제기한 조선인 신자는 누구였을까? 이에 대한 해답은 이승훈의 첫 번째 서한에 들어 있다. "제(이승훈)가 독성죄(瀆聖罪)를 지었다는 사실은 1786년에 가서야 알았습니다. 1786년 봄이었는데 사제직에 임명된 열 사람 가운데 한 사람이 자신이 사제직에 임명되자 《Cheng Kiao Iva Yao》라는 책을 열심히 그리고 아주 꼼꼼하게 읽었습니다. 그러다가 바로 그 책에서 제가 어떤 죄에 떨어졌었는가를 모두 알아내었던 것입니다. 그 사람은 즉시 거기에 대하여 충고해 주기 위해서 저에게 편지를 썼습니다. 여기에 그 사람의 편지를 동봉해 드립니다." 여기서 이승훈에게 편지를 보낸 유항검이 읽고 가성직제도의 문제를 파악했다는 책은 무엇일까?

이 책이 만약 《성교절요》(聖敎切要, cheng kiao tsié iao)라면 의문이 쉽게 풀린다. 1695년 중국에 입국한 아우구스티노 수도회의 오르티즈(Hortis Ortiz, 白多瑪) 신부가 1705년에 간행한 이 책은 1789년 무렵에는 일반 신자들 사이에도 열독되던 교리서였다. 그런데《성교절요》에는 십계명 가운데 제1계명을 거스르는 죄를 거론하면서 조상 제사에 관련된 조항들을 열거하고 있다. 그렇다면 가성직제도의 문제점을 지적하는 서한을 이승훈에게 보냈던 인물이 1786년에 이미 이 책을 꼼꼼히 읽었으며, 그런 과정에서 천주교가 신주를 모시는 것과 유교식으로 조상 제사를 거행하는 것을 금지한다는 사실을 알게 되었을 것이다.

윤유일은 조선 천주교회를 대표하여 신주와 제사 문제에 관해 구베아 주교에게 질문했고, 이에 대해서 구베아 주교가 단호한 금지 명령을 내렸다. 구베아 주교의 서한은 1790년 10월에 북경을 떠나 조선으로 돌아온 윤유일을 통하여 지도부에 전해졌을 것이다. 구베아 주교의 제사금지 명령서는 이승훈이 계속 보관하였으며, 1801년 신유박해가 일어났을 때 압수당하였다고 한다. 조상 제사 금지령이 조선 천주교회에 알려진 시점은 대략 1790년 11월에서 1791년 1월 사이일 것이다. 그리고 이를 전달받은 조선의 천주교 신자들은 충격에 휩싸였을 것이고, 어떻게 해야 하나 고민하였을 것이다. 그런데 1년도 못 되는 짧은 시간이 흐른 뒤 1791년 10월에 사건이 터지고 말았다. 조상 제사 금령으로 초래된 비극의 서막을 올린 인물이 바로 윤지충이었다.

2. 윤지충의 제사 폐지와 조선 정부의 대응

1) 윤지충과 권상연

호남의 진산군(珍山郡)에 사는 윤지충이라는 선비가 있었다. 그는 해남 윤씨 가문의 일원으로서 윤선도(尹善道, 1587~1671)의 6대손이었다. 그리고 정약전, 정약종, 정약용 삼형제의 외조부였던 윤덕렬(尹德烈)의 친손자로서, 약전 형제들과는 고종사촌간이었다. 윤지충의 외가는 안동 권씨 가문이었다. 그래서 같은 진산군에는 외삼촌 권세학의 아들 권상연(權尙然)이 살고 있었다. 윤지충은 1759년생이며, 권상연은 1750년생이었으니, 권상연이 윤지충의 외종형인 셈이었다. 사건이 나던 해에 윤지충은 32살이었고, 권상연은 41살이었다.

윤지충은 언제부터 천주교 신자가 되었으며, 어떤 계기로 '제사를 폐지하고 신주를 불사른다' 라는 폐제분주(廢祭焚主)를 감행할 정도로 열성적인 천주교 신자가 되었을까? 전라감사 정민시(鄭民始, 1745~1800)가 올린 장계에 실린 윤지충의 공술 기록을 보면, 계묘년(1783) 봄 진사시에 합격하고 갑진년(1784) 겨울 서울에 머무는 동안, 우연히 중인 계급에 속하는 김범우의 집에 갔었다고 한다. 윤지충은 그의 집에서 《천주실의》와 《칠극》을 보고는 빌려서 고향집으로 돌아와 베껴 두고 김범우의 책들은 돌려보냈다. 그리고 1년 뒤 서학에 대한 비방이 많아서 그 책들을 태우거나 물에 씻어버렸다. 그후 혼자서 연구하고 학습하였기 때문에 원래 스승으로부터 가르침을 받거나 함께 배운 사람은 없었다. 이것은 윤지충이 공술한 내용이다. 액면 그대로만 보자면 윤지충은 1784년 김범우의 집에서 서학 서적들을 빌려 보았고, 혼자서 연구한 결과 조상에게 제사를 지내는 것이 천주교에서 금지하는 것임을 깨닫고 그것을 실행에 옮겼다는 것이다.

하지만 이것은 사실이 아닐 것이다. 천주교회의 기록에 윤지충의 세례명은 바오로, 권상연의 세례명은 요한 또는 야고보로 나온다. 이 말은 대세를 받았고, 또 기본적인 교리 교육을 받았다는 것을 의미한다. 게다가 《천주실의》와 《칠극》에는 신주와 제사를 금지해야 한다는 내용이 들어 있지 않다.

왜냐하면 당시 중국에서 한문으로 저술된, 혹은 한문으로 번역된 천주교 서적들은 많은 경우에 예수회가 표방하였던 보유론을 기본적인 사상으로 하고 있었기 때문에, 제사 문제에 대해서 금지하는 내용을 담고 있을 까닭이 없다. 그렇다면 윤지충은 도대체 어떤 입교 과정을 거쳤기에 길게 잡아야 7년 정도인 신앙생활로 유교 사회의 근본 질서에서 이탈할 수 있었을까?

윤지충은 공술서에서 자신이 김범우의 집에서 빌린 《천주실의》와 《칠극》을 읽고 연구하여 천주교 신자가 되었다고 하였지만, 이것은 자신과 관련된 교회 인물을 보호하기 위해 둘러댄 것으로 보인다. 죽고 없는 김범우를 끌어들이는 것이 안전했기 때문이다. 과연 윤지충의 입교와 관련이 있는 인물은 누구일까?

정약용은 정약전의 묘지명을 쓰면서 "임인년(1782) 우리 형제(약전. 약용)는 윤 모(윤지충을 가리킴)와 함께 봉은사에 머물며 경의과(經義科)를 준비하다가 15일 만에 돌아왔다"라고 적었다. 윤지충에게 약전 형제는 고모의 아들들이었다. 그래서 이들은 가까이 지냈으며, 함께 과거 공부를 하였던 것으로 보인다. 그런데 약전 형제와 윤지충이 봉은사에서 함께 공부한 것은 1782년의 일이다. 그 5년 전에 있었던 일이 주어사 천진암 강학회였다.

이 강학회에 참석한 인물들의 전체 명단은 알려진 바가 없다. 다만 권철신, 정약전, 이벽, 세 명의 이름은 확실하다. 그리고 이들은 신앙적인 차원에서 천주교 교리를 본격적으로 학습하였던 것으로 볼 수는 없지만, 적어도 과거 시험에 필요한 공부를 한 것은 아니었으므로 양명학과 각종 서학서들을 읽지 않았을까 한다. 그러므로 윤지충은 고종사촌형인 정약전을 통해서 처음으로 천주교를 접하였을 것이다. 그리고 교회가 창설된 뒤에는 약전, 약용 형제를 통해서 신앙을 받아들였을 것으로 추측된다.

윤지충의 입교 시기에 대해 다블뤼 주교의 기록을 따르자면, 1784년 겨울 서울 김범우의 집에서 서학서를 구경한 지 2~3년이 지난 뒤 정씨네 집안(약전과 약용 형제를 말함)에서 천주교에 관련된 일련의 모든 책들을 본 후라고 한다. 그러니까 1786년에서 1787년 사이에 마재로 가서 약전·약용 형제를 방문하고 그들을 통하여 천주교 서적들을 탐독한 후에 천주교를 믿게 된 것 같다. 아울러 윤지충의 가문인 해남 윤씨 윤선도의 집터가 현재의 명동 성당 앞에 있고, 윤선도의 집 바로 뒤에 정씨 형제의 아버지인 정재원이 한양에서 벼슬살이를 할 때 살던 집이 있었다는 점도 유념해야 한다. 즉 윤지충과 정씨 형제들은 지척의 거리를 두고 만날 기회가 많았을 것이다. 그리고 약전의 아우이자 약용의 형이었던 약종은 자신이 천주교를 믿게 된 것이 1786년 3월의 일이었다고 하였다. 아마 윤지충도 비슷한 시기에 정약전에게서 교리를 배우고 이승훈에게 세례를 받았을 것이다.

그런데 윤지충은 유항검과도 밀접한 관계를 지닌 인물이었다. 즉 유항검의 어머니와 윤지충의 어머니는 같은 권씨로 친자매였다. 결국 이들은 이종사촌이었던 것이다. 그렇다면 유항검, 윤지충, 권상연은 같은 전라도 전주와 진산에 거주하는 친척이었던 셈이다. 그리고 유항검은 윤지충에게서 교리 서적을 빌려 보고는 이를 더 깊이 연구하기 위해서 권일신을 찾아가 교리를 배워 신앙을 받아들였다고 한다. 따라서 유항검보다 먼저, 또는 유항검과 비슷한 시기에 윤지충도 유항검이 신주와 조상 제사에 대해서 품었던 것과 유사한 문제에 직면하였을 것이고, 이에 대해서 자신의 입장도 정립하게 되었을 것으로 보인다.

2) 사건의 발단

1791년 신해년 가을 진산군 일대에는 괴상한 소문이 파다하게 퍼졌다. "사학하는 사람 윤지충이 어미가 죽었는데도 상장(喪葬)의 예(禮)를 쓰지 아니하고, 다만 효건(孝巾)만 쓰고 상복(喪服)은 입지 않았으며, 또한 조문(弔問)도 받지 아니하였다더라. 그리고 그 무리 권상연과 함께 신주를 불태우고 제사를 폐지하였다더라."

소문이 급속도로 퍼지자 진산군수 신사원(申史源)이 좌의정 채제공(蔡濟恭, 1720~1799)에게 편지를 보내어 어떻게 처리해야 할지를 물었다. 하지만 몇십 일이 지나도 답장을 받을 수 없었다. 그때에 홍낙안이 소문을 듣고 매우 놀라면서 먼저 진산군수에게 글을 보내어 왜 일이 지체되고 있는지를 물었으며, 또 채제공에게도 글을 올려서 임금님께 상달하여 엄하게 베기를 청하였다. 1752년생인 풍산 홍씨 홍낙안은 남인이면서도 안정복과 함께 대표적인 공서파(攻西派)였다. 이미 그는 4년 전인 1787년에 이승훈과 정약용 등이 성균관 근처 반촌에 있던 김석태의 집에 모여 천주교 서적을 강학한다는 말을 이기경에게 듣고는 이들을 고발하여 이른바 정미반회사건을 일으킨 바 있었다.

사태가 확산되자 진산군수는 윤지충의 집으로 찾아갔다. 군수가 사당에서 위패를 넣어 두는 주독(主櫝)을 발견하고 열어 보았더니 비어 있었다. 군수는 윤지충과 권상연이 신주를 불태웠다는 소문이 근거 없는 것은 아니었다고 생각하고, 두 사람을 체포하라는 명령을 내렸다. 당시 윤지충과 권상연은 소문이 일파만파로 퍼지자 각기 다른 곳에 잠시 피신하는 길을 선택하였던 모양이다. 하지만 삼촌이 자신을 대신하여 진산군 관아에 붙잡혀 있다는 소식을 듣자 두 사람은 10월 26일 저녁 관아에 출두하였다. 저녁을 먹은 후 곧바로 군수 앞에서 신문을 받기 시작하였다. 진산군수의 신문이 별다른 소득을 얻지 못하자 두 사람은 29일 밤 전주에 있던 전라감사 정민시의 감영으로 이송되었다.

3. 윤지충과 권상연의 순교

1791년 10월 30일 아침부터 윤지충과 권상연은 정민시로부터 간단한 인적 사항에서 시작하여 천주교를 배우게 된 계기, 학습한 서적들, 책을 돌려본 인물들, 신주를 불태우고 제사를 지내지 않은 이유 등에 이르기까지 강도 높은 신문을 받았다. 11월 1일에 문초의 내용과 거의 같은 내용으로 공술서(供述書)를 작성한 두 사람은 감사의 명령에 따라 결안에 서명을 하고 형틀에 묶여서 곤장 30대를 맞았다. 그 후 감사는 정조에게 장계(狀啓)를 올렸다. 《정조실록》에는 정조 15년 11월 7일에 전라도 관찰사 정민시가 죄인 윤지충, 권상연 사건에 관하여 보고를 한 것으로 되어 있다.

1) 윤지충에 대한 심문

윤지충은 진산군수와 전라감사에게 심문을 받을 때 폐제분주에 관하여 어떤 입장과 논리를 전개하였을까? 이에 대해서는 윤지충이 지었다고 전해지는 《죄인지충일기》의 불역본, 윤지충이 작성한 〈공술서〉가 가장 구체적인 자료가 될 것이다.

군수 : 너는 공자의 서적도 읽지 않았느냐? 공자가 말씀하시기를 '부모가 살아 계신 동안 모든 규정에 따라 그들을 섬기고, 그들이 돌아가신 후에는 모든 규정에 따라 장례를 치를 것이며, 끝으로 관습에 따라 제사를 지내야 비로소 효심이 있다고 말할 수 있느니라' 고 하였다.

대답 : 이 모든 것이 천주교에는 언급되어 있지 않은 것입니다.

군수 : 하기야 과거에도 불도와 노자 사상으로부터 뒤늦게 되돌아온 성현들이 있었으니, 네가 지금부터라도 마음을 바꿀 생각을 한다면 그분들의 발자취를 따를 수 있을 것이다.

대답 : 제게 바뀔 여지가 있다면 처음부터 그렇게 했을 것이고, 여기까지 오지 않았을 것입니다.

이번에는 전라 감영에서의 심문 가운데 일부 내용이다.

감사 : 너는 신주들을 모두 있는 그대로, 아니면 그것들을 불태운 후에 묻었느냐? 그것들을 불태웠는지 아니면 단지 묻기만 했는지가 다소간 네 죄의 경중을 정한다.

대답 : 저는 그것들을 불태웠고, 그리고 나서 묻었습니다.

감사 : 네가 그것들을 네 부모같이 공경했다면, 신주를 묻는 것은 그나마 묵인된다 하더라도 어떻게 그것들을 불태울 수 있다는 말이냐?

대답 : 만약 제가 그것이 제 부모님이라 믿었다면, 어떻게 그것들을 불태울 결심을 할 수 있었겠습니까. 그런데 저는 (신주에) 부모님에 대한 그 어떤 것도 없다는 것을 아주 분명하게 알기 때문에 그것들을 불태웠으며, 그것들을 땅에 묻든 불태우든 여하튼 먼지로 되돌아가니, 거기에 심각함이 더하고

덜할 것이 없습니다.

감사 : 너는 사람들(조상)의 신주들을 불태운 대가로 법적 징계를 받는 것을 인정하느냐.

대답 : 만약 제가 부모님이 거기 계신다고 생각하면서 신주들을 불태웠다면 형벌은 마땅할 것입니다. 그러나 (신주에) 부모님에 대한 그 어떤 것도 없다는 것을 아주 분명하게 알고 있는 저인데, 어떤 잘못이 있을 수 있겠습니까.

감사 : 후회하지 않느냐?

대답 : 천주교 그 자체에서는 구체적으로 신주를 불태우라고 지시하고 있지 않습니다. 제가 경솔하게 불태운 것을 전적으로 후회할 수 있을지 모르지만, 그밖에는 후회할 것이 아무것도 없습니다.

위의 기록은 《죄인지충일기》를 구해서 번역하였다는 다블뤼 주교의 《조선 주요 순교자 약전》에 실린 내용이다. 그런데 이와 비슷한 시기에 작성된 다블뤼 주교의 《조선 순교자 비망기》에는 약간 다른 내용이 실려 있다.

위패를 가지고 무엇을 했느냐는 심문을 받은 바오로(윤지충)는, 처음에는 '그것들을 땅에 묻었다'고 대답했는데, 아마도 그가 나라의 이념에 충격을 보다 덜 주기 위해서 한 대답인 모양이다. 그러나 그가 지적한 곳을 파보았지만 그것들을 찾을 수가 없자, 그에게 갖은 형벌과 혹독한 고문을 가했다. 그가 다음과 같은 말로써 명백하게 굳건한 신앙 고백을 했던 때가 바로 그때였다. "사람이 죽으면 육신은 흙으로 돌아가고 영혼은 하늘나라로 가든지 지옥으로 갑니다. 죽은 이의 집에 남아 있을 수 없고, 또 남아 있어야 할 영혼도 없습니다. 이는 제가 확실하게 알고 있는 증명된 명백한 사실입니다. 그러므로 위패 나무 조각 하나를 모셔두고 거기에다 제사를 지내며 음식을 바치는 것은 부모님께 거짓된 도리로써 효심과 사랑을 표현하는 것입니다. 이 위패들이라는 것이 무엇입니까? 산에서 잘라온 나무 조각 위에다 장인(匠人)이 재단하고 거기에 끌이 지나간 것 아닙니까. 그런데 이 장인의 수고가 부모님의 영혼이 거기에 와서 머물게 할 수 있는 것입니까? 그러니 이 위패들은 아버지도 어머니도 아닙니다. 그저 나무토막에 불과합니다. 그런데 제가 어떻게 그것들을 아버지나 어머니처럼 여겨 받들 수 있겠습니까? 우리 참된 천주교는 당연히 그러한 미신을 금합니다. 더욱이 저는 그리스도인이고 하느님의 계명을 지킵니다. 그래서 저는 그 물건들을 불태웠습니다.

한편 윤지충이 작성하였다는 공술서는 전라감사 정민시가 장계를 만들어서 정조에게 올릴 때 함께 첨부되었으며, 《정조실록》에도 그 내용이 실려 있다.

천주를 큰 부모로 여기는 이상 천주의 명을 따르지 않는 것은 결코 공경하고 높이는 뜻이 못됩니다. 그런데 사대부 집 안의 목주(木主)는 천주교에서 금하는 것이니, 차라리 사대부에게 죄를 얻을지언정 천주에게 죄를 얻고 싶지는 않았습니다. 그래서 결국 집 안에 땅을 파고 신주를 묻었습니다. 그리고 죽은 사람 앞에 술과 음식을 올리는 것도 천주교에서 금지하는 것입니다. 게다가 서인(庶人)들이 신주를 세우지 않는 것은 나라에서 엄히 금지하는 일이 없고, 곤궁한 선비가 제향을 차리지 못하는 것도 엄하게 막는 예법이 없습니다. 그래서 신주도 세우지 않고 제향도 차리지 않았던 것인데, 이는 단지 천주의 가르침을 위한 것일 뿐으로서 나라의 금법을 범한 일은 아닌 듯합니다.

전북 전주시에 있는 풍남문. 이곳에서 윤지충과 권상연이 1791년 12월 8일에 참수형을 당했다. 형 집행자는 왕이 승인한 결안을 윤지충에게 읽으라고 하였고, 그가 결안을 읽은 후에 머리를 나무토막에 누이자 망나니는 그의 머리를 단번에 잘랐다. 권상연 역시 마찬가지의 절차를 거쳐서 머리를 잘렸다.

2) 윤지충의 주장

이러한 윤지충의 논리는 대략 세 가지이다. 첫째, 천주교에서 금지하는 일이었다는 점, 둘째, 천주교의 영혼관과 교리에 입각할 경우 신주와 제사는 헛된 것이라는 점, 그리고 셋째, 신주를 세우지 않고 제사를 지내지 않는 것이 사대부의 예법을 위반하기는 하였지만 조선의 국법을 어긴 것은 아니라는 점 등이다. 첫 번째 논리는《성교절요》를 익히고, 1790년 봄에 전달된 구베아 주교의 금지령을 알고 있는 그가 당연히 표방할 수 있는 것이었다.

두 번째 논리는 상당한 자기 성찰과 지적 훈련을 거쳐야만 말할 수 있는 것이다. 그러므로 이것은 다양한 서학 서적과 교리서들을 읽은 결과라고 여겨진다. 그렇지만 여기에 관해서는 윤지충과 주변 인물들이 읽었다고 확인되는 서학 서적과 교리서들의 내용에 대한 검토가 선행되어야 한다. 마지막으로 세 번째 논리에는 향촌 사회에서 시행하는 향례와 국가의 국법을 분리시키는 태도가 들어 있다. 이것은 조선 사회를 지탱하던 예교 및 예치의 이념을 국가 체제의 통치 형태와는 다른 별개의 것으로 본다는 의미에서 예교주의 국가질서를 상대화시키는 논리를 담고 있다. 그러나 이러한 해석은 자칫 작은 실마리를 침소봉대하는 과대평가로 나아갈 위험이 있다. 그러므로 좀 더 많은 자료들을 발굴하여 상세하게 검토하는 작업을 거쳐야 할 것 같다.

한 가지 첨언할 것이 있다면 윤지충이 폐제분주를 단행할 수 있었던 까닭을 가문적인 배경에서 찾으려는 시도도 있다는 사실이다. 한 연구에 따르면, 윤지충의 가문은 전통적으로 성리학에 치중하지 않고 의학이나 천문학, 그림 등 실용적인 학문에 뛰어났으며, 외가도 실학을 가학으로 주장하는 가문이었다고 한다. 그래서 이런 언급도 가능하다.

"만약 윤지충의 가문이 폐제 사실에 대해서 철저히 배격하였다면 우선 윤지충은 가문의 공격 때문이라도 견디지 못했을 것이다. 그가 어머니의 상을 당해 신주도 세우지 않고 장례식을 지냈음에도 불구하고 별 소동이 없이 무사히 장례식을 마칠 수 있었음은 그의 집안에서 별다른 이의를 제기하지 않은 때문이라고 해석이 된다.…〔전라감사 정민시의 문초에 대해서〕 윤지충이 신념에 찬 대답을 할 수 있었던 배경은 그의 가문의 영향에 있었던 것으로 보인다. 그의 가문이 앞장서서 신주를 불태우거나 제사를 폐지하라고 하지는 않았을지라도 윤지충이 천주교를 믿고 그러한 일을 실행에 옮겼을 때, 그의 가문에서도 최소한 그것을 묵인하였을 가능성이 있는 것으로 보인다."

3) 정조의 반응과 순교

정조는 감사의 보고를 받았지만 일을 극단으로 몰고 갈 생각은 없었던 것 같다. 정민시의 장계가 올라오기 하루 전인 11월 6일에 정조는 송도정(宋道鼎) 등이 상소를 올려 이승훈, 권일신 등 천주교를 믿는 자들을 처벌하라고 요구하자, 선왕인 영조대의 무인년에 있었던 사례를 들면서 일을 확대하지 않으려는 뜻을 내비치기도 하였던 것이다.

그런데 이때 정조는 "황해도 지방에 사학(邪學)이 생겨 거의 집집마다 사람마다 사당을 허물고 제사를 폐지하는 등 황해도에서 강원도에 이르기까지 그 신도가 많아져…"라는 말을 하였다. 여기서 사학이라고 말한 것이 천주교를 지칭하는 말로 오해하는 경우가 종종 벌어진다. 그래서 조선에서 천주교인들이 제사를 폐지한 사례가 영조대에 이미 발생하였던 것으로 착각할 수 있다. 하지만 영조 34년 무인년의 기록들을 자세히 살펴보면 그해 5월에 생불로 자처하는 요녀 4명을 처형한 사건만이 발견된다. 이 사건은 천주교와는 아무런 관계가 없는 것이었다. 명석한 두뇌의 소유자였으며 뛰어난 기억력을 자랑하였던 정조가 착각하였을 것 같지는 않다. 아마 정조가 윤지충 사건의 확산을 막고 사태를 무마하기 위하여 일종의 트릭을 쓴 것이라 여겨진다.

하지만 전국에서 윤지충과 권상연을 극형으로 다스려야 한다는 상소가 30건 이상 올라왔다. 게다가 남인에 속하였기에 천주교 인물들에 호의적인 편이었던 채제공마저도 정조에게 사형을 건의하였다.

그 후 이 사건의 여파로 권일신이 체포되어 유배형을 받았으나 가는 도중에 고문 후유증으로 사망하였다. 반면 이승훈은 배교를 선언하였고, 몇몇 인물들이 천주교 서적 소지 혐의로 체포되었으나 배교하고 석방되었다. 다만 원시장(元-. 베드로, 1732~1793)이라는 양민이 형벌을 받다가 사망하였다. 이 일은 '신해박해'(辛亥迫害)라고도 불린다.

4) 조상 제사 금지에 대한 신자들의 반응

그렇다면 진산사건을 전후한 시기에 제사를 거부한 자는 누구였으며, 그렇지 않은 자는 누구였을까? 즉 윤지충과 권상연만 제사를 거부하였을까? 아니라면 또 누가 이 대열에 동참하였을까? 먼저 윤지충, 권상연과 이종사촌간이며 초기부터 천주교에 가담하여 전라도 지역에 천주교를 전하였던 유항검, 유관검(柳觀儉, 1768~1801) 형제도 조상의 신주를 묘 옆에 파묻었다. 하지만 이들은 진산사건이 발생하자 신변의 위협을 느꼈는지, 다시 신주를 파서 상자에 넣고 빈 방에 안치해 두었다고 한다. 결국 항검·관검 형제는 10년 뒤인 1801년 신유박해 당시에 체포되었으며, 배교를 선언하였음에도 죄질이 무거워 참수형을 당하였다. 유항검이 배교하였던 것 같다는 언급은 달레의 기록에 실려 있다. 하지만 다블뤼 주교는 자신의 〈비망기〉에서 유항검의 배교에 대해서 많은 사람들이 그렇지 않다고 부인한다고 하였다.

그리고 제사 거부에 동참한 다른 인물로는 양반 가운데에는 정약종과 정철상(丁哲祥, 가롤로, ?~1801) 부자, 윤지충의 동생 윤지헌(尹持憲, 프란치스코, 1764~1801), 정약종의 사위 황사영(黃嗣永, 알렉시오, 1775~1801), 이중배(李中培, 마르티노, ?~1801), 그리고 중인이었던 최창현, 최인철(崔仁喆, ?~1795) 등이었다고 한다. 반면 이승훈, 권일신, 권철신, 정약전, 정약용, 홍낙민, 이가환 등은 제사 금령을 거부하고, 천주교에서 이탈하여 전통적인 유교 사회로 복귀하였다. 특히 조정으로부터 사학의 교주로 지목받은 권일신은 진산사건이 발생하였을 때 붙잡혀 혹독하게 문초를 당하고 제주도 유배형을 받았는데, 도중에 예산읍으로 유배지가 변경되어 예산으로 가는 길에 사망하였다. 그는 이렇게 공술하였다.

> 권상연은 애초부터 서로 모르고, 윤지충은 약간 안면이 있습니다. 이 두 사람이 만약 과연 사판을 태워버린 일이 있다면, 이는 진실로 놀랍고 망령된 짓입니다. 조상을 섬기는 한 조목은 특히 그 학술에서 소중하게 여기는 것이니, 제사를 예법대로 할 뿐 아니라 심지어는 생일에도 제물을 올리는 것이 정례(情禮)에 합치된다고 하고 있습니다. 그러니 지금 이 사판을 태워버린 사람은 어떤 책을 보고서 이처럼 패역스럽고 망령된 일을 했는지 모르겠으나, 실로 이해하지 못할 바입니다.

이승훈과 더불어 초기 천주교 지도부를 구성하였던 권일신마저도 이렇게 공술한 것을 보면, 진산사건을 전후한 시기에 제사를 폐지한 인물은 소수였을 것이며, 그나마 양반 신자는 위에서 언급한 정도에 불과하였을 것이라고 추정된다. 게다가 진산사건의 파장은 매우 컸으며, 천주교 내에서도 제사 문제를 둘러싸고 양자택일의 선택을 강요받으면서 각자가 나름의 선택에 따라서 자기 갈 길을 가게 되었던 것이다. 그러므로 조선 왕조가 들어선 이래로 관 주도로 유교적 가치관과 행동 규범을 지방까지 확산시키려는 노력이 사림의 성장과 더불어 결실을 보게 된 18세기 말에 돌연히 발생하였던 진산사건은 중앙 조정과 지방의 유교 지식인 사회에 큰 충격을 주었으며, 조선이라는 왕조 국가와 천주교 사이에 돌이킬 수 없는 균열을 일으켰다.

4. 진산사건의 교회사적 의의

동아시아 천주교회에서 조상 제사 금지령은 1643년부터 1742년까지 100년에 걸쳐서 진행된 중국 의례 논쟁에서 비롯된 것이었다. 중국에서 선교활동을 벌이던 도미니코회 선교사 모랄레스(J.B. de Morales, 黎玉範)가 예수회의 관용적, 적응주의적 선교 방침에 반대하면서 중국인들의 고유한 의례문화에 대해 부정적인 질의서를 교황청에 제출하면서 이 논쟁이 촉발되었다. 본래 이 논쟁의 주요 쟁점들은 대략 세 가지였다. 즉 ① 그리스도교의 유일신(라틴어로는 Deus라 지칭함)에 대한 중국식 호칭으로서 '천주' 외에 '상제'나 '천'을 사용할 수 있느냐, ② 중국인들의 전통적인 조상 제사를 허용할 수 있느냐, ③ 공자 숭경의례를 허용할 수 있느냐 등의 문제였다. 그 중에서 조상 제사의 문제와 관련하여 예수회 선교사들은 자녀들이 사망한 부모에게 드리는 효도의 상징적 표현이라 보고 허용하였던 반면, 프란치스코회와 도미니코회 선교사들은 이 의례가 선조를 신적인 존재로 섬기는 종교적 행위이기 때문에 우상숭배에 해당한다고 판단하여 금지하였었다.

중국 의례 논쟁은 예수회를 한 축으로 하고, 처음에는 프란치스코회와 도미니코회 그리고 나중에는 파리 외방전교회가 반대편 축을 이루어 약 100년 동안 진행되었다. 결국 1715년 3월 19일 교황 글레멘스 11세(1700~1721)가 칙서 〈엑스 일라 디에〉를 통해 중국 의례에 대한 강경한 금지조처를 내렸다. 이어서 1742년 7월 11일 교황 베네딕도 14세(1740~1758)는 칙서 〈엑스 귀 싱굴라리〉(Ex quo singulari)를 반포하여 중국 의례에 대한 논의 자체를 금지하였을 뿐 아니라, 중국에서 활동하는 모든 선교사들에게 칙서 준수를 서약하도록 명하였다. 이로써 18세기 중엽 이후부터 동아시아 천주교회에서는 조상 제사를 우상숭배로 규정하여 그리스도교인들이 이를 행하거나, 혹은 행해지는 장소에 참례하는 것 자체를 금지하였다.

교황청의 최종적인 방침이 내려진 지 50년 뒤에 조선 천주교회는 구베아 주교의 사목교서의 형태로 조상 제사 금지령을 하달받았다. 그리고 교회의 가르침에 충실하고자 하였던 수많은 신자들이 조상 제사를 지내지 않는다는 이유로 반국가적인 집단으로 낙인찍혀 참혹한 박해를 당해야만 하였다. 이러한 사정은 병인박해 시기까지 지속되었다.

세계 교회사의 차원에서 중국 의례에 대해 새로운 결정이 내려진 것은 1930년대에 가서 교황청이 일제의 신사참배와 만주국의 석전 의례에 대해서 예전보다 더 완화된 자세로 이를 종교 의례가 아니라 국민적인 의식의 일환으로 해석하면서부터였다. 그때까지 조선의 신자들은 천주교를 믿으려면 당연히 조상 제사를 거부해야만 하고, 또 이 때문에 정부나 가족, 문중으로부터 박해를 받아야 한다고 생각하였다. 이처럼 조상 제사 거부가 불러일으킨 기나긴 박해의 역사에서 그 첫머리를 장식한 인물이 바로 진산사건의 주역이었던 윤지충과 권상연이었다. 그리고 그들은 조선교회의 첫 희생자 김범우와는 달리, 명확한 자기 결단을 가지고 천주 신앙을 증거하기 위하여 목숨을 바쳤다는 의미에서 조선교회의 첫 순교자들이었다.

참고문헌

1. 단행본

Claude Charles Dallet, *Histoire de L'Église de Corée*, 1874 ; 안응렬·최석우,《한국천주교회사》상·중·하, 한국교회사연구소, 1979·1980.

이만채 편찬, 김시준 역주,《천주교 전교박해사(벽위편)》, 삼경당, 1984.

조 광,《조선후기 천주교사 연구》, 고려대학교 민족문화연구소, 1988.

한국교회사연구소 편,《만남과 믿음의 길목에서》, 한국교회사연구소, 1989.

최석우,《한국 교회사의 탐구》Ⅱ, 한국교회사연구소, 1991.

여진천,《황사영 백서 해제》, 기쁜소식, 1999.

최석우,《한국 교회사의 탐구》Ⅲ, 한국교회사연구소, 2000.

윤민구 엮음,《한국 초기 교회에 관한 교황청 자료 모음집》, 가톨릭출판사, 2000.

차기진,《조선후기의 서학과 척사론 연구》, 한국교회사연구소, 2002.

윤민구,《한국 천주교회의 기원》, 국학자료원, 2002.

한국 천주교 주교회의 시복시성 주교 특별위원회,《하느님의 종 윤지충 바오로와 동료 123위 시복 자료집》1집, 2005.

김진소,《한국사회와 천주교 — 천산 김진소 신부 고희기념 논총》, 디자인 흐름, 2007.

한국가톨릭대사전편찬위원회 편,《한국가톨릭대사전》, 한국교회사연구소, 2006.

2. 논문

최석우,〈달레 著《한국천주교회사》의 형성과정〉,《한국 교회사의 탐구》

I, 한국교회사연구소, 1982.

배현숙, 〈조선에 전래된 천주교 서적〉,《한국 천주교회 창설 이백주년 기념 한국 교회사 논문집》I, 한국교회사연구소, 1984.

주명준, 〈윤지충가의 진산이거에 대하여〉,《교회사연구》6, 한국교회사연구소, 1988.

최기복, 〈유교와 서학의 사상적 갈등과 상화적 이해에 관한 연구〉, 성균관대학교 박사학위논문, 1989.

주명준, 〈천주교의 전라도 전래와 그 수용에 관한 연구〉, 전북대학교 대학원 박사학위논문, 1989.

김진소, 〈윤지충·권상연의 입교와 신앙 활동〉,《한국 천주교 최초의 참수 치명 순교자 윤지충·권상연과 전동 성당》, 전동 본당 설립 100주년 기념 사업회 편, 천주교 전동 교회, 1992.

최석우, 〈이승훈 관계 서한 자료〉,《교회사연구》8, 1992.

조　광, 〈신유교난과 이승훈〉,《교회사연구》8, 1992.

송석준, 〈한국 양명학과 실학 및 천주교와의 사상적 연관성에 관한 연구〉, 성균관대학교 박사학위논문, 1992.

서종태, 〈성호학파의 양명학과 서학〉, 서강대학교 박사학위논문, 1996.

최기복, 〈조상 제사 문제와 한국 천주교회〉,《민족사와 교회사》, 한국교회사연구소, 2000.

서종태, 〈성호학파의 양명학과 천주교〉,《동양철학연구》27, 동양철학연구회, 2001.

송석준, 〈정약종과 유학사상〉,《한국사상사학》18, 한국사상사학회, 2002.

제4장 주문모 신부의 입국과 조선교회

제1절 주문모 신부의 입국

　진산사건 이후 조선교회에는 많은 변화가 있었다. 교회 내적으로는 중인(中人) 이하의 신자들이 교회에서 차지하는 역할이 커졌고, 교회 외적으로는 천주교를 배척하는 사람들에게 신자들을 박해할 명분을 주게 되었다. 즉 양반 신자들 중에는 천주교와 유교가 서로 보완될 수 있다고 생각하는 사람들이 많았는데, 진산사건 이후 천주교와 유교가 다르다는 것을 깨닫게 되어 교회를 떠나는 사람이 생겨났다. 이에 중인 이하의 신자들이 이들을 대신하여 교회 일에 적극적으로 나서게 되었다. 아울러 조상 제사를 폐지하고 신주를 불태운 신자들의 행동은 천주교를 '아버지도 모르고, 임금도 모르는' 〔無父無君〕 비인륜적인 종교로 인식하게 만들어, 반대자들이 신자들을 박해할 수 있는 명분을 제공했던 것이다.

　이러한 상황에서 교회를 유지하고자 했던 신자들은, 1790년에 윤유일이 구베아 주교에게 약속받았던 신부 파견이 실패하자, 다시 성직자를 모셔올 계획을 추진하였다. 이때의 성직자 영입 계획은 윤유일·최인길·지황·강완숙(姜完淑, 골롬바, 1760~1801) 등이 주도했는데, 이 중 지황이 1793년 겨울에 박 요한(혹은 백 요한)과 함께 북경에 가게 되었다. 이들은 1794년 1월 23일(음력 1793년 12월 22일)에 북경에 도착하여 신해박해 등 그동안의 조선교회 사정을 구베아 주교에게 알리고 선교사의 파견을 요청하였다. 지황의 보고를 받은 구베아 주교는 다시 조선에 선교사를 파견하기로 결정하고, 주문모 신부를 새로 선발하였다.

조선 선교사로 임명된 주문모 신부는 1752년에 중국 강남 소주(蘇州)의 곤산현(崑山縣)에서 태어났다. 7세에 모친을 잃고 8세에는 부친마저 세상을 떠나면서 고모 밑에서 가난하게 자랐다. 그의 고모는 낮에는 수를 놓아 생활비를 벌었고, 밤에는 주문모에게 글을 가르쳤다. 그는 20세에 결혼을 하였으나 3년 만에 상처(喪妻)를 하였고, 청년기에는 글을 읽으며 과거 준비를 하였다. 그러나 여러 차례 낙방하자 그만두고, 장년(壯年)이 되어서는 북경으로 가 신학 교육을 받은 후 1791~1794년 사이에 사제 서품을 받았다.

한편 40여 일 동안 북경에 머물면서 보례(補禮)와 견진성사, 고해성사, 성체성사를 받은 지황은 주문모 신부와 만날 장소와 시간을

구베아 주교로부터 조선 선교사로 임명된 주문모 신부(왼쪽)는 북경에서 신학 교육을 받은 후 1791~1794년 사이에 사제 서품을 받았다. 그는 1794년 12월 23일 밤 자정, 얼음이 언 압록강을 건너 의주로 입국하였고, 이듬해 1월 4일경에 서울에 도착하였다. 외국인 선교사들의 조선 입국 통로였던 의주 변문(오른쪽).

약속한 다음 북경을 출발했고, 주문모 신부도 1794년 2월에 북경을 떠나 20여 일 후 책문(柵門)에 도착하였다. 그러나 압록강의 얼음이 이미 녹은데다가 박해 때문에 국경의 감시가 심하여 잠입하기가 어렵게 되자 겨울이 되기를 기다리기로 하였다. 그동안 주문모 신부는 만주 지방을 순회하며 사목활동을 하였다.

같은 해 12월 주문모 신부를 모시기 위해 지황은 윤유일, 최인길과 함께 의주로 갔다. 윤유일과 최인길은 의주에 머물렀고, 지황이 홀로 변문으로 들어가 주문모 신부를 만났다. 그런 다음 12월 23일 밤 자정, 얼음이 언 압록강을 건너 의주로 입국하였고, 이듬해 1월 4일경에 서울에 도착하였다.

처음 계동의 최인길 집에 머물렀던 주문모 신부는 성무를 빨리 수행하기 위해 조선말 공부에 전념하였고, 신자들을 접촉하며 조선교회의 사정도 파악해 갔다. 그런 가운데 1795년 성주간에는 신자들에게 세례와 보례를 주었

고, 필담으로 고해성사를 주었으며, 부활 때에는 한국 천주교회 최초로 부활 미사를 봉헌하였다. 아울러 지방 순회에도 나서, 1795년 6월(음력 4월)에는 양근에 있는 윤유일의 집을 거쳐 고산의 이존창과 전주의 유관검 집을 방문한 뒤 상경하였다.

제2절 을묘사건―윤유일 · 최인길 · 지황의 순교

주문모 신부가 입국한 후 6개월까지는 시간이 평온하게 흘러갔다. 그러나 1795년 6월에 천주교 신앙을 받아들인 지 얼마 되지 않은 진사 한영익(韓永益)이 주문모 신부를 밀고하여 신부에 대한 체포령이 내려지면서 상황이 급변하였다. 한영익은 신부를 면회한 후 이벽의 동생인 이석(李晳)에게 신부의 입국 사실과 거처, 인상 등을 밀고하였고, 이석은 이 내용을 좌의정 채제공에게 알렸다. 그리고 채제공이 다시 이 사실을 정조에게 보고하면서 6월 27일 포도대장 조규진(趙奎鎭)에게 신부를 체포하라는 명령이 내려졌다.

체포령 소식은 다행히 신자들에게도 알려져 주문모 신부는 강완숙의 집으로 미리 피신할 수 있었다. 하지만 집주인인 최인길은 신부가 안전하게 피신할 수 있도록 포졸들이 습격했을 때 신부 행세를 하며 대신 체포되었고, 동료인 윤유일과 지황도 같은 날 체포되었다. 세 사람은 포도청에서 심한 고문을 당하고 매를 맞으며 신부의 행방을 추궁당했지만 끝까지 말을 하지 않았고, 결국 1795년 6월 28일(음력 5월 12일)에 포도청에서 매를 맞고 순교하였다.

이들의 순교 사건에 대해 북경의 구베아 주교는 사천 대목구의 생 마르탱

주교에게 보낸 1797년 8월 15일자 서한에서 다음과 같이 적고 있다.

> 신부님을 모셔왔던 안내자들인 지황과 윤유일 그리고 최인길 세 사람의 천주교 신자는 체포되던 날 밤 곧장 법정으로 넘겨졌습니다. 재판관들은 있는 대로 독이 올라 그들에게 온갖 잔인한 방법들을 다 썼지만, 세 사람은 입을 꽉 다문 채 조금도 흔들리지 않고 그 모든 것들을 끝까지 참고 이겨내어 재판관들을 지치고 허탈하게 만들었습니다.
>
> 재판관들이 그들에게 천주교를 믿는지, 십자가에 못박힌 사람을 숭배하는지 질문하자 그들은 모두 용감하게 그렇다고 대답하였습니다. 또한 그리스도를 저주하고 모독하라고 하자 그들은 자기들은 절대로 그렇게 할 수 없다고 하면서, 참된 하느님이시며 구세주이신 예수 그리스도를 모욕하고 모독하느니 차라리 천 번 만 번 죽을 각오가 되어 있다고 단호하게 대답하였습니다.
>
> 결국 재판관들은 자기네들이 이 세 사람한테서 웃음거리가 되고 조롱을 당하고 있다는 생각이 들었습니다. 게다가 외국인이 어떻게 해서 조선에 들어오게 되었는지에 대해 단 한 마디도 얻어낼 수 없어 너무도 절망하고 화가 난 나머지, 마침내 그들이 죽을 때까지 고문이란 고문은 다 동원하라고 지시하였습니다. 그리고 지시한 대로 이루어졌습니다.
>
> 그리스도를 끝까지 증거했던 세 사람은 결국 온갖 고문을 당하다가 거의 같은 시각에 숨을 거두었습니다. 그들 모두 마지막 순간까지도 예수님의 이름만을 불렀으며, 예수님을 위하여 그리고 천주교 신앙을 지키기 위하여 온갖 고통을 당하는 가운데서도 그들의 얼굴은 영적인 기쁨으로 그지없이 평온하였습니다.

이 을묘사건으로 최인길의 집을 떠난 주문모 신부는 강완숙 등 몇몇 신자들 집에서 며칠을 보낸 후 지방으로 피신하였다. 양근의 권씨 집에서 3일을 머물렀고, 충청도 연산의 이보현(李步玄, 프란치스코, 1773~1800)의 집에서 2개월가량 머무는 등 1년 정도 지방에서 생활하다가 1796년 5월(음)에 서울로 돌아왔다.

제3절 교회 조직의 정비

1. 최초의 사목 보고서

최인길이 사망한 후 주문모 신부는 강완숙의 집에 거처하면서 그곳을 활동의 근거지로 삼았다. 그리고 1796년 겨울에는 조선에 입국한 지 2년 만에 처음으로 북경의 구베아 주교에게 사목 보고서를 보낼 수 있었다. 9월 14일에 작성된 이 보고서는 1797년 1월 28일 북경에 도착한 황심(黃沁, 토마스, 1756~1801)에 의해 구베아 주교에게 전달되었다. 주문모 신부는 주교에게 을묘사건을 비롯한 관헌들의 부단한 감시에서 오는 사목활동의 위험, 조상 제사 등 조선 백성들의 미신행위로 인한 복음 전파의 장애, 제사 금지로 인한 양반 교우들의 탈락 등 조선교회의 상황을 보고하는 한편, 조선교회의 보호와 발전을 위해 조선과 포르투갈이 우호 조약을 맺는 방안을 제안하였다.

이 방안에 따르면, 포르투갈 조정에서 사절(使節)을 보내어 조선과 우호 조약을 맺되, 수학과 의학에 조예가 깊은 신부들이 사절을 수행토록 한다는

> **강완숙의 집**
> 강완숙은 서울 남대문 근처인 창동에 살다가 1799년에는 인사동으로, 1800년 3월에는 다시 훈동(관훈동)으로 이사하였다.

것이다. 그렇게 되면 수학과 의학을 좋아하는 조선 왕이 포르투갈 왕에 대한 경의의 표시로 그들의 종교를 존경하여 신부들을 호의적으로 대할 것이라는 생각이었다. 주문모 신부가 이러한 방안을 모색했던 것은, 을묘사건 이후 신부의 안전이 보장될 수 없는 상황에서, 신부와 조선교회의 안전을 확보하는 근본적인 해결책이 신앙의 자유를 얻는 데 있다고 믿었기 때문이다. 그리고 그 구체적인 방안으로 제시한 것이 바로 서양과의 통교(通交)였다.

이처럼 주문모 신부는 밖으로 신앙의 자유를 얻는 방안을 모색하는 한편, 안으로는 회장제를 설정하고 명도회(明道會)를 설립하는 등 조선교회를 조직화하고 체계화시켜 안정적으로 이끌려는 노력도 기울였다.

2. 회장제의 설정과 지도층

한국교회에서 회장(會長, Catechista)이라는 명칭이 처음으로 나타나는 기록은 구베아 주교가 사천 대목구의 생 마르탱 주교에게 보낸 1797년 8월 15일자 서한으로, 여기에 최인길이 이승훈이 임명한 최초의 회장 중 한 사람이라는 내용이 있다. 이어 1801년에 작성된 황사영의 〈백서〉(帛書)에는 최창현을 총회장으로, 정약종을 명도회장(明道會長)으로, 강완숙을 여회장으로 소개하고 있으며, 이외에도 내포의 정산필(鄭山弼, 베드로, ?~1799), 서울의 김승정·황사영·손경윤(孫敬允, 제르바시오, 1760~1801)도 초기 교회의 회장이었던 것으로 나타난다. 특히 여회장을 임명한 것은 여성의 역할에 대한 새로운 인식을 반영한 것이기도 하다.

이처럼 이 시기에는 여러 명의 회장들이 활동하고 있었는데, 이것은 주문모 신부가 지역·단체·여성 등 사목상의 필요에 따라 회장을 임명한 결과였다. 즉 신부가 1명인 상황에서, 서울 같은 경우는 몇 구역으로 나누어 회장들에게 지역 관리를 맡겼고, 지방은 공소별로 회장을 임명하여 신부 대신 신자들을 돌보도록 하였다. 그리고 교리 교육과 선교를 위해서는 명도회와 같은 단체를 설립하여 회장을 임명하였고, 여성 신자들은 여회장을 임명하여 가르치고 보살피도록 했던 것이다.

회장으로 활동하던 인물 중에 총회장인 최창현은 서울의 입정동에 살았으며, 덕행이 모든 교우 중에 가장 높다고 평가될 정도로 신자들의 신뢰를 받았다. 그는 자신의 본분을 충실히 지키며, 신자들을 가르치고 신앙을 전파하는 데 노력하였다. 특히, 교회 서적의 번역과 보급에도 참여하여, 한문을 모르는 신자들이 성서와 교리 지식을 쉽게 얻을 수 있도록《성경직해》(聖經直解) 등을 한글로 번역하였다.

여회장인 강완숙은 1791년경 덕산에서 서울로 올라와 남대문 근처의 창동에 거주하였다. 그녀는 1793년 지황의 북경 파견에도 관여하는 등 적극적으로 교회활동에 참여하였고, 1795년 을묘사건 이후에는 주문모 신부를 자신의 집으로 모셔와 거처토록 하였다. 여회장으로 임명된 뒤에는 많은 여성 신자들에게 복음을 전하였으며, 양제궁(良宮)에 살고 있던 은언군(恩彦君, 1754~1801)의 부인 송(宋) 씨와 그 며느리 신(申) 씨가 천주교를 받아들이도록 하였다. 그리고 자신의 집을 신자들의 모임 장소로 이용하여 매달 10여 차례의 첨례(瞻禮) 모임을 가졌으며, 윤점혜(尹點惠, 아가타, 1776~1801) 등과 함께 동정녀 공동체를 이끌기도 하였다.

은언군
사도세자의 서자이자 철종의 조부. 1762년 사도세자가 죽을 당시 9세에 불과하였으며 10세에 은언군에 봉해지고, 13세에 송낙휴의 딸과 혼인하였다. 정조가 죽고 정순왕후가 수렴청정을 하게 되자 정치적으로 제거 대상이 되었으며, 부인과 며느리가 세례를 받았다는 이유로 1801년에 사사되었다.

〈백서〉 사건(1801년)으로 유명한 황사영은 서울의 아현에 거주하며 신앙 생활과 회장으로서의 활동을 하였다. 그는 천주교를 '세상을 구하는 좋은 약〔良藥〕이라고 생각하였고, 이에 각계각층의 사람들과 교류하며 선교 활동을 적극적으로 펼쳤다. 그리고 자신의 집을 명도회의 모임 장소 중 하나로 이용하여 매월 첨례를 거행하였다. 그 결과 당시 신자들은 황사영을 '성학(聖學)이 고명(高明)한 사람', 양반 중에 '최고의 남자 신자'〔男敎中最高者〕로 인정하고 존경하였다.

안국동에서 약방을 운영하던 손경윤은 최창현, 최필공, 정광수(鄭光受, 바르나바, ?~1802) 등 교회의 중심 인물들과 교류하며 회장 직분을 수행하였고, 자신의 약방을 신자들의 모임 장소로 이용하였다. 그리고 교리서를 베껴 여러 사람들에게 나누어 주거나 팔았는데, 이러한 그의 활동 때문에 손경윤은 신유박해(辛酉迫害)가 발생했을 때 '사학(邪學)의 큰 괴수〔巨魁〕'로 지목되었다.

지방에 살던 신자들 중에 회장으로 알려진 인물은 충청도 덕산 고을의 정산필이다. 그는 기도와 신심 함양을 위한 독서를 부지런히 하여 신앙을 돈독히 하는 가운데, 회장으로서 자신에게 맡겨진 사람들을 끊임없이 가르치고 격려했다. 홍주의 김일찬과 덕산의 정복선·유한징·박춘산·박중돌 등이 그에게 교리를 배운 사람들이었다. 정산필 외에 충청도와 전라도에는 당시의 교세로 보아 다수의 회장들이 임명되어 신자들을 가르치고 이끌었을 것이다.

이와 함께 성격은 다르지만 교리 연구와 선교를 목적으로 하는 명도회의 회장도 이 시기 교회의 중요한 인물 중 한 사람이었다. 명도회의 초대 회장은 정약종이었는데, 그는 《주교요지》(主敎要旨)를 저술할 정도로 교리 지식이 풍부하였고, 신자들의 교육과 선교에서도 많은 성과를 내었다.

한편 회장으로 임명되었다는 기록은 없지만, 이 시기에는 회장만큼이나 교회에서 중요한 역할을 담당했던 신자들도 있었다. 먼저 서울의 경우는 정광수·최필공·최필제(崔必悌, 베드로, 1769~1801)·이합규(李鴿逵, ?~1801)·김계완(金啓完, 일명 金百深, 시몬, ?~1802) 등이 있는데, 양반 중에 '최고의 남자 신자'로 불린 정광수는 1799년 여주에서 서울 벽동으로 이사한 뒤, 이곳을 첨례 장소로 꾸몄고, 교회 서적과 성물을 만들어 신자들에게 보급하였다. 그리고 중인 천주교 신자들의 괴수로 지목된 최필공과 그의 사촌 동생인 최필제는 약국을 운영하며 자신의 집을 신자들의 집회 장소 및 연락 거점으로 삼았다. 중인 중에 '최고의 남자 신자'로 불린 이합규와 김계완도 당시 교회 내에서 중요한 역할을 담당한 인물들이었다.

이들 외에 명도회의 하부 조직으로 자신의 집에서 모임을 가졌던 홍필주(洪弼周, 필립보, 1774~1801), 홍익만, 김여행(金勵行), 현계흠(玄啓欽, 플로로, 1763~1801) 등과 매월 자신의 집에서 첨례를 개최했던 김범우의 동생 김이우도 이 시기 지도층에 속한 인물이었다고 할 수 있다.

지방에서는 전라도의 유항검·관검 형제와 윤지충의 동생인 윤지헌 등이 지도적인 역할을 하였고, 충청도에서는 이존창이 비록 배교를 되풀이하고 옥에 갇혀 있기는 했지만 밀사 파견에 관여하는 등 일정한 역할을 하고 있었다. 그리고 충주의 이기연(李箕延, 1740~1802)과 이부춘(李富春, 1733~1801)·이석중(李石中, 1773~1801) 부자, 1796년 이후 북경의 밀사로 활약한 덕산 출신의 황심도 중요한 인물이었다.

3. 명도회의 창설

주문모 신부가 활동하던 시기, 회장제와 더불어 한국교회를 이끌었던 것이 명도회 조직이다. 명도회란 '천주교 교리를 가르치는 회'로서 1797년경 주문모 신부가 북경에 있는 비슷한 단체를 모방하여 서울에 설립한 것이다. 이 회의 목적은 "우선 회원들이 천주교에 대한 깊은 지식을 얻고, 그 다음에 그것을 교우와 외교인들에게 전파하도록 서로 격려하고 도와주는 데 있었다." 따라서 명도회는 교리를 연구하고 가르치며, 나아가 선교까지 실천하는 단체라고 할 수 있다.

> **명도회**
> 명도회의 설립 시점에 대해서는 1800년 4월 이전으로 보는 견해(기존설), 1797년경으로 보는 견해(방상근, 〈초기 교회에 있어서 명도회의 구성과 성격〉), 1799년 초로 보는 견해(차기진, 〈丁若鍾의 교회 활동과 신앙〉)가 있다.

그렇다면 이 시기에 왜 명도회와 같은 단체가 필요했을까? 먼저 교리 지식의 측면에서 보면, 설립기 이후 조선 신자들의 교리 지식은 매우 낮은 수준에 머물러 있었다. 그리고 이러한 상황은 주문모 신부의 입국 직전까지도 크게 달라지지 않았다. 이에 주문모 신부는 신자들의 교리 지식을 높이기 위한 방안으로 교회 서적을 한글로 번역하거나 저술하는 한편, 단체를 조직하여 체계적인 교리 교육을 실시하고자 하였던 것이다. 또 선교의 측면에서도 새로운 방식의 도입이 필요한 시점이었다. 즉 당시 신자들의 입교 과정을 보면 주로 가족·인척 등을 통해 입교한 경우가 많았는데, 이처럼 혈연을 중심으로 한 선교 방식은 많은 사람들을 입교시키기에는 한계가 있었다. 이에 주문모 신부는 이전과는 달리, 교회 조직을 통해 조직적으로 선교하는 새로운 방식을 채택했던 것이다.

이러한 배경하에 설립된 명도회는 회장과 하부 조직인 육회(六會)로 구성

> **김여행의 집**
> 지금까지 육회의 하나인 김여행의 집은 서소문 안으로만 알려져 왔다. 그러나 서소문 안에 거주하는 신자 중 사창동에 거주하는 사람들이 많이 있고, 또 이용겸 집의 경우 사창동을 서소문 안으로 표기한 경우가 있으므로, 김여행의 집도 사창동이 분명하다.
>
> **이름을 알 수 없는 한 집**
> 이 집을 김범우의 동생인 김이우의 집으로 보는 견해도 있다(최석우 감수·차기진 역주, 《윤유일 바오로와 동료 순교자들의 시복자료집》 1집).

되었다. 명도회의 초대 회장에는 정약종이 임명되었고, 3~4명 혹은 5~6명으로 구성된 '6개의 모임〔會〕 또는 모임을 갖는 장소'인 육회는 홍문갑의 집(창동), 홍익만의 집(송현), 황사영의 집(아현), 김여행의 집(사창동), 현계흠의 집(회현동), 그리고 이름을 알 수 없는 한 집이었다. 이 중 황사영이 맡은 모임에는 황사영 자신과 남송로(南松老), 최태산(崔太山), 손인원(孫仁遠), 조신행(趙愼行), 이재신(李在信) 등 6명이 회원으로 소속되어 있었다.

명도회는 〈명도회규〉(明道會規)에 따라 운영되었다. 명도회의 회원이 되고자 하는 사람은 먼저 신부에게 이름을 알린 후 신공(神工)을 해야 했는데, 신공이란 교리를 공부해서 남에게 가르치는 것이다. 이를 1년 동안 부지런히 하면 명도회에 입회하는 것이 허락되었고, 부지런하지 않은 사람은 회원으로 받아들이지 않았다. 그러므로 명도회원은 먼저 가회원(假會員)이 되었다가, 1년간의 유예 기간을 거쳐 본인의 신공 성적에 따라 정식 회원이 되었던 것이다.

명도회에는 남성뿐만 아니라 여성들도 가입할 수 있었다. 이것은 주문모 신부가 명도회에 대해서 남녀가 따로 참석할 것을 정했다는 기록이나, 1801년에 순교한 양제궁의 송 마리아와 신 마리아가 명도회에 가입했다는 기록, 그리고 명도회의 영향으로 천주교 신앙을 받아들인 사람 중에 2/3가 부녀자였다는 사실 등에서 알 수 있다.

명도회원들은 명도회의 목적에 따라 교리의 연구와 강습, 그리고 선교에 힘을 쏟아 큰 성과를 거두었다. 예를 들어《사학징의》에 나오는 신자 118명 중 69%가 강완숙 등 19명에 의해 신앙을 갖게 되었는데, 이 19명은 강완숙, 권일신, 김건순, 김한빈(金漢彬, 베드로, 1764~1801), 윤현(尹鉉), 이합규, 이존창, 정광수, 윤운혜(尹雲惠, 마르타, ?~1801), 정약종, 최창현, 최필공, 최필제, 한 조이〔召史〕, 황사영 등으로 대부분 명도회의 회원이었다.

이와 함께 이합규와 정광수가 한신애(韓新愛, 아가타, ?~1801)의 요청에 따라 한신애의 종들에게 교리를 가르친 사실은 교리 교육과 관련된 명도회의 역할을 잘 보여 준다. 아울러 명도회에 들지 않은 사람들도 이러한 회원들의 활동을 보고 다른 사람들에게 신앙을 전하는 현상이 전국적으로 확대되어 갔다고 한다.

이처럼 주문모 신부가 조직한 명도회와 회장제는 이 시기 한국교회의 발전에 큰 역할을 하였고, 그 결과 주문모 신부가 입국할 당시 4천 명이었던 신자 수는 1800년에 1만 명으로 증가할 수 있었다.

제4절 지역 교회와 정사박해

조선교회의 설립 이후 신자 수는 꾸준히 증가했고, 신자들의 분포 범위도 서울을 중심으로 경기, 충청, 전라, 경상, 강원도 지역까지 확대되어 있었다. 이 중 서울의 경우는, 오부(五部) 중 서부〉남부〉중부〉북부〉동부 순으로 신자들이 많이 거주했고, 이들의 68.3%가 도성 안에 거주하였다. 그리고 도성 내에서는 도성 북쪽에 39.4%의 신자가, 남쪽에는 60.6%의 신자가 거주하였다. 도성 밖의 경우는 칠패(七牌) 시장이 있던 서부의 남대문 근처와 당

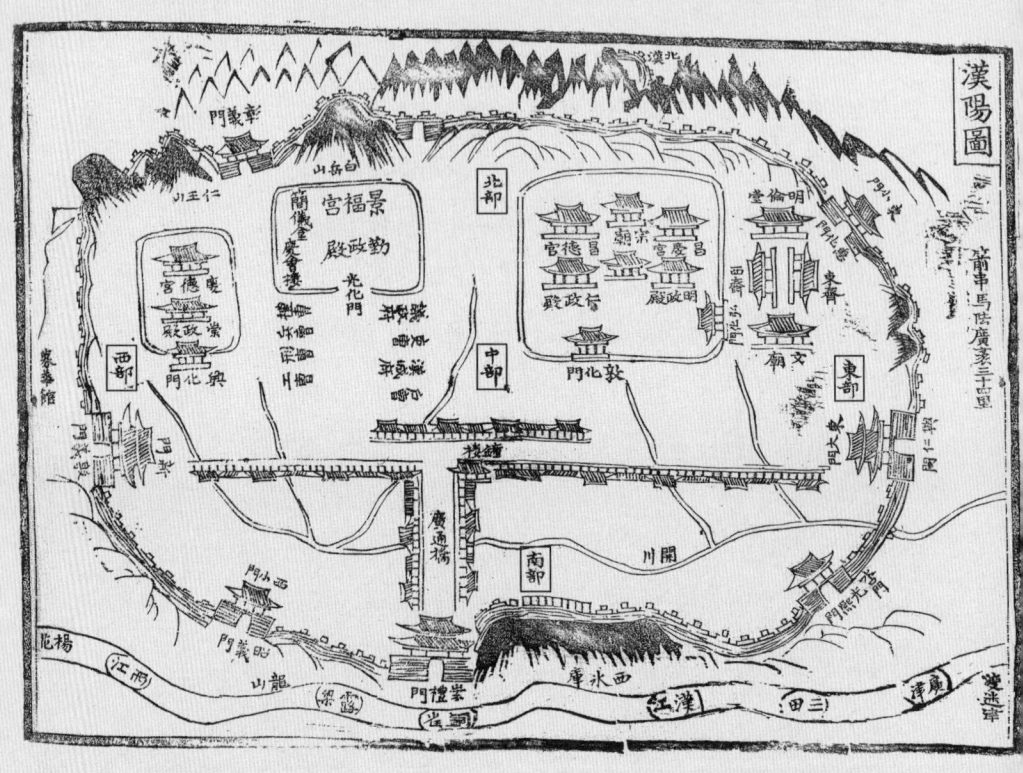

〈한양도〉(1770년에 제작되어 1822년에 간행된 목판본, 서울대학교 규장각 소장). 서울의 행정 구역은 태조 5년(1396) 이래 동부·서부·남부·북부·중부 등 오부로 나뉘어져 있었다. 오부 중 서부〉남부〉중부〉북부〉동부 순으로 신자들이 많이 거주했고, 이들의 68.3%가 도성 안에 거주하였다. 그리고 도성 내에서는 도성 북쪽에 39.4%의 신자가, 남쪽에 60.6%의 신자가 거주하였다.

시 상업 중심지로 성장하던 마포와 가까운 아현 등지에 많은 신자들이 거주하였다. 따라서 당시 서울의 천주교 신자들은 대체로 도성 안, 특히 도성 남쪽인 서부와 남부 지역에 많이 거주하였는데, 이에 서소문과 남대문을 잇는 도성 내 지역은 당시에 있어 서울 지역 교회의 1차적인 중심지라고 할 수 있다.

경기도의 경우는 양근을 비롯하여 광주, 여주, 이천, 포천 등지에 신앙 공동체가 형성되어 있었고, 충청도는 내포와 충주 지역을 중심으로, 전라도는 전주, 고산, 진산 지역을 중심으로 교세가 확대되고 있었다. 그리고 경상도의 경우는 홍주 사람 황일광(黃日光, 시몬, 1757~1802)이 1798년에 교리를 좀 더 자유롭게 실천하기 위해 아우와 함께 경상도로 이주했는데, 백정 출신인 그를 교우들이 형제처럼 대우해 주었다는 기록에서 신자들의 존재를 확인할 수 있다. 강원도는 박해를 피해 산골로 이주한 신자들이 있었던 것으로 여겨진다.

이러한 상황에서도 처벌보다는 교화를 우선시하였던 정조와 채제공의 영향으로 천주교에 대한 공식적인 박해는 일어나지 않았다. 하지만 주문모 신부의 행방에 대한 조사와 천주교에 대한 배척 기운은 여전히 계속되었고, 그런 가운데 정사년인 1797년에 충청도에서 대규모 박해가 발생하였다.

1797년 윤 6월(음력) 충청도 관찰사로 임명된 한용화(韓用和)는 도내의 모든 수령들에게 천주교 신자들을 체포할 것을 명령하였다. 이 박해는 1799년까지 이어졌고, 100명 이상의 충청도 신자들이 체포되거나 순교하였다. 이들 중 순교 행적이 전해지는 신자로는, 충청도 청양 출신으로 정산에서 살다가 1797년에 체포되어 1798년 6월(음력)에 정산에서 순교한 이도기(李道起, 바오로, 1743~1798), 1797년 8월(음력)에 홍주 관아에 자수했다가 1799년 2

월(음력)에 해미에서 교수형으로 순교한 박취득(朴取得, 라우렌시오, ?~1799), 1798년에 체포되어 1799년 3월(음력)에 청주에서 순교한 원 야고보, 덕산 출신으로 1798~1799년에 체포되어 순교한 정산필, 면천 출신으로 1798년에 체포되었다가 순교한 방 프란치스코, 당진 출신으로 면천에서 생활하다가 1798년 3월(음력)에 체포되어 1799년 12월(음력)에 청주에서 순교한 배관겸(프란치스코, ?~1800), 덕산 출신으로 1799년 12월(음력)에 해미에서 순교한 이보현과 인언민(印彦敏, 마르티노, 1737~1800) 등이 있다.

이들은 혹독한 고문에도 불구하고 결코 신앙을 버리지 않았는데, 특히 《정산일기》(定山日記)의 주인공인 이도기는 "네가 배교한다면 쌀을 줄 것이고, 네 상처를 치료해 준 뒤 풍헌(風憲, 면장) 자리를 하나 마련해 주겠다"라는 회유에 "정산 고을을 전부 주신다 해도 저는 천주를 결코 배반하지 못하겠습니다"라고 고백함으로써, 정사박해 순교자들의 신앙심을 잘 보여 주었다. 정사박해는 이후 3년간 지속되었고, 1800년 6월(음력)에는 정조마저 사망하면서, 조선교회는 이제 신유박해라는 새로운 국면을 맞게 되었다.

제5절 여성 신자들의 활동

주문모 신부가 입국하여 서울에 도착했을 때, 몇몇 여성 신자들이 신부를 볼 수 있었는데, 그 중에서 주문모 신부의 눈에 띈 사람은 강완숙이었다. 그녀는 충청도 내포의 양반 서자(庶子) 출신으로 덕산에 살던 홍지영(洪芝榮)의 후처였다. 어려서부터 지혜로웠던 강완숙은 1791년 이전에 남편의 친척인 바오로라는 사람에게 천주교에 대한 이야기를 듣고 복음을 받아들였다. 천

강완숙은 덕산에 살던 홍지영의 후처였으며, 1791년 이전에 남편의 친척인 바오로라는 사람에게 천주교에 대한 이야기를 듣고 복음을 받아들였다. 그녀는 주문모 신부에게 세례를 받았고, 여회장에 임명되어 중요한 교회 일에 관여하였다.

주교를 진리라고 생각한 그녀는 자신의 집안은 물론 이웃과 인근 마을까지 다니며 힘써 신앙을 전파하였다. 그러나 1791년 신해박해가 발생하면서 체포되었고, 석방된 후에는 상경하여 서울에서 활동하고 있었다.

주문모 신부는 입국한 그해 강완숙에게 세례를 주고, 여자들을 가르치는 일을 모두 맡는 여회장에 강완숙을 임명하였다. 특히 을묘사건 이후 주문모 신부가 강완숙의 집으로 거처를 옮기면서 교회 내에서 강완숙의 역할은 더욱 커졌다. 즉 집 안에서는 주문모 신부의 시중을 들며 신부에게 필요한 것들을 준비했으며, 밖으로는 모든 중요한 교회 일에 관여하였다. 그리고 신부의 행방을 아는 사람도 강완숙뿐이었다. 이처럼 이 시기에 강완숙의 역할이 커진 것은, 주문모 신부의 사목 방침과도 관련이 있었다. 즉 주문모 신부는 조선의 법이 역적만 아니면 양반 집안 부녀자에게까지는 형벌이 미치지 않는다는 점을 이용하여 천주교를 널리 퍼트리려는 생각을 갖고 있었다. 이에 강완숙 등을 특별히 대접하게 되었고, 그 결과 교회의 대세(大勢)가 여성 신자들에게 돌아갔다고 할 정도로 여성 신자들의 활동이 활발하게 되었던 것이다.

여성 신자들을 총괄하는 가운데, 강완숙은 윤점혜와 함께 이득임(李得任), 정순매(鄭順每, 바르바라, 1777~1801) 등 많은 동정녀들을 모아 가르쳤다. 그리고 그들을 여러 집으로 나누어 보내 사람들에게 복음을 전하도록 하였으며, 자신 역시 밤낮으로 돌아다니며 힘써 복음을 전파함으로써 편안하게 잠잘 때가 거의 드물었다. 특히 역적으로 몰려 사람들이 왕래를 꺼렸던 왕족 신 마리아와 송 마리아를 찾아가 성사를 받도록 하고 명도회에 가입시킨 것은 강완숙의 열정을 잘 보여 주는 사례이다.

강완숙 외에 당시 활동이 두드러졌던 여성 신자로는 강완숙과 함께 동정녀 공동체를 이끌었던 윤점혜, '사학매파'(邪學媒婆)로 알려질 정도로 여러 사람들에게 복음을 전하였던 정복혜(鄭福惠, 칸디다, ?~1801)와 김연이(金連伊, 율리아나, ?~1801), 예산군수를 지냈던 조시종의 후처로 강완숙과 '몸은 다르지만 목소리는 하나'〔異氣同聲〕라고 평가된 한신애 등이 있다. 이 중 정복혜는 신유박해가 일어났을 때, 신자들의 교리서와 성물들을 모아 한신애의 집으로 가져갔고, 한신애는 이를 받아 자신의 집에 묻어 두었다가 압수당하였다. 그리고 정광수의 부인인 윤운혜는 남편과 함께 교리서와 성화·성물들을 만들어 판매함으로써, 신자들의 신앙생활에 도움을 주었다.

제6절 신자들의 신앙생활

1. 입교 과정

《사학징의》에 나타난 신자들의 입문시기를 보면, 대부분 1801년을 기점으로 3~5년 전(1796~1798)에 천주교를 믿게 되었거나, 아니면 10년 전(1791)에 천주교 신앙을 받아들인 것으로 되어 있다. 그리고 10년 전에 천주교를 믿게 된 신자들은 대부분 양반인 데 비해, 3~5년 전에 천주교를 믿게 된 신자들은 평민들이 다수였다. 이러한 결과는 조선교회가 1791년 이전에는 양반층이 중심을 이루다가, 주문모 신부가 입국한 1795년 이후에는 일반 평민들의 비중이 커졌음을 말해 주는 것이다.

1795년 이후에 천주교를 믿게 된 이들이 많아진 하층 신분의 사람들은, 상층 신분의 사람들이 가족·인척관계 등 혈연을 통해 복음을 받아들인 것과 달리, 이웃의 아는 사람 권유로 신앙을 갖게 된 경우가 많았다. 아마도 회장이나 명도회와 같은 교회의 공적인 조직에 의해 복음이 전해진 것으로 보인다. 그리고 입문 동기도 양반과 남성 신자들은 학문적 호기심에 의한 경우가 많은 반면, 일반 평민과 여성 신자들은 대체로 내세의 복락(福樂)을 바라거나, 현재의 신세가 비참하여 종교에 의지하려는 경우, 그리고 병을 고친다거나[治病] 현세에서의 복을 바라는 경우가 많았다.

예를 들어 강경복(姜景福, 수산나, 1762~1801)은 천주교를 믿으면 몸의 병이 낫는다는 말을 듣고 배웠다고 하며, 한동(翰洞)에 살던 오 조이[召史]는 죽은 다음에 좋은 곳[樂界]으로 가게 된다는 말을 듣고 믿게 되었다고 한다. 그리고 황사영의 피신을 도왔던 최설애(崔雪愛, ?~1801)는 살길이 궁박(窮迫)하고 의지할 곳이 없었던 것이 천주교를 받아들인 계기가 되었고, 정복혜의 아들인 윤석춘(尹碩春)은 천주교를 믿으면 모르는 사람도 지친(至親)과 같이 되어 서로 어려울 때 도와준다는 말을 믿었다고 한다.

2. 교리 공부

1794년 말에 입국한 주문모 신부는 1795년부터 본격적인 활동을 시작했는데, 그는 선교 과정에서 조선 신자들의 교리 지식이 매우 피상적임을 깨달았다. 즉 선교사 없이 스스로 배워 온 신자들의 교리 지식이 무지(無知)에 가까움을 절감했던 것이다. 그래서 주문모 신부는 사목 활동의 중점을 교리 교육에 두고, 사제 직무를 수행하는 동시에 천주교 서적을 한글로 번역하거나 저술하였다. 특히 그가 저술한 〈사순절과 부활절을 위한 안내서〉는 고해성사와 성체성사를 준비하는 신자들에게 많은 도움을 주었다. 이처럼 주문모 신부가 한글 교리서의 보급에 열심이었던 것은, 성직자가 1명인 상황에서 교리서의 보급을 통해 신자들의 교리 지식을 높일 수 있다고 생각했기 때문이다. 아울러 서민들이 이를 쉽게 익히기 위해서는 한글로 된 교리서가 필요했기 때문이었다.

이에 주문모 신부뿐만 아니라, 당시 교회의 지도급 신자들은 교회 서적의 번역과 저술에 참여하였다. 총회장인 최창현은 이미 《성경직해》 등을 한글로 번역한 바가 있으며, 신유박해 당시 압수된 서적 128종(《요화사서소화기妖畵邪書燒火記》) 중에 69.2%가 한글본이었다는 것은, 이 시기 신자들의 교리 지식을 위해 교회가 기울인 노력을 잘 보여 주고 있다. 특히 명도회장이었던 정약종은 한국인이 지은 최초의 한글 교리서인 《주교요지》를 저술하였다.

《주교요지》는 상·하 2권으로 되어 있는데, 상권에는 하느님의 존재 증명, 하느님의 속성, 불교·도교 등 이단에 대한 비판, 상선벌악 등에 대한 내용이 실려 있다. 또 하권에는 천지 창조, 육화와 구속 등이 자세히 서술되어 있다. 천주교의 주요 교리를 일목요연하게 설명한 이 교리서는 한글로 쓰였고, 설명도 일반 대중들이 쉽게 이해할 수 있도록 되어 있기 때문에 부녀자나 하층민들에게 널리 읽혀 교리 공부에 많은 도움이 되었다.

이렇게 만들어진 교리서들은 서로 빌려 보거나 필사되어 여러 신자들에게 보급되었는데, 벽동에 있던 정광수의 집은 성서·성물판매소의 역할을 하였고, 손경윤 회장은 교회 서적을 필사하여 판매하였다. 그리고 송건의 처는 가난을 면하기 위해 돈을 받고 책을 필사했으며, 구애(九愛)의 경우는 성서 매매의 거간 노릇을 하였다고 한다. 특히 1801년에 순교한 각수(刻手, 나무나 돌 따위에 조각하는 일을 하는 사람) 송재기(宋再紀, ?~1802)가 책판(冊版)을 만들었던 사실은, 이 시기 천주교 서적이 인쇄, 보급되었을 가능성도 보여 주고 있다.

이러한 과정을 거쳐 각지의 신자들에게 보급·전파된 교리서들은 성직자가 부족한 상황에서 신자들의 교리 공부에 중요한 역할을 하였고, 신자들은 이를 통해 부족한 교리 지식을 보충해 갈 수 있었다. 당시 신자들이 보았던 교리서로는, 《고해요리》·《고해성찰》·《교요서론》·《성교천설》·《성세추요》·《성체문답》·《요리문답》·《천주교요》·《천주십계》·《삼문답》(三問答)과 같은 한글 교리서와 《교요서론》(敎要序論)·《성교절요》(聖敎切要) 등의 한문 교리서가 있으며, 특히 십계명의 경우는 전체 신자의 2/3가 외울 정도로 널리 보급되어 있었다.

교리서를 통한 교리 공부와 함께, 명도회원이나 회장 등 지도급 신자들에 의해 교리 교육이 이루어지기도 했다. 이합규와 정광수가 한신애의 종들을 가르친 것은 그러한 예가 될 것이며, 매월 개최되었던 첨례에서도 교리 강습이 이루어져 신자들의 교리 지식을 향상시켰을 것이다.

3. 성사

1786년 가성직제도하에서 이승훈과 신부로 임명된 신자들은 세례성사, 고해성사, 성체성사, 견진성사 등을 집전한 것으로 되어 있다. 그러나 이러한 행위가 독성죄임을 알게 된 이후에는 성사를 받기 위해 성직자의 영입을 추진했고, 그 결과 주문모 신부가 입국하게 된 것이다.

주문모 신부는 입국 후 세례성사와 고해성사를 집전했으며, 미사를 통해 성체성사도 거행하였다. 그러나 모든 신자가 신부를 만나 성사를 받을 수는 없었다. 을묘사건 이후 주문모 신부는 조심스럽게 행동하여 가장 확실한 교우들만 접촉하였고, 강완숙만이 신부가 가는 곳을 알고 있었다. 이 때문에 1839년에 순교한 신태보(申太甫, 베드로, ?~1839)가 친척인 이여진(요한, ?~1830)과 함께 자신의 집에서 140리 떨어진 서울까지 7~8차례 왕래했으나 끝내 주문모 신부를 만날 수 없었고, 신유박해 때 남한산성에서 순교한 한덕운(韓德運, 1748~1802)도 평생 한 번만이라도 신부를 만나 보는 것이 소원이었지만 그 뜻을 이루지 못하였다.

이처럼 모든 신자들이 성사의 은혜를 받지는 못했지만, 당시 조선에서는 대부분의 성사가 집전되고 있었다. 먼저 세례성사와 관련해서는 영세(領洗), 수세(受洗), 수호(受號), 작호(作號)라는 말이 사용되고 있었으며, 또 영세자(領洗者)를 신부, 교수자(教授者)를 대부(代父)라고 칭하였다. 여기서 대부는 오늘날의 의미와 다른데, 아마도 당시의 대부는 세례를 받는 사람에게 교리를 가르친 사람이 맡았던 것으로 생각된다. 아울러 주문모 신부가 정광수에게 "조상의 원죄와 신생아의 본죄를 씻기 위해 깨끗한 물로 태어난 아이의 이마를 씻으라"고 가르친 사실에서, 당시에 행해지던 유아세례의 모습도 볼 수 있다.

다음으로 신유박해 때 신자들이 압수당한 서적 중에는 《고해요리》·《고해성찬》·《성체문답》·《삼문답》·〈조선종인〉(助善終引) 등이 있다. 신자들이 이러한 책들을 갖고 보았다는 사실은, 당시에 고해·성체·세례·종부성사(終傅聖事, Extrema Unctio) 등이 이루어졌음을 말해 준다. 그리고 혼인성사의 경우는, 주문모 신부가 1797년에 이순이(李順伊, 루갈다, 1782~1802)와 유중철(柳重哲, 요한, 1779~1801)의 혼인을 중매한 후 거행되었겠지만, "탁덕이 없을 때에 교우가 혼배하려 하면 회장이 아무 조당이 없음과 경문과 문답을 배운 것을 살핀 후에, 신랑·신부를 불러 두어 사람을 증인으로 세워 예절대로 혼배하여 줄 것이다"라는 《장주교윤시제우서》(張主敎輪示諸友書, 1857)의 내용처럼, 성직자가 부족한 상황에서 회장들에 의해 대부분의 혼인이 이루어졌을 것이다.

한편 견진성사의 경우는 기록으로 확인하기가 어렵다. 물론 조선에 주교가 없었기 때문에 주교의 권한인 견진성사가 이루어질 수 없었

> **종부성사**
>
> 세례성사와 성체성사를 받고 의사 능력이 있는 신자가 병이나 노쇠로 죽을 위험에 처했을 때 받는 성사. 수세기 동안 죽음에 임박한 중환자만이 이 성사를 받는 경향이 있었고, 그래서 이 성사를 종부성사, 즉 '마지막 도유'(Extrema Unctio)라 불렀다. 그러나 제2차 바티칸 공의회의 〈전례 헌장〉은 "종부성사는 또한 더 적절히 '병자의 도유'(unctio infirmorum)라고 할 수 있으므로, 이는 생명이 위급한 지경에 놓인 사람들만을 위한 성사가 아니다. 그러므로 분명히 이 성사를 받는 적절한 시기는 이미 신자가 질병이나 노쇠로 죽을 위험이 엿보이는 때로 여겨진다"(73항)라고 하였다. 이후 종부성사라는 표현 대신 병자성사라는 말이 사용되고 있다.

음은 당연하다. 그러나 주문모 신부가 조선으로 파견될 때 구베아 주교로부터 성무집행을 위한 통상적이고 특별한 모든 권한을 부여받았다는 점에서 볼 때, 그 권한 중에 견진성사를 집전할 권한이 있을 수도 있다. 하지만 이 시기의 신자 중에 견진을 받았다는 기록은 없다. 그리고 세례·고해·성체 문답의 내용을 담고 있는 《삼문답》의 존재는 확인되지만, 견진을 포함하는 《사본문답》에 대한 기록이 없다는 점에서, 당시 조선에서는 견진성사가 집전되지 않았을 가능성이 크다. 다만 유관검이 성유(聖油)를 '영세와 견진 때에 쓰는 물건'이라고 설명한 적이 있는데, 이것은 성유의 일반적인 용례를 말한 것이지 당시에 견진이 거행되었기 때문에 견진이라는 말을 함께 사용한 것은 아니라고 여겨진다.

4. 첨례

천주교 신자의 가장 큰 의무는 주일과 파공첨례(罷工瞻禮), 즉 의무축일을 지키는 것이다. 이를 위해 박해시대의 신자들도 정기적으로 일정한 장소에 모여 기도문을 외우거나 성서 말씀을 들었는데, 이러한 의식을 보통 첨례라고 불렀다. 이 첨례 예식은 대체로 강완숙·김이우·황사영·정광수·최필제·손경윤 등 당시 회장이나 지도급 신자의 집에서 거행되었다.

윤점혜에 따르면 강완숙의 집에서는 매월 첨례 송경(誦經)을 한 것이 6~7차례 또는 10여 차례였고, 첨례하는 날에는 각처에서 남녀 신자들이 모여들었다고 한다. 김이우와 황사영의 집에서도 신자들이 매월 7일마다 정기적으로 모여 첨례를 하였는데, 가끔 신부를 청해 오기도 했다. 그리고 최필제, 손경윤, 최필공, 손경무, 손인원, 정인혁 등은 번화한 거리에 약국을 차리고 그곳을 거점으로 신자들과 연락을 취했는데, 1800년 12월 19일 최필제 등이 약국에서 첨례를 하던 중 발각되어 체포되었듯이, 약국은 첨례 장소로도 활용되었다.

그렇다면 이 시기 첨례의 모습은 어떠했을까? 자료상 구체적인 모습을 알 수는 없지만, 당시 신자들의 진술을 통해 대략적인 모습은 살펴볼 수 있다.

(1800년 봄) 김이우의 집 아랫방에 장막을 설치하고 상탁(床卓) 위에는 촛불을 밝히고, 요상(妖像, 예수상)을 걸어 놓았습니다. 주문모 신부는 상 앞에 서서 사서(邪書)를 구송(口誦)하였습니다. 창밖에는 여인들 4~5명도 앉아서 외우고 익혔습니다(정인혁 진술).

(1800년 여름 이후) 벽장(壁欌) 중에 예수상을 걸고, 장유(帳帷)를 치고, 방석을 편 후 신부가 윗자리에 앉으면 저희들이 열좌(列坐)하고, 창밖에서는 김이우 집의 여인들이 앉아 배우고 외웠습니다(최필제 진술).

위의 진술에 따르면, 첨례날 첨례 장소에는 휘장을 설치하고, 벽에 예수상을 걸며, 준비된 탁자 위에 촛불을 켜놓는다. 그러면 신부가 탁자 앞에 서거나 방석을 깔고 앉아서 경문을 읽고 신자들이 따라 외웠던 것이다. 그러나 이때 주문모 신부가 어떠한 '내용을 구송하고 신자들이 배우고 익혔는지'는 알 수 없다. 당시에도 첨례를 위한 일정한 규식과 절차가 있었을 것이지만, 오늘날 남아 있는 기록은 없다. 다만 1864년에 간행된 《천주성교공과》에 첨례하는 방법과 순서가 나오는데, 이를 통해 주문모 신부가 활동하던 시대의 모습을 대략적으로 유추해 볼 수 있다.

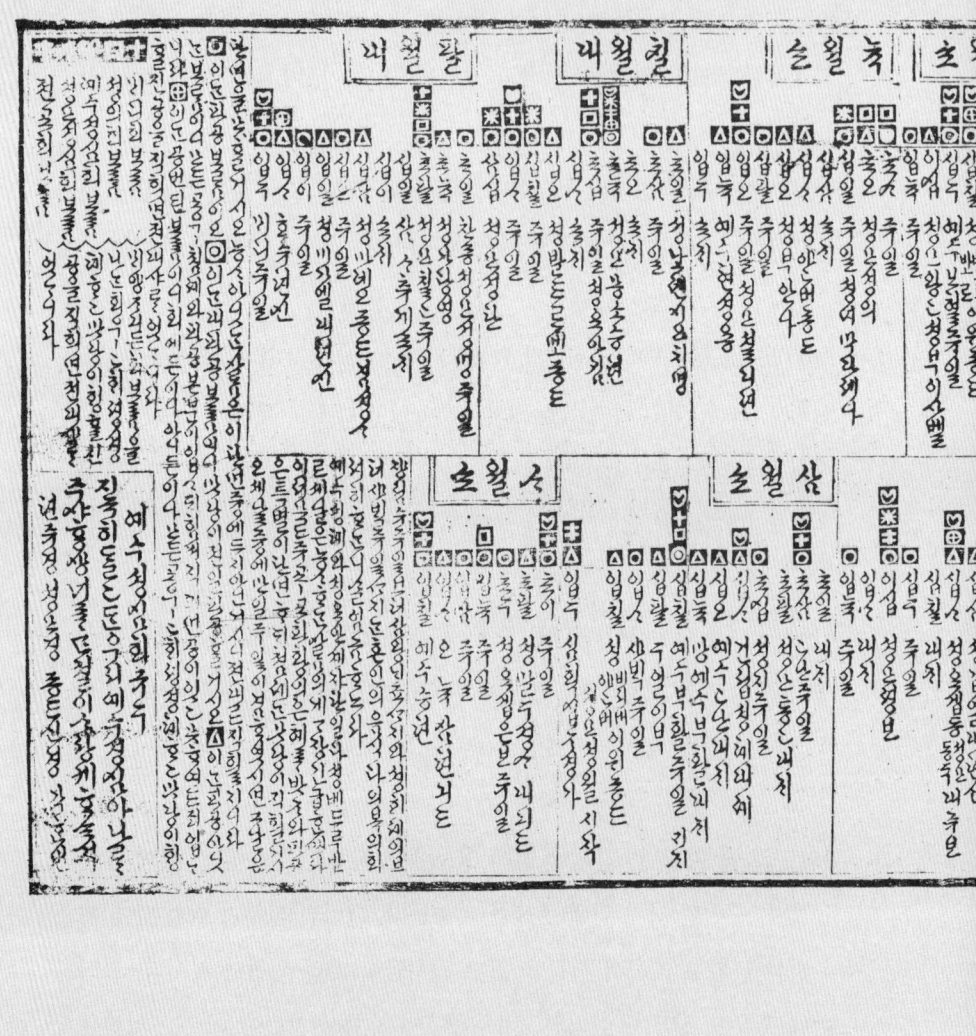

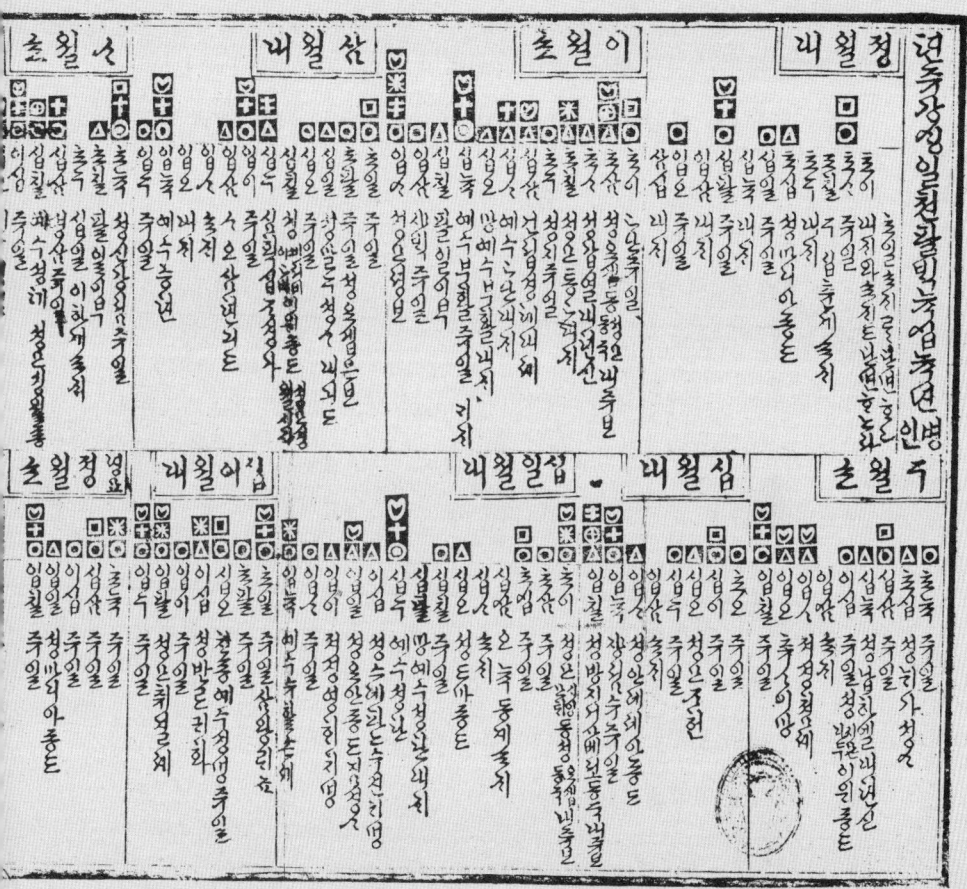

〈병인년(1866) 첨례표〉(丙寅年瞻禮表, 절두산 순교성지 내 한국천주교순교자박물관 소장). 교회 전례력에 따른 주요 축일을 월일별로 기록하여 한 장으로 만든 표이다. 천주교 신자의 가장 큰 의무는 주일과 파공첨례, 즉 의무축일을 지키는 것이다. 이를 위해 이러한 첨례표를 만들어 회장들이나 신자들에게 나누어 주었다.

첨례하는 규식(規式)

각 첨례날에 본 경문을 정하였으니, 주일과 모든 파공첨례에 공소에 모이거나 그렇지 못하거든 각 집의 가장이 집안사람을 거느리고 마땅히 주일과 각 첨례에 정한 경을 외울 것이다.

경문책을 얻지 못한 교우들은 대송(代誦)으로 성로선공(聖路善功)을 할 것이오. 또 무슨 연고가 있어 성로선공을 하지 못하는 자는 천주경 두 뀀(66번)을 염해야 한다.

이 경문 외에 각 교우는 또한 마땅히 매괴 15단을 염할 것이고, 만일 매괴경(묵주기도)을 모르는 사람은 성모경 세 뀀(99번)을 하되, 세 차례에 나누어서 하는 것이 마땅하다.

매괴경 외에 다른 경은 자기의 열심과 처지 분수대로 염하고 염하지 않음은 편한 대로 할 것이지만, 천주의 거룩한 날은 마땅히 지켜야 한다.…파공할 본분이 없는 첨례에는, 비록 첨례를 할 본분은 없으나 하는 것이 좋으니, 할 때에는 초행공부와 해당 첨례의 기도문과 찬미경과 성모를 찬송하는 경과 이완공부(끝 혹은 마무리 공부)를 염해야 한다.

주년주일과 첨례의 차서

모든 주일과 첨례날에 하는 경→성호경→초행공부→천주경→성모경→종도신경→고죄경→관유하심을 구하는 경→사하심을 구하는 경→성 아타나시오 신경→각 주일과 첨례에 고유한 기도문과 찬미경→성교 대행하기를 구하는 경→칠기구→예수성심송→성모께 자기를 바치는 경→호수천신을 향하여 하는 경→성 요셉을 향하여 하는 경→본명성인을 향하여 하는 경→성모를 찬송하는 경→축문(5가지)→이완공부.

이러한 규범과 순서에 따르면 여러 가지 기도들이 첨례에서 행해졌음을 알 수 있다. 비록 시기적으로 차이는 있지만, 신자들이 〈첨례단〉(瞻禮單, 축일표)·〈예수성탄첨례〉·〈예수성탄〉·〈봉재후 三〉·〈제성첨례〉·《미사》·《예미사규정》·《보미사주교》·〈성인열품도문〉(聖人列品禱文)·〈천신도문〉·〈예수수난도문〉·〈천주성교도문〉 등 첨례와 관련된 책들과 기도문들을 많이 가지고 있었다는 점에서, 주문모 신부가 활동한 시기에도 이와 비슷한 형태의 첨례 예식이 행해졌을 것으로 보인다.

5. 신심 생활

《사학징의》의 말미에는 부록으로 〈요화사서소화기〉가 있다. 이것은 신유박해 당시 한신애·윤현·김희인 등의 집에서 압수하여 불태운 서적과 성물의 목록인데, 여기에는 첨례용 기도서·기타 기도서·신심 묵상서·성인전·윤리서·교리서 등 대략 128종의 서적과 90여 건의 성물과 성화의 목록이 수록되어 있다.

128종의 서적 중에 기도서와 신심서가 절대 다수이며, 교리서와 윤리서는 상대적으로 적었다. 이것은 이 시기의 신앙생활이 기도 생활 중심이었음을 보여 주는 것이며, 특히 한글로 된 서적들이 많았다는 것은 일반 평민들이 기도 생활을 할 수 있는 배려가 이루어졌음을 알 수 있다.

당시 신자들이 가지고 있었던 기도서에는 《성교일과》(聖敎日課) 또는 《수진일과》(袖珍日課)가 있으며, 구체적인 기도문으로는 〈조만과〉(早晚課, 성호경, 오배경, 예수도문, 천주 십계 등), 〈오상경〉(五傷經), 〈매괴경〉 등이 있다. 아울러 《묵상지장》(默想指掌) 같은 묵상서와 《성년광익》(聖年廣益), 〈아가다〉, 〈데

附 妖書邪書燒火記 辛酉五月二十二日充籍人之注後燒火其側

新愛家理罌邪書搖出記

諸誦初一卷 無衣真書
聖經日課一卷 真諺
老楞佐命日記一卷
聖經廣益六卷 真衣
滌罪正規二卷
默想大全二卷
閱覽上一卷
셩모싀히당도회규인一卷
쥬년쳠예쥬인 규졈一卷 소재

袖珎日課一卷 無衣厯書 默聽도리
교요셔론一卷
고희요리一卷
셩경광익젹히六卷
默想一卷
閱藏一卷
巳面靑庭厯後膰諺書一卷
오샹경규졍二卷 日文善衣
요너문답一卷 소재

彌撒一卷 眞衣嫰冊
쥬모은리一卷
셩경직히三卷
셩교쳔셜一卷
默想指掌下一卷
三問答附十誡一卷
에미사규졍一卷 靑衣
셩여간거가一卷 無衣
諺書小~娍冊一卷 소재

〈요화사서소화기〉(妖畵邪書燒火記)는 《사학징의》의 부록으로, 신유박해 당시 한신애·윤현·김희인 등의 집에서 압수하여 불태운 서적과 성물의 목록이다. 여기에는 첨례용 기도서·기타 기도서·신심 묵상서· 성인전·윤리서·교리서 등 대략 128종의 서적과 90여 건의 성물과 성화의 목록이 수록되어 있다.

레사〉,〈간디다〉,〈위도리야〉,〈안드레아〉 등과 같은 성인전은 신자들의 기도 생활을 좀 더 풍부하게 만들어 주었다. 즉 개인 신심을 위한 책들이 많았다는 것은 당시의 신자들이 주일을 지키는 것으로 만족하지 않고 일상에서도 기도 생활을 부지런히 하였고 자신의 신앙심을 더 깊게 만들기 위해 노력하였음을 의미한다.

한편 압수된 성물이 90여 건에 이를 정도로 성물에 대한 관심도 높았다. 당시 압수된 성물·성화로는 묵주와 십자가, 예수 그리스도와 성모 마리아의 그림 등이 있는데, 특히 많은 묵주가 발견된 것은 〈성모매괴경〉이나 〈환희〉와 함께, 신자들이 묵주기도를 많이 바쳤음을 말해 준다. 예를 들어 신유박해 때 순교한 홍낙민은 일상생활에서 묵주기도를 빠트린 적이 없었으며, 예산의 김광옥(金廣玉, 안드레아, 1741~1801)은 형장으로 끌려가면서도 묵주기도를 멈추지 않았다.

성물과 함께 압수된 성화상은 개인 신심을 위한 역할만 한 것이 아니라, 첨례 장소를 장식하는 데에도 사용되었다. 즉 신자들은 첨례 장소를 꾸밀 때 예수 그리스도의 그림을 벽에 걸어 장식하였다. 성화상은 신자들이 직접 그려 사용했는데, 여주 출신으로 서울에 거주했던 이희영(李喜英, 루카, ?~1801)이 홍필주에게 예수상 1개, 황사영에게 예수상 3개를 그려준 기록이 있다.

6. 순교자 공경

1801년 신유박해가 발생하기 전에 조선교회는 몇 차례의 박해를 받아 다수의 신자가 순교하였다. 그중 최초로 참수된 순교자가 1791년에 진산에서 순교한 윤지충과 권상연인데, 제사를 모시지 않았기 때문에 처형된 두 사람은 이후 신자들에게 공경의 대상이 되었다. 그리하여 신자들은 두 순교자의 피를 적신 수건을 간직했으며, 그중 일부가 구베아 주교에게 전달되기도 하였다. 아울러 윤지충의 〈공술기〉인 《죄인지충일기》가 필사되어 신자들 사이에서 읽히고 있었다.

순교자와 관련된 물품은 병을 낫게 하는 등 기적을 행하는 물건으로도 인식되었다. 그리하여 의사가 단념한 환자가 순교자들의 피가 뿌려진 목판을 담갔던 물을 마시고 나았다든가, 거의 죽게 된 사람이 순교자들의 피에 적신 수건을 만지고 나았다는 일화도 전한다. 그리고 정섭의 아들이 병이 났을 때, 윤유일이 치료를 위해 순교자의 머리카락과 처형 때 놓았던 목침 조각을 주었다. 이러한 믿음 때문에 많은 신자들이 순교자의 두발과 목편(木片)을 지니고 있었는데, 한신애의 집에서는 두발과 목편이 들어 있는 작은 주머니 여섯 개가 압수되기도 하였다.

참고 문헌

1. 단행본

Claude Charles Dallet, *Histoire de L'Église de Corée*, 1874 ; 안응렬 · 최석우,《한국천주교회사》상 · 중 · 하, 한국교회사연구소, 1979 · 1980.

조　광,《조선후기 천주교사 연구》, 고려대학교 민족문화연구소, 1988.

최석우 감수 · 차기진 역주,《윤유일 바오로와 동료 순교자들의 시복 자료집》1~3집, 1996~1998.

한국가톨릭대사전편찬위원회 편,《한국가톨릭대사전》, 한국교회사연구소, 2006.

2. 논문

김한규,〈사학징의를 통해서 본 초기 한국 천주교회의 몇 가지 문제〉,《교회사연구》2, 한국교회사연구소, 1979.

최석우,〈사학징의를 통해 본 초기 천주교회〉,《교회사연구》2, 1979.

배현숙,〈17 · 8세기에 전래된 천주교서적〉,《교회사연구》3, 1981.

주명준,〈천주교 신도들의 서양선박청원〉,《교회사연구》3, 1981.

정석종,〈정약종과 정조 · 순조 연간의 정국〉,《역사와 인간의 대응》, 한울, 1984.

鈴木信昭,〈朝鮮におげる周文謨神父の天主敎布敎について〉,《東洋史硏究報告》4, 1987 ;《교회사연구》10, 1995, 한글역 수록.

윤민구,〈신미년(1811)에 조선 천주교 신자들이 북경주교에게 보낸 편지에 대한 연구〉,《논문집》2집, 수원가톨릭대학교, 1990.

원재연,〈정조대 천주교회와 교리서의 저술〉,《한국사론》31, 서울대학교

국사학과, 1994.

김진소, 〈주문모 신부 선교 활동 전후의 순교자들〉, 《교회사연구》 10, 1995.

박광용, 〈주문모 신부 선교 활동의 배경〉, 《교회사연구》 10, 1995.

조 광, 〈주문모의 조선 입국과 활동〉, 《교회사연구》 10, 1995.

鈴木信昭, 〈朝鮮に傳來した漢譯天主教書―1801年辛酉敎難の時期まで〉, 《朝鮮學報》 154, 1995.

방상근, 〈초기 교회에 있어서 명도회의 구성과 성격〉, 《교회사연구》 11, 1996.

―――, 〈황사영 '백서'의 분석적 이해〉, 《교회사연구》 13, 1998.

하성래, 〈황사영의 교회활동과 순교에 대한 연구〉, 《교회사연구》 13, 1998.

윤민구, 〈조선 신자들의 대박청래운동에 대한 해외의 인식〉, 《교회사연구》 13, 1998.

차기진, 〈조선후기 천주교 신자들의 성직자영입과 양박청래에 대한 연구〉, 《교회사연구》 13, 1998.

鈴木信昭, 〈十八世紀末朝鮮天主敎信徒の西洋船舶要請計劃〉, 《朝鮮學報》 171, 1999.

방상근, 〈18세기 말 서울 지역 천주교 신자들의 거주지 연구〉, 《교회사연구》 18, 2002.

차기진, 〈정약종의 교회 활동과 신앙〉, 《교회사연구》 15, 2000.

서종태, 〈정약종의 '주교요지'에 대한 문헌학적 연구〉, 《한국사상사학》 18, 한국사상사학회, 2002.

조 광, 〈정약종과 초기 천주교회〉, 《한국사상사학》 18, 2002.

조한건, 〈'쥬교요지'와 한역서학서와의 관계〉, 《교회사연구》 26, 2006.

색 인

ㄱ

가르멜회　56
가리오　110
가성직자단　273~277, 282~284
가성직제도　**270~284**, 288, 332
〈간디다〉　341
간보오　111
《간평의설》　150
갈릴레오　143, 153
강경복　329
강완숙　311, 314~318, 323, 326~328, 332, 334
강이원　267
강이천　177
《개계도》　165, 198~199
개천설　144~145, 156, 197, 202~203
《건곤체의》　144
《건정필담》　215
게브리앙 주교　250
《게십이장》　125, 127

경신환국　206
계동　313
고가이슬 신부　120
고니시 유키나가　107, 110
고메스 신부　107, 109
고모노　111
고산　314, 325
고아　39, 70~72, 75~77, 79, 85
고죄경　338
고해성사　174, 274, 276, 312, 314, 330, 332
《고해성찬》　331, 333
《고해요리》　331, 333
곡풍등　123
《곤여도설》　163
〈곤여만국전도〉　119, **154~162**, 164
공서파　265, 268, 296
《과년주보성인단》　192
《과농소초》　151
과드란툼　33
곽수경　199~200

관유하심을 구하는 경　338

광주　232, 325

《교요서론》　193, 269, 331

《교우론》　100, 155, **169~170**, 224

교화황　118~119

교황 갈리스도 3세　43

교황 그레고리오 13세　61

교황 그레고리오 15세　54

교황 글레멘스 8세　54

교황 글레멘스 11세　306

교황 니콜라오 5세　43

교황 대리 감목　56

교황 레오 10세　44

교황 바오로 3세　52

교황 베네딕도 14세　306

교황 비오 5세　54

교황 비오 9세　111

교황 식스토 4세　43

교황 식스토 5세　54

교황 알렉산데르 5세　32

교황 알렉산데르 6세　26, 43, 45, 47

교황 에우제니오 4세　52

교황 요한 23세　28

교황 우르바노 8세　55

교황 율리오 2세　43, 46

〈구라파국여지도〉　155, 165

구베아 주교　187, 246, 263, 285, 290, 311~312, 314, 316~317, 334, 342

구애　331

구여기　169

《국조보감》　195~196

국토 재정복　19

국토 재정복 운동　18

국토 회복 운동　19~20, 29

권 빈첸시오 가베아 수사　109~110

권상문　259

권상연　292~293, 295~297, 303~305, 307, 309, 342

권상학　233~234

권일신　187, 189, 240, 245~247, 255, 259, 262, 265, 269, 303, 305, 323

권철신　128, 132, 169, 194, 227~229, 231~

234, 236, 240, 245, 249, 269, 304
〈권철신 묘지명〉　228, 231~232
권희　154~155
그라나다　20
그라몽 신부　124, 243~244, 263, 281, 284
그리스도교의 세계관→그리스도교의 우주론
그리스도교의 우주론　198, 206, 221, 248
그리스도교적 수양론　171
그리스도교적 우주론→그리스도교의 우주론
극기설　171
금욕일　131
《기기도설》　142
기리단　126
기리시탄　81~83, 87, 109, 111
기리시탄 다이묘　107~108, 110
《기인십편》　100, **178**
《기하원본》　**149~150**

《기하학원본》　149
김건순　178, 189, 323
김계완　320
김광옥　341
김만중　145, 164, 166, **202~203**, 204, 219
김백심→김계완
김범우　245, 247, 255, 258~259, 269, 293, 320, 322
김범우의 사망시기　262
김범우의 유배지　262
김상범　118, 197, 201~202
김석태　266, 296
김승정　317
김여행　320, 322
김연이　328
김원성　233~234, 236
김원행　213
김육　118, 124, 152, 197, **198~202**
김이우　257, 320, 322, 334~335
김일찬　319
김종교　245, 257, 269

김한빈	323	녹투루랄레	33
김현우	257, 263	《농은공집》	130
김화진	259, 261~262	《농정전서》	150
김희인	339	《누자초》	201
		《니벽전》	228

ㄴ

나가사키   109~110
나침반   33
남당   103, 125, 213, 216
남대문   316, 318, 323, 325
남부   323, 325
남송로   322
남인   148, 206, 242, 266, 268, 296, 303
남한산성   332
내포   265, 317, 325~326
노론   204, 213, 262, 268
노브레가 신부   44
노빌리 신부   58, 75~76
녹암→권철신
녹암계   194, 227, 233, 237

ㄷ

다블뤼 주교   232, 262, 295, 304
다카야마 우콘   110
단열도법   162
《달도기언》   192
달레→달레 신부
달레 신부   130, 132~133, 228~229, 231, 236~239, 244, 262~263, 271, 274~275, 277, 289, 304
당진   326
《대동야승》   126
대부   332~333
대세   246
대통력   147, 202

《대한계년사》 133
덕산 318~320, 326
〈데레사〉 339
《도곡집》 192
도교 331
도미니코회 27, 306
도주쿠 109~110
《도해고적기》 192
독성죄 271
《동문산지》 142
《동방견문록》 22~23, 28, 31, 35
동부 323
《동유교육》 193
동정녀 공동체 318, 328
동지사 240
두문방 123
두미협 237
디아즈 신부 141~143, 179~181, 184, 191~192

ㄹ

라구나 신부 108
라스 카사스 51
라스나바스데톨로사 전투 20
라자로회 285~286
랑베르 드 라 모트 신부 61
레둑시오 53
레메디오스 신부 289
레반트 무역 36
레온 왕국 19
레파르티미엔토 50
로 신부 285
로네 250
로드 신부 55~56, 58~60
로드리게스 신부 119, 143, 148, 153, 156, 195~197
〈로마누스 폰티펙스〉(1452) 43
〈로마누스 폰티펙스〉(1506) 44
로테이로스 해도 31
롱고바르디 신부 142, 147, 181, 192

루벨리 신부   192
루스티첼로   23
루지에리 신부   96, 99, 100, 115
리치 신부→마테오 리치 신부

ㅁ

마갈랴잉시→마젤란
마노아   41
마누엘 1세   18, 38, 43
〈마누엘 규정〉   19
마닐라   40
마데이라 제도   37
마레 노스트룸   26
마레 이그노툼   26
마르코 폴로   22, 28, 31, 35
마우레타니아   44
마이야→마이야 신부
마이야 신부   181, 184~186, 190
마재   232, 237, 242, 245
마젤란   40, 46

마체라타   170
마카오   39
마테오 리치→마테오 리치 신부
마테오 리치 신부   58~59, 118~119, 125, 130, 139, 142, 144, 149, 152, 154~157, 166~169, 171, 178~179, 194, 196, 202, 205, 210
마포   325
《만국지도》   197
〈만리전도〉   165, 196
《만물진원》   **188~189**
〈만물진원증의〉   188
《만민 구원의 성취》   54
만주   313
《만천유고》   228
말라바르   25
말라카   39, 48
망원경   153, 213
〈매괴경〉   338~339
메디나 신부   115
메스티소   61
〈멘탈법〉   18

색인   351

면천　326
명도회　317~323, 328~329, 344
〈명도회규〉　322
명도회장　317, 319, 322, 330
명례방　255, 269
명의 주교　56
모든 주일과 첨례날에 하는 경　338
모랄레스　306
모레혼 신부　110
《목민심서》　151
몬테 코르비노의 요한　35, 69, 93
몬테시노　51
몰루카　38
무림　150
무슬림　48
《묵상지장》　339
묵주　244, 341
물시계　153
《미사》　339
미신　290
미초아칸 교구　52

미타　51
《민괴15단》　192

ㅂ

바뇨니　192~193
바스코 다 가마　25~26, 34, 36, 38, 40
바스코 다 키로가　52
바하마 제도　40
박 마리나 수녀　111
박 요한　312
박제가　213, **216~217**
박중돌　319
박지원　126, 151, 213, 216
박춘산　319
박취득　326
박평　216
박해령　109
반데이란테　39
반디노　30
반정균　216

반촌	266	벨라스케스 데 쿠엘라르	26
발레스틸라	33	벽동	320, 331
발리냐노 신부	139, 167	《벽위편》	184, 189, 192~193, 258
〈발천문략〉	144	변득중	258
방 프란치스코	326	변문	313
방성도	129	《변학유독》	**178~179**
방타봉 신부	243	보루각	153
배관겸	326	《보미사주교》	339
백 요한→박 요한		보유론	97~98, 105, 173, 294
《백만의 책》→《동방견문록》		보유론적 천주교	227
《백만장자의 책》→《동방견문록》		보자도르 곶	37~38
〈백서〉	164, 193, 242, 244, 317, 319	보호권	42
백화운동	184	복당→섭향고	
베네치아	25	본명성인을 향하여 하는 경	338
베드로	243~244, 246	《본사》	151
베라 크루스	38	봉림대군	121, 198~199
베르뇌 주교	190	〈봉재후 삼〉	339
베르데 곶 제도	38	부르고뉴 왕가	18
베스푸치	40	부활 미사	314
베아타스 여자 수도회	111	북경	12, 69, 93, 96, 100, 110, 115, 117~122, 124~125, 140~141, 143, 146~147, 149,
베이루트	61		

152~156, 163~164, 167~168, 170, 177~179, 184, 186~190, 195, 197, 200~202, 204, 213, 216, 222~223, 230, 238~240, 242~244, 246, 255, 263, 269~270, 273, 275, 280, 284~286, 288~290, 312~314, 316, 320

북당　243

북부　323

북학론　217

북학의　216

북학파　213, 216

불교　331

브라헤　143

브뤼헤　25

비그리스도인을 위한 추기경위원회　54

《비록답휘》　192

비토리아 신부　52

《비학》　193

빌렘　35

빙엔의 힐데가르트　24

ㅅ

《사고》　146

《사고전서》　149, 170, 178~179

사그레스 성　34

사그레스 항　38

사급 → 알레니 신부

사누도　28

사도세자　227, 318

사량　131

《사본문답》　334

〈사순절과 부활절을 위한 안내서〉　330

사제왕 요한　28~29

사창동　322

사천 대목구　314, 317

사천설　179

사하심을 구하는 경　338

《사학징의》　180, 184~185, 190~192, 271, 323, 329, 339

산 살바도르　39

산체스　54

산타페 52

산타페 협약 36

살라망카 52

《삼문답》 331, 333~334

삼비아시 신부 171~172

《삼산논학기》 177

상 살바도르 44

생 마르탱 주교 314, 317

샤바냑 신부 100, 187

샬 폰 벨 신부 122~123, 142, 153~154, 162, 165, 172~176, 193, 197~202

《서간첩》 130

서광계 120~121, 142, 147~148, 150, 168, 171, 178, 202

〈서금곡의팔장〉 178

서명응 151

서부 323, 325

서소문 322, 325

서암강학 234

〈서암강학기〉 234

서양 화포 152~153, 195

《서양국풍속기》 165, 196

《서양국풍속설》 165

《서양통령공》 193

서양학사건 133

서울 313, 316~321, 323, 325~327, 332

《서포만필》 145, 202~203

《서학범》 **163~164**

《서학변》 163, 169, 172, 192

서호수 146, 151

선진유교→선진유학

선진유학 210, 236

섭향고 177

성 라우렌시오 성당 109

성 아타나시오 신경 338

성 요셉을 향하여 하는 경 338

《성경광익》 181, 184, **190~191**

《성경직해》 **179~181**, 191, 227, 269, 318, 330

성교 대행하기를 구하는 경 338

《성교일과》 181, 184, 339

《셩교졀요》　　　189~190, 269, 291, 301,
　　331
《셩교쳔셜》　　　191, 331
《셩긔백언》　　　192
《셩년광익》　　　184~185, 269, 339
셩도　　201
셩로션공　　338
셩모경　　338
셩모께 자기를 바치는 경　　338
셩모를 찬송하는 경　　338
〈셩모매괴경〉　　341
셩상　　122~123
《셩셰추요》　　184, 186~187, 331
《셩수기언》　　192
〈셩인열품도문〉　　339
셩인전 묵상서　　184
셩젼 긔사수도회　　43
셩직자 영입운동　　288
《셩쳬문답》　　333
셩쳬회　　60
셩호→이익

《셩호경》　　180
셩호경　　338~339
《셩호사설》　　148, 151, 171, 207
셩호학파　　194, 206~207, 231, 234, 249
셩화　　244
셩화상　　49
세계의 분할→토르데시야스 조약
《셰계의 셔술》　　23
《셰계의 형상》　　21
셰계지도　　165
세스페데스 신부　　108, 110
세우타　　29, 37
《셩경광익》　　190
《셩경직해》　　181, 191
《셩경직해광익》　　180~181, 190~191
《셩교졀요》　　189
《셩교쳔셜》　　191
소재　　132, 236
소주 곤산현　　312
소현세자　　121~123, 140, 162, 199

《속이담》　119
손경무　334
손경윤　317, 319, 331, 334
손원화　142, 197
손인원　322, 334
송 마리아　318, 322, 328
송건　331
송낙휴　318
송시열　213
송이영　153
송인룡　201
송재기　331
송현　322
수고　150
《수난시말》　192
수마트라　38
〈수블리미스 데우스〉　52
수세　132
수시력　200
《수시통고》　150
《수신서학》　192

수아레스 신부　119, 204
《수진일과》　**181~184**, 269, 339
〈수페르 앗 노스〉　61
수표교　246~247, 255, 269
수학　33, 118, 146, 207, 213, 218, 230, 236, 242~243, 246, 316~317
순교자의 머리카락　342
《순암집》　192, 212, 227
《숭정역서》　147
스콜라 철학　171
스텔라 마리스　33
시마바라　110
시마바라의 난　111
시암　38
시원경　213
시헌력　124, 148, 153, 197~199, 201~202, 204
시헌역법　199, 201
식인 제례　49
신 마리아　318, 322, 328
《신력효식》　199

신법　52
신사원　296
신서파　265
신약성서　179
《신위대경소》　196
신유박해　174, 177~178, 186, 218,
　　319, 326, 328, 332~333, 339, 341
신태보　332
신해박해　265, 304, 312, 327
신헌조　219
신후담　163, 169, 172, 210
《실의증의》　169
《십계》　193
십계명　173, 189
〈십계명가〉　228, 231
《십이단》　127
12중천설　143~144, 156, 197
십자가　49, 177, 315, 341
십자가상　244

ㅇ

〈아 에테르니스 레지스〉　43
〈아가다〉　339
아니마　171~172
아라곤 왕국　19
아르키메데스　150
아리마 하루노부　108
아리스토텔레스　209
아말피　25
아비스 왕가　18
아비시니아　29
아스투리아　18
아스트롤라베　144~146
아스트롤라붐　33
《아스트롤라비움》　144
아시엔다　51
아우구스티노회　27
아유타야　62
아이 추기경　21
아조레스 제도　30, 37

아즈텍 제국　49
아퐁수 5세　18
〈아퐁수 규정〉　18
아현　319, 322, 325
안경　202
안국동　319
〈안드레아〉　341
안정복　126, 128, 151, 169, 176, 178~179, 187, 212, 227, 240, 266, 296
안토넬리 주교　246
안트웨르펜　25
알레니→알레니 신부
알레니 신부　129~130, 163, 174, 177, 188, 193, 205
알렉산데르 증여　46
알모라비드 제국　19
알부케르케　39
압록강　313
애유략→알레니 신부
앵베르 주교　127
앵자산　232

야마구치　250
《야소수난도문》　192
약국　319~320, 334~335
약방→약국
양근　232, 245, 314, 316, 325
〈양의현람도〉　154, 162
양제궁　318, 322
《어우야담》　125, 171, 192
《언행기략》　193
에두아르도 1세　18
에라토스테네스　30
에르비외 신부　187
에스파뇰라　40
에스파뇰라 섬　36
에아네스　37
〈엑사미애 데보시오니스〉　45
〈엑스 궈 싱굴라리〉　291, 306
〈엑스 일라 디에〉　291, 306
엔리케　22, 26, 34, 37~38
엔트라다스　39
엘도라도　41

색인　359

엥코멘데로　51	예수도문　339
엥코미엔다　50~52	예수상　335, 341
《여유당전서》　228~229, 234, 247	예수성심송　338
여주　320, 325, 341	〈예수성탄〉　339
여지구→천구의	〈예수성탄첨례〉　339
《여학고언》　193	〈예수수난도문〉　339
여회장　317~318, 327	예수회　27, 39, 44, 55, **57~59**, 62, 72, 76~77, 81, 83, 85, 87, 96~98, 100, 105, 109~111, 115, 121~122, 166~ 167, 190, 194, 243, 285, 294, 306
역관　245	
연산　316	
연중 기도서　181	
연지화상→주굉	5대주설　157, 197
연행사　239	오도리크　35
《염주묵상규정》　192	〈오르토독새 피데이〉　44
염초화　195~197	오르티즈 신부　189, 291
《영언여작》　**171~172**	오배경　339
영혼도체설　192	〈오상경〉　339
영혼론　171	오송　150
《예미사규정》　339	오조이　329
예산　341	《오주연문장전산고》　127
예수 그리스도와 성모 마리아의 그림　341	옥형차　150~151
	옹구트족　93

옹방강　146
왕권신수설　17
《외규장각형지안》　192~193
《외천애인극론》　192
《요리문답》　331
요종　213
용문산　265
용미차　150
우골리노　30
〈우니베르살리스 엑클레시아〉　46
우르바노 신학교　55
우르시스 신부　142, 150
우리 주 예수 그리스도의 왕실 기사　43
우상숭배　306~307
우순희　179
운한일주　129
웅천　107~108
원 야고보　326
원경설　142, 153, 196
원시장　304
〈위도리야〉　341

위예개　176
유관검　304, 314, 320, 334
유득공　216
유몽인　125, 171, 194
유신론적 천관　236
유중림　123
유중철　333
《유클리드 기하학》　149
《유토피아》　41, 52
〈유포문답〉　214
유한징　319
유항검　247, 269, 280, 295, 304, 320
유홍렬　127
유홍발　153
육약한→로드리게스 신부
육체와 정신의 죽고 사는 이치　237
육회　321~322
윤가기　219
윤동규　128, 211
윤석춘　330
윤선도　292

윤운혜   323, 328
윤유일   233, 247, 263, 284, 290, 311, 313~315, 342
윤유장→윤동규
윤점혜   318, 328, 334
윤증   213
윤지충   247, 258, 263, 271, 273, **292~297**, 299~305, 307~309, 320, 342
윤지헌   304, 320
윤현   323, 339
윤휴   207
은언군   318
을묘사건   315~318, 332
《을병연행록》   215
을사추조 적발사건   218, 231, 258, 261, 267~268, 270~271
의주   313
의학   316~317
이가환   149, 164, 185, 240, 242, 245, 280, 304
〈이가환 묘지명〉   247

이경석   201
이광정   118~119, 140, 154~155, 165
이광직   242
이구환   130
이규경   127
이기경   186, 189, 242, 266, 296
이기양   128, 233
이기연   320
이기영   201
이능화   127
이덕무   216
이도기   325~326
이동욱   240, 242, 264
이득임   328
이마두→마테오 리치 신부
《이마두 천문서》   196, 203
이민철   153
이방조   123
이벽   149, 169, 185, 187, 228~229, 232~234, 237~240, 242, **244~247**, 249~250, 255, 259, 264, 269, 314

이벽의 사망 원인 264	이완공부 338
이병휴 128	이용겸 322
이보현 316, 326	이용휴 128, 242
이부춘 320	이윤하 233, 236
이사벨 1세 20, 39	이윤하 259
이삼환 234	이응림 201
이상향 41, 52	이응시 154
이서구 216	이의현 177
이석 314	이이명 119, **204~206**
이석중 320	이익 128~129, 144, 148~149, 151, 163, 169~171, 176, 178~179, **206~213**, 219, 231, 233, 236, 242
이수광 118~119, 126, 155, 157, 169~170, 194	
이순이 333	이잠 207
이승훈 118, 124, 140, 149, 164, 169~170, 178, 186~187, 189, 193, 233~234, 236, 238, **239~247**, 249~250, 255, 259, 263~266, 269, 284, 303, 317, 332	이재신 322
	이정원 216
	이정형 240
	이존창 233, 247, 265, 269, 314, 320, 323
이식 127	이중배 304
《이십오언》 193, 269	이지조 144, 149~150, 154~155, 164, 167~168, 170, 178~179, 202~203
이여진 332	
이영후 118, 142~143, 156, 197	이천 325

이천경　148
이총억　233~234, 259
이하진　206
이합규　320, 323, 332
이헌경　169
이희영　341
〈인 스크루타빌리〉　54
인도　26, 29~30, 33, 35, 38~40, 43~46, 48, 57~58, 67~73, 75~76, 79, 83~84, 94, 156
인디아스 법　52
인디오　40
인사동　316
인신 공양　49
인언민　326
《인조실록》　200~201
〈인테르 체테라〉　45
인회약　193
일구관　196
일본 기리시탄 교회　251
일전행도법　201

〈임모르탈리스 데이 필리우스〉　55
입정동　318
잉골리 추기경　54~55
잉카 제국　49

ㅈ

자명종　152~153, 195~196, 202, 213
자목화　195~196
자바　38
자코모 로　192~193
잠명　234
장삼외　123
《장주교윤시제우서》　333
《재가서학》　193
《재극》　193
〈적도남북총성도〉　142
적응화　57~59, 76, 81, 97
《전기》(Vies)　184
〈전례헌장〉　333
전주　314, 325

전통적인 화이론　164, 217
정가다리나　174
정광수　319~320, 323, 328, 331~334
정교　133
정두원　118~119, 140, 142~143, 148, 152~154, 156, 163, 165, **195~198**, 203
정미반회사건　265~266, 296
정복선　319
정복혜　328, 330
정사박해　326
정산　325~326
《정산일기》　326
정산필　317, 319, 326
정상기　128
정섭　259, 342
정순매　328
정순왕후　318
정약용　151, 171, 186~187, 228, 231, 233~234, 236~237, 240, 242, 245~247, 259, 264, 266, 269, 294, 304
정약전　149, 228~229, 233~234, 236~237, 240, 242, 245, 259, 264, 269, 280, 294, 304
〈정약전 묘지명〉　228, 232, 234, 237
정약종　186, 228, 232, 234, 237, 240, 242, 245, 259, 304, 317, 319, 322~323, 330
정약현　245
정이　208
정인혁　189, 334~335
정재원　242
정조　133, **219~221**, 314, 318, 325~326
《정조실록》　192~193
〈정진도자증기〉　187
정철상　304
정효길　154
제2차 바티칸 공의회　333
제노바　25
〈제성첨례〉　339
조규진　314
조동섬　265
〈조만과〉　339
조반니　35

조상숭배   290
조상 제사   59, 249, 290, 292, 295, 306~307, 311, 316
조상 제사 금지령   292, 306
《조선 순교자 비망기》   299
《조선 순교자 약전》   299
조선 천주교회의 설립   250
《조선서지》   190
조선인 기리시탄   111
〈조선종인〉   333
조시종   328
조신행   322
졸라 신부   110
종도신경   338
《죄인지충일기》   342
《죄인지츙일기》   297
주굉   179
《주교연기》   122, **172~173**
《주교연기총론》   193
《주교요지》   186, 319, 330~331
주문모 신부   124, 186, 289, 312~318, 321~323, 325~327, 329~330, 332~335, 339
주앙 1세   18, 22, 37
주앙 2세   18, 46
주어사   228, 232~233, 236, 238~239
주어사 강학 모임   233~234, 238
주어사 · 천진암 강학회   **227~238**
《주일과 축일의 성경》   180
《주제군징》   122, **174~176**
중국 의례 논쟁   306
중국 중심적 세계질서
　　→중국적 세계질서
중국 천주교회   251
중국적 세계질서   162, 166
중부   323
중상주의   17
《중우론》→《교우론》
중인   245, 247
중화적 세계관   157
《증의요지》   186
지구 구형설   21

지구 원반설　30
〈지구12장원형지도〉　162, 165
지구구체설→지구설
지구설　145, 157, 164, 166, 203
지구의　162
《지나역사회모본》　192
《지도 제작에 관한 지시》　21
지동설→지전설
《지리학》　21, 32
《지봉유설》　118, 155, 170, 192
지원설　203~204, 208
지전설　143, 203
지황　245, 263, 311~315, 318
《직방외기》　130, **160~163**, 164, 196
〈직방외기발〉　163
《직방외기서》　130
《직방외기자서》　130
《진도자증》　**187~188**
〈진도자증증의〉　187~188
《진복직지》　192
《진복훈전》　122

《진복훈전총론》　193
진산　325, 341
진산사건　133, 173, 189, 219, 265, 271, 291, 304~305, 307, 311
《진정서상》　122, 193

ㅊ

착한 친구들　60
찬미경　338
창동　316, 322
채제공　128, 216, 268, 296, 303, 314, 325
책문　313
척사론　261
척사운동　268
《척죄정규》　**174**
천구의　122~123, 144
천동설　143
천리경　152, 195, 197
《천리경설》　142, 153, 196

색인　367

천문도	204	《천주성교일과》	193
〈천문도남북극〉	142, 196	천주성모상→천주상	
《천문략》	**141~144**, 196~197, 209	《천주실록》	115
천문제도	129	《천주실의》	125, 155, **166~169**, 171, 194, 210, 237, 240, 248, 257, 293
천문측각기	33		
〈천신도문〉	192, 339	〈천주실의발〉	169
천원지방설	156~157, 164, 204	〈천주실의 발문〉	169, 210
천주 십계	339	《천주십계》	331
천주	236	천주학	133, 211~212, 247
천주강생	193	천지 조화의 시작	237
천주경	338	천진암	228, 232, 264, 294
〈천주공경가〉	228, 231	천진암·주어사	233
천주교 신앙 공동체	235, **244~251**	천체 관측의	33
《천주교성교일과》	269	천학	247
《천주교요》	192, 331	〈천학고〉	212, 227
천주교의 4대 교리	177	《천학문답》	126, 169, 187, 193, 212
천주당	242	《천학초함》	149~150, 164, 170, 172, 178~179, 185
천주상	122, 152		
《천주성교공과》	335	철종	318
〈천주성교도문〉	339	첨례	250, 318~320, 332, 334~335, 338~339, 341
《천주성교시말론》	193		

〈첨례단〉　　　131, 184, 339
《청량산지》　　　193
청양　　　325
청주　　　326
《초효충기》　　　193
《총독회요》　　　181
총회장　　　317~318, 330
최석정　　　154
최설애　　　329
최유지　　　153
최인길　　　245, 257, 262~263, 269, 311, 313~317
최인철　　　304
최창현　　　180, 190, 245, 269, 304, 317~319, 323, 330
최초의 세례식　　　269
최초의 세례자　　　239
최태산　　　322
최필공　　　189, 257, 319~320, 323, 334
최필제　　　320, 323, 334~335
최한기　　　152

《추안급국안》　　　185, 193
추연　　　126
축일표→〈첨례단〉
충주　　　320, 325
충청도 관찰사　　　325
《치력연기》　　　143, **147~148**, 196~197
치핑구　　　22, 31
《칠극》　　　132, **170~171**, 210, 227, 237, 257, 293
칠기구　　　338
칠성사　　　189~190
칠정　　　141
《칠정력비례》　　　198~199
칠죄종　　　170, 230
칠패　　　323

ㅋ

카나리아 제도　　　30, 43, 46
카라벨　　　33
카를로스 1세　　　52

카리브 해　39

카보베르데 제도　46

카브랄　38

카스티야 왕국　19~20

카웅　38

카이로　29

카타이　31

카탈루냐　19

카푸친회　27, 56

캘리컷　25, 38

코르도바 칼리프국　18

코르도바 토후국　18

코르테스(Cortes)　18, 20

코르테스(Herän Cortés)　49

코친차이나　61

콘셀류　18

콘스탄츠 공의회　32

콘키스타도르　40

콜럼버스　21~22, 26, 31, 34, 36, 39~41

쾨글러 신부　119, 184, 204

쿠랑　190

쿠바　40

쿠비양　29

《쿰 시쿳 마예스타스》　43

크레스카스　31

크루아세　184

크리솔로라스　32

클라비우스　144, 149

ㅌ

타불라 라사　49, 57

타타 바스코　52

탁발 수도회　55

탕약망→샬 폰 벨 신부

《태서수법》　100, 142, **150~152**

《태서인신설개》　193

《택당집》　127

테렌츠 신부　101, 147, 193

토르데시야스 조약　46~47

토마스　116

토마스 모어　　41, 52
토스카넬리　　30~31
토착화　　57
투데슈니　　192
트레비존드　　25
트리엔트 공의회　　53

ㅍ

파공　　236
파드로아도→보호권
파리 외방전교회　　59~62, 101, 116, 250, 306
파우 브라질　　38
파이바　　29
파이프 오르간　　213
파트로나테→보호권
판토하 신부　　132, 154, 165, 170~171, 192
팔로스　　39
팔뤼 신부　　61

팔마스 곶　　38
페구　　38
페레이라　　192
페르난도 1세　　18
페르난도 2세　　20
페르비스트 신부　　163, 193
펠리페 2세　　40
펠리페 3세　　53
평신도 사도직 운동　　251
포교성　　54
포교성성　　54~55, 58
포교성성의 대헌장　　58
《포교성성의 선집》　　55
포도청　　314
포르투갈　　316~317
포천　　325
《표도설》　　150
푼샬　　44
푼샬 교구　　44
풍보보→리치 신부
풍응경　　167, 169

색인　371

프란치스코　　27
프란치스코 사베리오 신부　　72, 77,
　　94, 255
프란치스코회　　27, 306
〈프로 엑스첼렌티〉　　44
프톨레마이오스　　21, 32, 143
피사로　　49
〈피이스 피델리움〉　　45
필라스트르 추기경　　32

ㅎ

하느님　　17, 26~27, 53, 79, 81, 98,
　　126, 143, 166, 168, 171~173, 176~178,
　　186~188, 191, 209~210, 214, 221, 230,
　　245, 250, 256, 278, 300, 315, 331
하느님에 대한 진실된 토론
　　→《천주실의》
하느님의 특별하신 계시　　250
하백원　　152
《하빈집》　　211

한감개　　232, 245
한국 천주교회의 기원　　238
《한국천주교회사》　　130, 231, 236,
　　244
한글로 번역된 성서의 효시　　180
한덕운　　332
한동　　329
한신애　　174, 323, 328, 332, 339, 342
《한역 서학지도》　　125
한역서학서　　127, 137, 139, 188~189,
　　191, 194~195, 198, 202, 207, 209, 231, 236,
　　240, 247~248
한영익　　314
한용화　　325
한조이　　323
한칸 레온　　87, 108
한홍일　　124, 165, 198~199, 202
할러슈타인 신부　　120, 213~215
항승차　　150~151
항해 실습 학교　　34
《해동농서》　　151

해미	326	홍낙안	189, 191, 266, 296
향료 해안	25	홍대용	120, 149, 176, **213~216**, 217, 219
향신료	22	홍문갑	322
허균	118, **125~128**, 165, 171	홍억	213
허목	207	홍유한	169, **128~133**
허속	257	홍이포	196~197
《허풍쟁이의 책》	23	《홍이포제본》	142, 153
허형	200	홍익만	258, 320, 322
현계흠	320, 322	홍정하	169, 186~188
현지 적응주의 선교방식	139	홍주	319, 325
호교서	168, 179	홍지영	326
호수천신을 향하여 하는 경	338	홍필주	320, 341
혼개일구	146	화세	130, 132~133
혼개통헌→아스트롤라베		화이론적 세계관	156~157, 197
《혼개통헌도설》	**144~147**, 203	화이적 세계관→화이론적 세계관	
《혼개통헌도설집전》	146	《환우시말》	193
혼천설	144~145, 156, 197, 202~203	〈환희〉	341
혼천시계	153	황금향	41
혼천의	144, 153, 213	황사영	164, 185~186, 240, 242, 244, 304, 317, 319, 322~323, 329, 334, 341
《혼천의설》	162		
홍낙민	128, 233, 247, 269, 304, 341		

색인 373

황사영 백서→〈백서〉

황심　　316, 320

황윤중　　165

황일광　　325

회장　　317~321, 329, 331, 333~334

회장제　　317, 321, 323

《회죄요지》　　193

회현동　　322

회회력　　147

훈동(관훈동)　　316

희망봉　　38, 43

힌두교인　　48